★ ★ ★ ★ ★

广西高校人文社会科学重点研究基地——中国南方与...

广西一流学科——民族学学科建...

广西壮族自治区"广西与东南亚民族研究"...

★ ★ ★ ★ ★

清代

湘、桂、晋三地社会风貌和文化景观研究文集

滕兰花　主编

暨南大学出版社

JINAN UNIVERSITY PRESS

中国·广州

图书在版编目（CIP）数据

清代湘、桂、晋三地社会风貌和文化景观研究文集/滕兰花主编. —广州：暨南大学出版社，2020.12
ISBN 978-7-5668-3009-8

Ⅰ.①清… Ⅱ.①滕… Ⅲ.①文化史—研究—湖南—清代②文化史—研究—广西—清代③文化史—研究—山西—清代 Ⅳ.①K29-53

中国版本图书馆 CIP 数据核字（2020）第 203307 号

清代湘、桂、晋三地社会风貌和文化景观研究文集
QINGDAI XIANG GUI JIN SANDI SHEHUI FENGMAO HE WENHUA JINGGUAN
YANJIU WENJI
主　编：滕兰花

出 版 人：张晋升
责任编辑：曾小利　亢东昌
责任校对：刘舜怡　孙劭贤
责任印制：周一丹　郑玉婷

出版发行：暨南大学出版社（510630）
电　　话：总编室（8620）85221601
　　　　　营销部（8620）85225284　85228291　85228292　85226712
传　　真：（8620）85221583（办公室）　85223774（营销部）
网　　址：http://www.jnupress.com
排　　版：广州尚文数码科技有限公司
印　　刷：佛山市浩文彩色印刷有限公司
开　　本：787mm×1092mm　1/16
印　　张：11.5
字　　数：215 千
版　　次：2020 年 12 月第 1 版
印　　次：2020 年 12 月第 1 次
定　　价：48.00 元

前

言

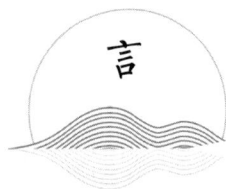

　　时间过得很快，2007 年我院专门史硕士点正式招生，而离 2009 年我第一次招收硕士生也已经过去十年。十年时间在弹指一挥间已经成为历史。一届届硕士生们走进相思湖畔的校园，又从这里走向社会。再回首，看看他们当年的学位论文，感慨万千。写作过程当中，他们学会了如何收集史料，如何旁征博引，如何推敲立论，其间获得的成长经验是其人生中的宝贵财富。如今将他们的习作结集付梓，也是为了纪念这段师生共同学习的时光。

　　文化地理学有五大研究主题，即文化区、文化扩散、文化生态、文化整合、文化景观。作为人文地理学五大研究主题之一，文化景观是在自然环境与社会文化诸要素共同作用下形成的，其透射出自然环境与人文环境的诸多信息，而且景观会随着环境的变化而相应变化，为此，文化景观研究一直都备受关注。

　　本书所收录的三篇论文虽然题目有别，但有一个共同的关注主题，就是文化景观。何哲的《清代越南使臣眼中的湖南社会风貌》一文以《越南汉文燕行文献集成》为研究资料，分析了清代越南使臣记述的沿途所见之湖南山水景观、文化景观、宗教活动，从中探究越南使臣对中华文化的认知，以此来加深对该区域社会文化景观的研究。

　　刘晓敏的《清代越南使臣笔下的左江地区社会风貌》，研究的对象是清代越南使臣北使诗文所记录的左江地区社会风貌。文章对越南使臣途经左江地区所写的诗文进行系统梳理，从左江地区的八景文化描写、汛塘制度、伏波庙与马援铜柱，以及越南使臣与当地官绅、民众之间的交流、互动等方面进行分析，还延伸讨论了中越文化交流的一些问题，如探析越南使臣的文化心态等。

　　常肖以其强烈的家乡情结，选择了以山西的八景文化为研究对象，写成《清代山西"八景"文化的历史考察》一文。该文系统地梳理明清时期的山西"八景"现象，分析其分布的特点及文化内涵，探讨其变迁过程及原因。

　　不得不说的是，学生们的研究仍有诸多不足，足见百年树人之不易。结集出版，即是对其学习的激励。幸得广西民族大学民族学与社会学学院的大力支持，在中国南方与东南亚民族研究中心（广西高校人文社科重点研究基地）的大力资助下，本文集得以顺利付梓。又幸得暨南大学出版社的支持，本文集顺利完成编校并出版。因原作存在的问题尚多，加之我们水平有限，难免在行文当中存在诸多不当之处，其文责由编者来承担，希冀读者能多多谅解。

目 录

清代越南使臣眼中的湖南社会风貌

何 哲

一、绪论

（一）研究缘起与意义

入学以来，兴趣使然，笔者选修了"文化地理学""边疆历史地理""华南区域史"等课程。广西与越南接壤，有着天然的区位优势；学校有自己的办学特点和学科特长，收藏有不少越南汉文文献，为此笔者开始关注域外汉籍研究。

从学术研究视角来看，透过"异域之眼"看中国是近年来学界蓬勃发展的一股潮流。随着中国与世界其他国家经济、文化交流的日益扩大与加深，域外汉籍资料不断拓展着国内学术研究的视野，"通过周边看中国"呈现蓬勃之势，而发掘、研究域外汉籍资料，对增进中国与其他国家文化交流具有积极的推动作用。这些域外文献为研究者打开了新视角，研究者们纷纷通过"异域之眼"和中外文献对比阅读来解释中国，在新的学术潮流引导下，学界开始关注民族国家意识、区域文化认同、"互相对视"等问题。

2011 年，由中国复旦大学文史研究院与越南汉喃研究院合作整理发行的《越南汉文燕行文献集成》共 25 册，收录 14—19 世纪越南使者 53 人共计 79 部汉文著作，自出版后得到学术界的关注。葛兆光先生在《越南汉文燕行文献集成》序言里提出：把"从周边看中国"作为研究课题意义重大。对于中国的自我认识，不仅要走出"以中国为天下中心自我想象"的时代，也要走出"仅仅依靠一面镜子来观看中国"的时代。① 为此，借助现有的越南汉文文献当中关于中国历史的记载去拓展中国史研究的广度与深度，是很有价值的。

---

① 葛兆光：《越南汉文燕行文献集成·序一》，复旦大学文史研究院、越南汉喃研究院合编：《越南汉文燕行文献集成》第一册，上海：复旦大学出版社，2010 年，第 1 页。

自秦至唐代，越南北部隶属中国统一管辖，其名称经历了由"交趾"到"交州"再到"安南"的变化。968年，丁部领统一越南北部，称帝，建大瞿越国，由此越南成为独立封建国家。宋时封其王为交趾郡王，南宋时改封其为安南国王，此后即称其国为"安南"，从此，越南为中国的藩属国。除去明朝永乐五年（1407）至宣德二年（1427）的"属明时期"，两国宗藩关系维系了千余年。直至1885年6月，清政府和法国签订了《中法会订越南条约》，承认越南是法国的"保护国"。至此，中越宗藩关系正式结束。但是在近千年的历史发展过程中，朝贡是维系两国关系的重要纽带。清康熙五年（1666），清廷册封黎维禧为安南国王，越南定期朝贡并形成定制，中越两国使团交流相当频繁。由于越南使臣朝贡的路线和往返时间长，使臣多为科举出身，汉文化水平较高，在朝贡路上留下了大量燕行文献，为学界研究中越交流和文化提供了珍贵的异域资料。

出于兴趣使然，笔者在课程学习时认真翻阅了此套书籍，因笔者是湖南人，所以特别关注越南使臣途经湖南时的所见所闻。湖南是越南使臣出广西抵京城的必经之地，其吟咏湖南的诗有上千首，此外，还有部分文献以日记形式记载使臣在湖南的行程及所见所闻。为此，本文尝试探讨越南燕行使臣眼中的湖南印象以及时代变化，发掘对湖南历史文化的新认识。

（二）学术史回顾

本文主要是从历史文化地理学的研究角度出发，研究清代越南使臣出使中国途经湖南的所见所闻，并与中国方面的史料相互印证。现将笔者所收集到的已知的学术界研究成果分类介绍如下。

1. 中越关系研究

关于清代中越关系的研究，中外学者多从宗藩关系、朝贡贸易、领土问题着手，其中对宗藩关系的研究是20世纪国内学界研究中越关系的重点。20世纪五六十年代，中越关系史研究的著作多以阐述两国传统友谊、共同抗敌御侮为主。台湾学者吕士朋关于中越关系的论著如《明代中越之关系》《明代制度文化对越南黎朝的影响》《清代康雍乾三朝之中越关系》颇有见地。黄国安等著《中越关系史简编》[①] 是中国学者首部系统叙述中越两国关系的著作。戴可来认为宗藩关系不仅是中越关系史研究的重大课题，也对中国与周边国家和地区关系史的研究有一定参考价值。[②] 进入21世纪后，新生代中青年学者辈出，较有代表

---

① 黄国安等：《中越关系史简编》，南宁：广西人民出版社，1986年。
② 戴可来：《略论古代中国和越南之间的宗藩关系》，《中国边疆史地研究》，2004年第2期。

性的如孙宏年，其著作《清代中越宗藩关系研究》①专门论述了中越宗藩关系的演进、运作；他在另一著作《清代中越关系研究（1644—1885）》中，从微观入手，对宗藩关系涉及的内容、事项、礼仪、规范作了细致论述，还探讨了中越朝贡贸易、民间贸易、领土争端、文化交流问题。②陈国保的《两汉交州刺史部研究——以交趾三郡为中心》详细论述了两汉对交趾三郡的成功经营和有效管理，并分析了交州刺史部在巩固与开拓汉代南部边疆中所发挥的积极作用。③

外国学者对中越关系研究亦不少。日本学者山本达郎在《越南中国关系史年表》④中对中越使团的交流互动如历次使团往来时间、目的、使团成员构成作了详细研究，虽有个别讹误，但对越南燕行使团概况作了梳理。美国学者费正清从政治角度着手，用"朝贡体制论（tributary system）"解释东亚世界、古代中越关系，并进一步拓展至整个亚洲国际秩序的诠释。越南学者陈重金《越南通史》、陶维英《越南古代史》、明峥《越南史略》等著作，对中越关系也进行了阐述，其中对中越邦交、贸易、边界问题的观点趋于一致。

有关清代中越边界问题的著述，大多与1788—1799年清朝出兵安南、中法战争后勘定中越边界相关，比如戴可来、廖宏斌《1850—1880年越南社会整合情况之分析》⑤。此外，关于中越贸易的论著也颇丰。中越贸易分为朝贡贸易和民间贸易，前者是官方行为，与宗藩关系联系紧密，也是清代中越贸易的主角。与之相关的成果有：中国学者李金明、廖大珂合著《中国古代海外贸易史》⑥，韩国学者全海宗著《中韩关系史论集》⑦，日本学者滨下武志、夫马进的论著也涉及朝贡贸易。

在中越交通研究方面，陈玉龙对历代中越交通道里进行了考证。⑧张金莲在《发展与变迁——古代中越水陆交通研究》⑨中指出：随着时间的推移，宋至元代中越交通地位、水陆交通方式及路线均发生改变，并解析发生这一变化的原

---

① 孙宏年：《清代中越宗藩关系研究》，哈尔滨：黑龙江教育出版社，2006 年。
② 孙宏年：《清代中越关系研究（1644—1885）》，哈尔滨：黑龙江教育出版社，2014 年。
③ 陈国保：《两汉交州刺史部研究——以交趾三郡为中心》，昆明：云南大学出版社，2011 年。
④ ［日］山本达郎著，秦钦译，雷慧英校：《越南中国关系史年表》，昆明：云南省东南亚研究所，1983 年。
⑤ 戴可来、廖宏斌：《1850—1880 年越南社会整合情况之分析》，《史学月刊》，2002 年第 2 期。
⑥ 李金明、廖大珂：《中国古代海外贸易史》，南宁：广西人民出版社，1995 年。
⑦ ［韩］全海宗著，金善姬译：《中韩关系史论集》，北京：中国社会科学出版社，1997 年。
⑧ 陈玉龙：《历代中越交通道里考》，中国东南亚研究会编：《东南亚史论文集》，郑州：河南人民出版社，1987 年。
⑨ 张金莲：《发展与变迁——古代中越水陆交通研究》，暨南大学博士学位论文，2006 年。

因。滕兰花《从清代与越南的朝贡贸易看桂南之中越交通》① 通过朝贡贸易分析两国交通路线发展状况，探求交通与经济发展之互动关系。汤军《永州犹未是天涯——元代中越交流中的一站》② 以元代朝贡为例，考察了元朝使臣与安南使臣途经永州之路线。

2. 关于越南燕行文献的研究

近十几年来，国内学者愈发重视越南汉文文献的价值。刘玉珺的《越南汉喃古籍文献学研究》③ 称越南燕行使臣的诗文为"诗赋外交"，并从传播流布、抄写刊印、抄写分类等方面对越南汉喃古籍进行了全面阐述。陈荆和与陈益源对越南历史和文献研究都取得了丰硕成果，其中陈益源著《越南汉籍文献述论》④ 收录了其对越南汉籍文献的专题研究论文 12 篇，给后来学人极大启发。张伯伟的《作为方法的汉文化圈》⑤ 一书中，把中国、朝鲜—韩国、日本、越南的汉籍文献放在同等地位来考察，提示其内在联系。所著《域外汉籍研究入门》⑥ 是了解域外汉籍资料的有力工具书，它不仅详述了东亚和东南亚域外汉籍的著录以及研究现状，还对有待更深入拓展研究的领域作了说明。

自 2010 年复旦大学与越南汉喃研究院联合出版《越南汉文燕行文献集成》后，关于越南汉文文献研究的成果日益增多，有代表性的如周亮在《清代越南燕行文献研究》⑦ 中，对清代燕行文献作了系统的论述，有的以某一使臣和诗文为中心研究，如韩红叶《阮攸〈北行杂录〉研究》⑧、张恩练《越南仕宦冯克宽及其〈梅岭使华诗集〉研究》⑨ 等。

另外，研究越南使臣在湖南活动情况的文章也有一些。如张京华《从越南看湖南——〈越南汉文燕行文献集成〉湖南诗提要》⑩，对越南使臣所写的有关湖南的诗文作了提要，并对有关湖南的诗文目录作了摘录。彭丹华撰写《越南

---

① 滕兰花：《从清代与越南的朝贡贸易看桂南之中越交通》，《南宁师范高等专科学校学报》，2007 年第 1 期。

② 汤军：《永州犹未是天涯——元代中越交流中的一站》，《湖南科技学院学报》，2007 年第 3 期。

③ 刘玉珺：《越南汉喃古籍文献学研究》，北京：中华书局，2007 年。

④ 陈益源：《越南汉籍文献述论》，北京：中华书局，2011 年。

⑤ 张伯伟编著：《作为方法的汉文化圈》，北京：中华书局，2011 年。

⑥ 张伯伟：《域外汉籍研究入门》，上海：复旦大学出版社，2012 年。

⑦ 周亮：《清代越南燕行文献研究》，暨南大学硕士学位论文，2012 年。

⑧ 韩红叶：《阮攸〈北行杂录〉研究》，首都师范大学硕士学位论文，2007 年。

⑨ 张恩练：《越南仕宦冯克宽及其〈梅岭使华诗集〉研究》，暨南大学硕士学位论文，2011 年。

⑩ 张京华：《从越南看湖南——〈越南汉文燕行文献集成〉湖南诗提要》，《湖南科技学院学报》，2011 年第 3 期。

使者咏永州》的系列论文共 8 篇①，把越南燕行使臣对永州风物与当地士人交往的诗文作了摘录和注释，可惜并未就这些诗文的内涵和历史文化意义进行探讨。

3．汉文化对越南的影响研究

越南在思想文化、生活习俗、宗教建筑等方面都受到中国文化的影响，学者从多学科、多角度、多领域对其进行了论述，与之相关的著作颇多，在此仅举其要者而言之。从文学和语言学的角度进行研究的成果很多，如吴受祥从姓名学角度研究汉文化对越南的影响。② 范宏贵、刘志强合著《越南语言文化探究》从语言学角度论述了中越文化交流、汉越语产生的历史背景及演变、在越南语中的地位和作用。③ 刘玉珺在《越南使臣与中越文学交流》一文中指出，"北使诗文与中国文士赠答唱和等文学活动，是两种汉文学交汇、合流、碰撞的主要途径，这些文学活动推动了越南古代文学的发展，促成了域外汉文学向母体的回流，同时也显示了汉文学作为一个整体的内在联系"④。在《晚清壮族诗人黎申产与中越文学交流》，刘玉珺以黎申产与越南使臣的文学交流为研究内容，认为"汉文学是一个有机的文化体，中越文学有密切的内在关联"⑤。陈益源探讨了中国明清小说大量流传越南这一事实，认为中国古代小说对越南汉文小说、喃传、戏曲等方面有影响。⑥ 还有学者以神话、小说为研究对象，认为从越南神话可以找到中国神话的影子，但又有自身鲜明的特点。

汉文化在越南的传播有诸多研究成果，仅以儒家文化在越南传播为研究主题的学位论文即有多篇，如陈文以越南后黎朝科举制度为切入点，关注科举在越南的移植与本土化；朱洁以儒家视阈关注越南汉文小说；范文化聚焦儒家文化对越南歌谣的影响；范红海以越南文庙为视角，讨论儒家文化在越南的跨文

---

① 彭丹华：《越南使者咏永州（一）》，《湖南科技学院学报》，2013 年第 7 期；彭丹华：《越南使者咏永州（二）》，《湖南科技学院学报》，2013 年第 9 期；彭丹华《越南使者咏永州（三）》，《湖南科技学院学报》，2013 年第 10 期；彭丹华《越南使者咏永州（四）》，《湖南科技学院学报》，2014 年第 1 期；彭丹华：《越南使者咏永州（五）》，《湖南科技学院学报》，2014 年第 2 期；彭丹华：《越南使者咏永州（六）》，《湖南科技学院学报》，2014 年第 4 期；彭丹华：《越南使者咏永州（七）》，《湖南科技学院学报》，2015 年第 1 期；彭丹华：《越南使者咏永州（八）》，《湖南科技学院学报》，2015 年第 2 期。
② 吴受祥：《从姓名看汉文化对越南的影响》，《印度支那》，1989 年第 1 期。
③ 范宏贵、刘志强：《越南语言文化探究》，北京：民族出版社，2008 年。
④ 刘玉珺：《越南使臣与中越文学交流》，《学术交流》，2007 年第 1 期。
⑤ 刘玉珺：《晚清壮族诗人黎申产与中越文学交流》，《民族文学研究》，2013 年第 3 期。
⑥ 陈益源：《中国明清小说在越南的流传与影响》，《上海师范大学学报（哲学社会科学版）》，2009 年第 1 期。

化传播。① 此外，汉传佛教在越南的传播亦是相关研究成果，如张小欣对禅宗在越南的传播及影响作了解析②；梁氏凉将中越两国佛教寺院的建筑材料、布局、内部结构和色彩等进行对比研究，发现古代越南佛寺建筑对中国建筑文化的追随与景仰③。

4. 关于景观史的研究

从地理现象角度、景观史角度对清代湖南景观进行探讨是必要的，因为文化作为一种区域现象，它的传承与传播和区域联系密切。景观"landscape"一词来源于德语"Landschaft"，与现代汉语的"景色""风景"意思相近。自20世纪80年代以来，"景观"一词的文化含义愈来愈被学界重视。美国地理学家卡尔·索尔（C. O. Sauer）继承和发展了德国地理学家关于文化景观的概念，提出"人类按照其文化的标准对其天然环境中的自然和生物现象施加影响，并把它们改变成文化景观"，对文化景观理论建设作出了巨大贡献。起初，景观学派认为景观是由地貌、大气、水、土壤、生物等要素构成的完整有规律的地表地段。后来景观的概念有所发展，文化景观可分为具象景观、非具象景观。具象景观又可细分为聚落景观、产业景观、公共事业景观；非具象景观可分为民俗景观、语言文学景观、宗教景观。

李旭旦主编的《人文地理学》是国内较早介绍景观文化的著作。④ 王恩涌《文化地理学》论述了各种文化现象的地理规律，对景观、扩散分散及生态方面也进行了研究。⑤ 汤茂林《文化景观的内涵及其研究进展》，从景观和景观文化的内涵出发，从文化景观起源和变迁、文化景观感知和解释、文化景观组成、文化景观类型、景观生态六个方面探讨了文化景观的研究状况和进展。⑥ 吴必虎、刘筱娟《中国景观史》从"景观""文化景观"的内涵出发，对"文化景观"的分类和景观机制作了比较细致的论述，认为文化景观是由自然的和人文

---

① 陈文：《科举在越南的移植与本土化——越南后黎朝科举制度研究》，暨南大学博士学位论文，2006年。朱洁：《儒家视阈中的越南汉文小说》，上海师范大学博士学位论文，2013年。范文化：《儒家文化对越南歌谣的影响》，湖南师范大学博士学位论文，2018年。范红海：《儒家文化在越南的跨文化传播——以越南文庙为例》，郑州大学硕士学位论文，2018年。

② 张小欣：《浅谈禅宗在越南历史上的传播及其文化影响》，《东南亚》，2003年第2期。

③ 梁氏凉：《中越佛教寺院建筑对比——兼论中国寺院建筑对越南的影响》，厦门大学硕士学位论文，2014年。

④ 李旭旦：《人文地理学》，北京：中国大百科全书出版社，1984年。

⑤ 王恩涌：《文化地理学》，南京：江苏教育出版社，1995年。

⑥ 汤茂林：《文化景观的内涵及其研究进展》，《地理科学进展》，2000年第1期。

的地理事物和现象有规律地组合形成的地域综合体。①

在历史地理学界，有不少成果专注于历史文化景观研究，因本文主要研究越南使臣途径的湖南地区，在此仅将收集到一些湖南文化景观研究成果举要如下。张茜《清代越南燕行使者眼中的中国地理景观——以〈越南汉文燕行文献集成〉为中心》用历史地理学方法研究清代越南燕行文献记载的中国地理景观，其中也有谈及使臣记录的湖南文化景观。②彭丹华指出湖南是越南使者北使常经过的地方之一，使者往往有诗咏，且数量颇丰，含湖南纪咏诗的文献有 52 种，诗咏创作在途经湖南时比较活跃。③

本文对湖南文化景观的探讨，借助"异域之眼"来重新审视"自我"，不失为一种新的认识。

（三）相关概念界定及研究方法

1. 相关概念界定

本文以清代为研究时段，具体来说是以 1644 年清朝建立政权至 1885 年《中法新约》签订后越南与清朝结束宗藩关系为研究时段。在探讨具体问题时，根据问题的需要而把研究时间向前或往后延伸。

本文以清代越南使臣所经湖南区域为研究对象。清代湖南省辖岳州府、常德府、永顺府、辰州府、长沙府、衡州府、宝庆府、辰州府、永州府九府，靖州、澧州、桂阳州、郴州四州，以及乾州等五直隶厅。越南使臣使清有特定的路线，在通常情况下，越南使臣经灵渠北上途经湖南永州府、衡州府、长沙府、岳州府四府。在特殊情况下，如遇战乱，贡道被阻，使臣不得不更改路线，如太平天国运动爆发后，咸丰三年至五年（1853—1855），越南使臣潘辉泳带领的使团朝贡路线屡次更改，在湖南境内也有影响，此次使臣们不得不借道之前未曾经过的武陵等地才顺利返回。为此，本文重要研究的区域是永州府、衡州府、长沙府、岳州府四府，兼顾在特殊时期使臣途经的其他地区。

2. 研究方法

本文以文献史料为基础，对比阅读中方文献和越南使臣北使文献展开研究，文献资料主要来源有：正史、清代湖南方志、文集。

为了尽可能地丰富史料，本文以历史地理学的研究方法为基础，借鉴了历史人类学的研究方法，开展实地考察，收集相关碑刻、诗歌等民间资料。另外，

---

① 吴必虎、刘筱娟：《中国景观史》，上海：上海人民出版社，2004 年，第 3 页。

② 张茜：《清代越南燕行使者眼中的地理景观——以〈越南汉文燕行文献集成〉为中心》，复旦大学硕士学位论文，2012 年。

③ 彭丹华：《越南燕行文献的唐宋人物纪咏诗研究》，陕西师范大学硕士学位论文，2014 年。

因为本文主要依据的文献是《文献集成》，里面主要以诗文为主，为此，在研究时，笔者努力践行文史互通、诗史互证的史学研究方法，将诗歌文本和历史文本互相印证，有助于厘清诗歌的历史背景，也可以以诗歌弥补史料的漏缺之处。

二、清代越南使臣在湖南的行进路线

1644 年，清军入关，崇祯皇帝朱由检在煤山自缢。明朝宗室及文武大臣大多逃亡南方，明宗室先后在南方建立了一些地方性政权，这些政权共维持了 18 年，史称"南明小朝廷"。1656 年，南明不敌清军，永历帝逃亡云南，南明与安南之间的关系面临严峻的考验，迫于现实的压力，高平莫氏、安南黎氏先后归顺清朝。清康熙五年（1666），安南奉缴敕印。次年，清派使者册封安南国王，双方正式确立宗藩关系。随后两国议定了岁贡制度。据许文堂《越南遣使大清一览》统计：从顺治三年（1646）至光绪九年（1883），越南后黎朝、西山朝、阮朝派遣使节到中国共计 83 次。[①]需要特别指出的是，这只是不完全统计，比如越南使臣李文馥六次出使中国（1831 年至福建，1833 年到广东、澳门，1834 年、1835 年到广东，1836 年到澳门，1841 年到北京），但《越南遣使大清一览》只有 1835 年到广东和 1841 年至北京这两次记录。为此，越南使臣使清的总次数远超 83 次。本文根据现有资料和前辈研究成果，试图对清代越南使臣出使情况、在湖南的行进路线做系统整理。

（一）越南使臣出使情况

宗藩关系要求周边国家对中国以臣事君和以小事大，[②]然而越南统治者频繁派使臣朝贡，实则因为朝贡对于越南也是有实际利益的，一则可以得到中国册封，受封的国王才算"正统"，二则中国历代王朝对朝贡诸国大多奉行"厚往薄来"的政策，赠予丰厚的回赐。所以，越南在遴选赴清使臣时显得相当谨慎。下面从选拔条件、出身及北使著作来探讨越南使臣出使情况。

1. 越南使臣的选拔条件

使臣系一国形象代言人，"国体关焉"，肩负两国宗藩关系友好发展的重任。嗣德元年三月，林维义、杜光、潘辉泳、李文馥奉命奏请遣使如清，上谕使臣"切须审熟事理，应对之际，揆之以礼，动之以诚……倘他有说话，即当随辨随折，要在其说之必行，事归于济，功归于成，方不负四方专对。公回之日，必

---

① 许文堂主编：《越南遣使大清一览》，台北："中央研究院"东南亚区域研究计划，2001 年，第 120 – 127 页。

② 戴可来：《略论古代中国和越南之间的宗藩关系》，《中国边疆史地研究》，2004 年第 2 期。

从优奖赏。若许远星轺，不能了辨此款，则国法綦严，公论其在，恐尔等难当此重咎也"①。从越南使臣留下的文书来看，选拔的通常是"皆朕素所简知"②的人，即是深得越南国君信任的重臣。

2. 越南使臣的出身及北使著作

越南也有科举考试。据《文献集成》和相关资料统计，多数越南使臣的汉文化功底深厚，谙熟儒家文化，科举及第是他们进入官场的主要途径；亦有使臣因家世显赫，通过恩荫的方式为官。清代越南使臣以科举出身为主，据笔者统计，取得科举功名的越南使臣有25人，其出身和北使著作如表1所示：

表1　越南使臣出身及北使著作

姓名	生卒年	及第情况	使华时间	北使著作
陶公正	1639—？	十三岁中举，永寿四年（1661）进士	康熙十二年（1673）	《北使诗集》
阮公基	1676—1733	正和十八年（1697）进士	康熙五十四年（1715）	《使程日录》
丁儒完	1671—1716	正和庚辰科（1700）第二甲进士	康熙五十四年（1715）	《默翁使集》
阮公沆	1679—1732	后黎朝正和二十一年（1700）进士	康熙五十七年至五十八年（1718—1719）	《往北使诗》
阮翘	1694—1771	永盛十一年（1715）乙未科进士	乾隆七年（1742）	《乾隆甲子使华丛咏》（与阮宗窐合撰）
阮宗窐	1693—1767	保泰二年（1721）进士第二甲第三名	乾隆七年（1742）、乾隆十三年（1748）	《乾隆甲子使华丛咏》（与阮翘合撰）、《使华丛咏集》、《使程诗集》

---

① 裴㴝：《燕行总载》，复旦大学文史研究院、越南汉喃研究院合编：《越南汉文燕行文献集成》第十五册，上海：复旦大学出版社，2010年，第221－222页。

② 裴㴝：《燕行总载》，复旦大学文史研究院、越南汉喃研究院合编：《越南汉文燕行文献集成》第十五册，上海：复旦大学出版社，2010年，第221页。

（续上表）

姓名	生卒年	及第情况	使华时间	北使著作
黎贵惇	1726—1784	景兴十三年（1752）壬辰科第一甲进士第二名	乾隆二十五年（1760）	《桂堂诗汇选》《北使通录》
阮辉俋	1713—1789	景兴九年（1748）探花	乾隆三十年（1765）	《奉使燕京总歌并日记》《北舆辑览》《燕轺日程》
胡士栋	1739—1785	景兴三十三年（1772）	乾隆四十二年（1777）进士	《花程遣兴》
潘辉益	1751—1822	景兴三十六年（1775）乙未科会元	乾隆五十五年（1790）	《星槎纪行》
吴时任	1746—1803	景兴三十六年（1775）乙未科进士	乾隆五十八年（1793）	《燕台秋咏》（与武辉瑨、潘辉益合撰）、《皇华图谱》
阮偍	1761—1805	景兴四十四年（1783）举人	乾隆五十四年（1789）、乾隆六十年（1795）	《华程消遣集》
阮嘉吉	不详	昭统元年（1787）制科进士	嘉庆七年（1802）	《华程诗集》
潘辉注	1782—1840	阮世祖嘉隆六年（1807，一说十八年，1819）秀才	道光五年（1825）、道光十一年（1831）	《华轺吟录》《轺轩丛笔》《华程续吟》
邓文启	1762—1834	明命七年（1826）会元	道光九年（1829）	《华程略记》
张好合	不详	嘉隆十八年（1819）举人	道光十一年（1831）、道光二十五年，（1845）	《梦梅亭诗草》
裴樻	1796—？	明命十年（1829）进士	道光二十八年（1848）	《燕行曲》《燕行总载》

（续上表）

姓名	生卒年	及第情况	使华时间	北使著作
阮文超	1799—1867或1872	明命十九年（1838）会试副榜	道光二十九年（1849）	《方亭万里集》《如燕驿程奏草》
邓辉焻	1825—1894	绍治七年（1847）进士	同治四年（1865）、同治六年（1867）	《东南尽美录》
黎峻	1810—？	嗣德三年（1850）举人	同治七年（1868）	《如清日记》（与阮思僩、黄并合撰）
阮思僩	1823—？	绍治四年（1844）进士	同治七年（1868）	《如清日记》（与黎峻、黄并合撰）、《燕轺笔录》、《燕轺诗文集》
范熙亮	1834—1886	嗣德十八年（1865）进士	同治九年（1870）	《北溟雏羽偶录》
裴文禩	1832—？	嗣德十八年（1865）乙丑科进士副榜	光绪二年（1876）	《万里行吟》《辎轩丛笔》《燕槎吟草》《中州酬应集》《雉舟酬唱集》
阮述	1842—？	嗣德二十年（1867）举人，次年登进士副榜	光绪六年（1881）、光绪八年（1883）	《每怀吟草》《建福元年如清日程》（与范慎遹合撰）
范慎遹		嗣德三年（1850）庚戌科举人	光绪八年（1883）	《建福元年如清日程》（与阮述合撰）

　　资料来源：复旦大学文史研究院、越南汉喃研究院合编：《越南汉文燕行文献集成》第一至二十三册，上海：复旦大学出版社，2010年。

　　从表中可知使臣多有科举功名在身。不过，也有例外，1778年，西山政权建立，1802年又被阮朝取代，越南政局动荡不安，该时期出使清朝的使臣与前后对比，获得科举功名的身份就不是那么突出了。比如西山朝光中二年（乾隆五十四年，1789）至光中三年，出使清朝的使臣武辉瑨、段浚，两人并未取得科举功名。

（二）贡使路线

1. 路线概述

中国古代社会里，水运是重要的交通方式。珠江—灵渠—湘江—洞庭湖—长江—大运河成为沟通南北的交通要道，也是越南使臣进京朝贡必经之路。《文献集成》收录了元代至清代部分越南使臣的北使文集，从体裁来看，有的以诗歌形式吟咏沿途风貌、两国文人唱和赠答，有的以日记形式记述燕行行程、路程长短、塘汛、公文以及礼仪风俗。就其燕行路线以及相关的成果而言，有周亮《清代越南燕行文献研究》①、刘晓聪《清代越南使臣之"燕行"及其"诗文外交"研究——以〈越南汉文燕行文献集成〉为中心》②，其中，后者总结清代越南使臣来回路途所到的省份大体为广西、广东、福建、江西、湖南、湖北、江苏、河南、山西、山东、直隶 11 个省份。

从《文献集成》统计越南使臣燕行目的地来看，岁贡、请封、谢恩、告哀、请求出兵需朝见皇帝，都城燕京是其目的地，救恤难民、缉捕犯人、边界动乱等突发事件，越南需遣使节奏报，通常情况下，使臣朝贡的路线和停驻地点不会轻易更改。《文献集成》收录最早的清代越南使臣北使文集是康熙十二年（后黎朝阳德二年，1673）陶公正等人著的《北使诗集》，由此至乾隆五十四年（1789）之前，越南使臣入南关路线大致为：由广西进湖南，沿湘江、洞庭湖进入湖北武昌后向东，经江西达安徽、江苏，经大运河抵京。仅有一次的使清目的地是热河，即乾隆五十四年（西山朝光中二年，1789），潘辉益等人奉命在热河行宫庆乾隆八十寿诞，其朝贡路线和以往大相径庭：一是进入广西梧州府后不再北上经桂林、全州入湘，而是向东进入广东英德、清远、韶州，逾梅岭北达江西；二是舍弃大运河，由湖北北上达河南，由河南渡黄河进入直隶、京畿地区。③ 按《星槎纪行》所列途经地点，潘辉益一行朝贡路线如表 2 所示：

---

① 周亮：《清代越南燕行文献研究》，暨南大学硕士学位论文，2012 年，第 34 – 38 页。

② 刘晓聪：《清代越南使臣之"燕行"及其"诗文外交"研究——以〈越南汉文燕行文献集成〉为中心》，广西民族大学硕士学位论文，2013 年，第 49 页。

③ 乾隆五十四年（1789），潘辉益等人奉命入清贺乾隆八十寿诞，乾隆帝在热河行宫召见使臣。

表2　乾隆五十四年（1789）潘辉益朝贡路线表

时间	地点	备注
四月十五日巳刻	出南关	奉诣昭德基行礼
	宁明江	花山兵马……右壁临流，赤色如涂丹，隐然有人马旗剑之状。相传黄巢战阵现形于此
	五险滩	横州江中
	梧州府城	三江合流，舟舫凑集，商货盈积，江中浮洲，是两广交界处
五月朔后	花地津	走水路
端阳节	广东省城	驻城西贡院，福公（总督）留赏端阳节
	英德县	隶属韶州府
	南雄州	至梅岭走陆路
	梅岭	广东南雄州、江西南安府交界处
	吉水县	隶属江西吉安府，水路进发至省城
六月初八	江西省城	陆路
	九江府	水路
	渡浔阳江	
	黄冈县城	隶属湖北黄州府
	武昌	
	河阳信阳州	陆路，换轿登车，一切装担并归车上载去。（越南）使部拟于进觐时奏请恩准由水程回国。
	郾城	隶属许州
	彰德府城	
	燕京	
七月十一日	热河行宫	

注：表中空缺的项，是因为作者没有记载，也没有参照物可以推算，故空缺。下同。

资料来源：潘辉益：《星槎纪行》，复旦大学文史研究院、越南汉喃研究院合编：《越南汉文燕行文献集成》第六册，上海：复旦大学出版社，2010年，第206－228页。

八月二十二日，潘辉益等人奉旨回国，然而并未如愿"走水程"，但与来程不同的是，自燕京南下河南、湖北，渡洞庭，泛湘江，取道湖南进入广西，出南关回国，比来程水陆交通频繁更迭确实轻松不少，此后越南使臣进京朝贡亦沿袭这一路线。据其回程记录停驻地点，回程路线如表3所示：

表 3　乾隆五十四年（1789）潘辉益回国路线

时间	地点	备注
八月二十二日	自燕京西苑公馆启程	陆路
	涿州城	今河北省内
	许州城	隶属河南省
	晨渡黄河	
月夕	过武胜关	湖北、河南交界处
	武昌城	湖北省内
九月二十二日	汉阳	
九月二十九日	洞庭湖	
	岳州府城	
	长沙	湖南省城，泛湘江至永州
	全州城	隶属广西，与湖南永州交界
	桂林	时广西省城
	五险滩	
	丽江	
	南宁	今广西省城
乾隆五十五年中冬日	宁明州	
中冬二九日	出关	解却内地冠服，着本国衣装，辞别护送官员

资料来源：潘辉益：《星槎纪行》，复旦大学文史研究院、越南汉喃研究院合编：《越南汉文燕行文献集成》第六册，上海：复旦大学出版社，2010 年，第 247－266 页。

2. 途经湖南路线

据后黎朝黎贵惇《北使通录》记载，从乾隆二十六年（1761）六月至次年正月，黎贵惇等人从芜湖沿溯长江经湖广、粤西南下归国。按其记录的行程，笔者整理而得使臣南下归国路线，见表 4：

表 4　乾隆二十六年（1761）黎贵惇途经湖南路线

时间	路程	地点	备注
九月二十一日卯时	一百六十五里	酉刻初至象骨港驻	
九月二十二日至二十五日	三十里	至岳州府城北门港驻	岳州府城，今湖南省岳阳市。二十三日祭洞庭湖神

（续上表）

时间	路程	地点	备注
九月二十六日夕辰	五里	过岳阳楼，至南津港	
九月二十八日	一百八十里	酉刻云田洲	
九月二十九日	六十里	未刻至湘阴县	
九月三十日	一百八十里	申初至湖南省长沙府城	今湖南省城长沙市
十月初二酉时	三里		驻
十月初三午时	二十五里	酉刻至包爷庙	又作包家庙，隶属湘潭
十月初四巳时	六十里	申刻至湘潭县城	
十月初五未时	四十五里	酉刻至向家塘	属衡山县
十月初六早行	六十里	酉刻抵渌口塘	
十月初七早行	七十五里	酉刻至居亭汛	
十月初八早行	七十五里	酉刻至石湾塘	连日有雨，是日尤雨
十月初九早行	三十五里	衡山城，夕至雷家埠塘	早行二十里，至衡山城未时再行十五里
十月初十早行	九十五里	酉刻至棹木寺塘	
十月十一日早行	三十里	衡州府城	今湖南省衡阳市，有蒸水，来自宝庆府
十月十二日午时发	四十五里	酉刻至车江塘	
十月十三日辰发	七十里	酉刻至松柏街	
十月十四日早行	六十里	酉刻至管山塘	
十月十六日早行	五十里	酉刻至牛肆塘	
十月十七日早行	六十里	祁阳县城	今属永州市
十月十九日巳时	四十里	酉刻至黄江司	
十月二十日早行	七十里	酉刻至永州老埠塘	隶属永州府东安县，又作六埠头塘、六阜头塘、陆步头塘、禄阜塘
二十三日早行	三十里	酉刻至苓村塘	

资料来源：黎贵惇：《北使通录》，复旦大学文史研究院、越南汉喃研究院合编：《越南汉文燕行文献集成》第四册，上海：复旦大学出版社，2010 年，第 224 – 249 页。

黎贵惇一行九月二十一日自象骨港出发，行至湖南、广西交界处，用时33天，因九月二十三日祭洞庭湖神，二十四日"舟人以少雨不行，仍驻"，二十五日因"东南风，仍驻"，二十七日"舟人以风大不行，仍驻"，十月初一见巡抚，这五天因事未行，使臣在路上行进的时间实为28天。

现据阮朝黎峻、阮思僩、黄并撰写的《如清日记》与阮思僩《燕轺笔录》整理，同治七年（越嗣德二十一年，1868）黎峻等一行人经湖南北上朝贡、南下归国的路线如表5、表6所示：

表5 同治七年（越嗣德二十一年，1868）黎峻等人途经湖南路线

时间	地点	备注
十月十四日卯刻开船	六阜头塘	永州府东安县，与广西全州交界
十月十五日卯刻开船	晚抵湘口	潇湘合流处，去永州府城零陵县附郭十五里
十月十六日	永州府	驻
十月十七日	木瓜塘、临水塘	木瓜塘又名木瓜埠
十月十八日卯刻开船	暮抵鹧鸪塘	又名北月周塘
十月十九日寅刻开船	已刻到祁阳县城	过浯溪，并登临赋诗
十月二十日申刻开船	酉刻达古州塘	又名姑州塘，民间多用石炭，多雨柴炭少
十月二十一日寅刻开船	暮抵归阳塘	过白水河，河出永州府宁远县
十月二十二日寅刻开船	暮泊柏芳塘	又名柏芳驲、柏芳驿
十月二十三日寅刻开船	暮泊东阳渡	
十月二十四日寅刻开船	已刻抵衡州府城	今湖南省衡阳市
十月二十五日申刻开船	暮泊河阳口	
十月二十六日寅刻开船	老人滩	
十月二十七日寅刻开船	已刻抵衡山县城	今湖南衡山
十月二十八日已刻开船	暮泊马公塘	又名马公站，衡州、湘潭交界处
十月二十九日卯刻开船	珠庭站	又名朱庭站
十月三十日卯刻开船	酉刻达龙湾塘	
十一月初一卯刻开船	酉刻达下湾塘	
十一月初二卯刻开船	午刻抵湘潭县	
十一月初三已刻开船	申刻泊包爷庙	

（续上表）

时间	地点	备注
十一月初四卯刻开船	未刻泊湖南省城	今湖南省长沙市。初五至初七见抚台、布政使等地方官员；初八，遇雨，仍驻长沙
十一月初九日未刻开船	暮泊落滩河	又名三泌矶
十一月十一日卯刻开船	暮泊湾河口	
十一月十二日卯刻开船	巳刻抵湘阴县城	隶属岳阳府
十一月十八日卯刻开船	申刻抵荣田汛	汛在洞庭湖东岸
十一月十九日卯刻开船	未刻抵鹿角汛	
十一月二十日辰刻开船	巳刻抵岳州府城	府城临洞庭湖
十一月二十一日未时开船	申时抵城陵矶，暮泊白螺矶	城陵矶，下荆河口入江；白螺矶，大江自荆州府来
十一月二十二日	巳刻过新堤镇	隶属湖北省

资料来源：黎峻、阮思僴、黄并：《如清日记》，复旦大学文史研究院、越南汉喃研究院合编：《越南汉文燕行文献集成》第十八册，上海：复旦大学出版社，2010 年，第 125 – 138 页。阮思僴：《燕轺笔录》，复旦大学文史研究院、越南汉喃研究院合编：《越南汉文燕行文献集成》第十九册，上海：复旦大学出版社，2010 年，第 111 – 130 页。

表 6　同治八年（越嗣德二十二年，1869）黎峻等人南下归国路线

时间	路程	地点	备注
七月初九日午刻开船	二百里	暮抵新堤镇	湖南、湖北交界处，初十遇雨仍泊
七月十一日寅刻开船	一百二十里	酉刻抵岳州府城	今湖南省岳阳市，十二日驻岳阳
七月十三日卯刻开船	一百八十里	酉刻抵湘阴县城	十四日谢洞庭湖庙
七月十五日卯刻开船	六十五里	未刻抵彤关集	又作彤关
七月十六日丑刻开船		巳刻抵湖南省城	十七日至十八日，复见抚台、布政使等地方官员；十九至二十一日，仍留泊长沙

（续上表）

时间	路程	地点	备注
七月二十三日巳刻开船		申刻抵湘潭县城	
七月二十六日辰刻开船		酉刻抵下湾塘	
七月二十七日卯刻开船		酉刻抵昭陵滩	
七月二十八日卯刻开船		酉刻抵湾洲塘	又作湾洲港
七月二十九日卯刻开船		酉刻抵衡山县	
八月初三辰刻开船		分泊智公塘、度光铺	
八月初四寅刻开船		申刻至衡州府城	
八月初七巳刻开船	四十五里	酉刻泊荷叶滩	
八月初八寅刻开船		申刻抵柏芳司	
八月初九寅刻开船		申刻抵常林口	
八月初十寅刻开船		申刻抵九洲塘	又作九洲滩
八月十一日寅刻开船		申刻抵康家埠	
八月十二日寅刻开船		申刻抵观音塘	隶属永州府
八月十三日卯刻开船		未刻抵祁阳县城	
八月十五日巳刻开船	十里	午刻泊浯溪	
八月十六日卯刻开船		酉刻抵啼水岩	
八月十七日卯刻开船		酉刻泊冷水滩	
八月十八日寅刻开船		未刻到湘口	去永州府城五里
八月二十日辰刻开船		酉刻泊仁村埠	潇湘合流，三岐处
八月二十一日寅刻开船		酉刻抵石矶铺	东有小河，可通于湘水
八月二十二日寅刻开船		申刻至过河山司阜头塘	
八月二十三日辰刻开船		申刻抵下厂塘	楚粤分界处，江路水浅
八月二十四日寅刻开船		泊庙头塘	入广西界

资料来源：黎峻、阮思僩、黄并：《如清日记》，复旦大学文史研究院、越南汉喃研究院合编：《越南汉文燕行文献集成》第十八册，上海：复旦大学出版社，2010 年，第 246 – 258 页。阮思僩：《燕轺笔录》，复旦大学文史研究院、越南汉喃研究院合编：《越南汉文燕行文献集成》第十九册，上海：复旦大学出版社，2010 年，第 264 – 276 页。

由此推知，黎峻、阮思僩等人此行去程在湖南境用时 38 天，回程用时 43 天，比黎贵惇等人在湖南境内停留时间略长。阮辉儇等根据行程所历，绘制了

《燕轺日程》，地图用墨线勾勒，水路用朱色表示，山石用蓝色展现，地名在一旁标注，直观地展示了乾隆中期使臣在中国境内的行程。笔者以《燕轺日程》为材，将使臣在湖南境内所历，按其出发行进的顺序排列，可知使臣们依次进入的是永州府、衡州府、长沙府、岳州府。

通常而言，清代越南使臣朝贡由广西全州入湖南，在湖南境内采用水路方式行进，途经路线大致为：永州府永安县六埠头塘—零陵—祁阳县—归阳塘（永州、衡州交界处）—衡州府常宁县—衡州府城—衡山县—向家塘（衡州、湘潭交界处）—湘潭县—长沙—湘阴县—岳州府城—临湘县—新堤镇（湖北省界）。

不过，也有特例，如清朝中后期，南方爆发了太平天国运动（1851—1864）。咸丰二年（嗣德五年，1852），越南同时派出答谢和岁贡使团出使清朝，潘辉泳为答谢正使，范芝香为岁贡正使，时逢太平天国运动爆发，行程除了路途远，与以往相比更大的障碍在于行程受阻，路线多次更改。潘辉泳《骈程随笔》记载使臣在湖广段行进困难重重：由下湘（湖南省内）泛舟至林子口西转，溯流而行，历沅江、龙阳、武陵、澧州、公安（隶属湖北省）等县，行至荆州府（隶属湖北省）走陆路，经襄阳进京[1]，回国过程颇为周折，在中国滞留了三年后由海路返回越南。

三、清代越南使臣所见之湖南景观

湖南东连豫章，西通黔蜀，南翼岭粤，北蔽荆襄，三面环山，中部为盆地，北部低平，地势西高东低。可分湘西山地、南岭山地、湘东山地、湘中丘陵、洞庭湖平原5个地形区。[2] 境内地形以山地和丘陵为主，俗称"七山一水一分田"。越南使臣燕行之旅途经湖南，他们用诗文为后人描绘了湖南的各式景观。本节按使臣出发时依次经过各府（州）之顺序进行探究。

（一）永州景观

按清代越南使臣所载北使路线，使臣进入桂林兴安后，由灵渠入湘江，出广西全州，顺湘江北上进入湖南境内，永州府便是使臣入湘的第一站。古代永州雅称"潇湘"，地貌复杂，以丘岗山地为主，属喀斯特地貌，越城岭、都庞岭位列西北，萌渚岭、九嶷山雄踞东南，地势特点是西南高、东北稍低，呈"山"

---

① 潘辉泳：《骈程随笔》，复旦大学文史研究院、越南汉喃研究院合编：《越南汉文燕行文献集成》第十七册，上海：复旦大学出版社，2010年，第286页。

② 陆大道：《中国国家地理》，郑州：大象出版社，2007年，第44页。

字形，形成北部零祁盆地、南部道江盆地两个半封闭的山间盆地。清代《永州府志》载："永居楚粤之要踞，水陆之冲，遥控百粤，横接五岭，衡岳镇其后，梅庚护其前，潇水南来，湘江北会，此形胜大都也。乃若群山秀杰，众水清漪。"① 言其地理位置重要，唐代元结的《大唐中兴颂》与柳宗元"永州八记"让永州山水景观无人不晓。元结饱受安史之乱颠沛流离之苦，战乱平息，作者有感而发，写有《大唐中兴颂》，刻于永州府祁阳浯溪崖壁上，占壁面积大，左行正书，共21行，每行21字，书风磊落，"自有至难，宗庙再安，二圣重欢。地辟开天，蠲除妖灾，瑞庆大来。……湘江东西，中直浯溪，石崖云齐，可磨可镌，刊此颂焉，何曾万千年！"② 有学者认为，元结和柳宗元是永州山水景观文化建设的先祖，元结开创了永州山水崖刻文化，而柳宗元的"永州八记"是自然山水景观集称文化之滥觞。③ 越南使臣过灵渠，进入永州境内，对永州的山水形胜、"永州八景"、诸葛兵书岩、浯溪佳景、潇湘合流、九嶷胜迹等多有记载。此外，永州山水天然"奇""险""秀"，屡屡见于使臣笔端。

1. 诸葛兵书岩

从广西兴安粟家塘出发，经青木坞滩、了滩、金花滩而下至永州碌埠头（又作六步头）塘，途中石壁临流，潇湘山水秀丽清幽，有一山名沉香山，滩右有兵书岩，相传诸葛亮兵书函藏于石凹中。不少使臣触景生思，赋诗吟诵。

诸葛兵书山

人龙已去山河古，此地犹传兵法书。半岭峒龛藏秘奥，一江云水护储胥。鼎图往事沧波逝，石刻遗踪碧藓余。韬略茫茫何处觅，章缝空愧赋辎车。④

此为阮朝潘辉注于道光五年（1825）第一次出使中国去程时所作，刚出渠入楚地的兴奋难以掩饰，在作者眼中，一切皆是新鲜可爱的，与其他使臣久离故土、思乡情浓的咏作风格迥异，他在《华轺吟录》序中说："不读万卷书，当行万里途……使华一路，水陆共八千余里，楚粤山川之奇、冀豫关河之壮……周览而赋咏之。"⑤ 遥远的路程就像一场奇妙的旅行，途中之艰辛可暂且忽略。

作者一路详细记载了各地的地理状况、胜迹的历史典故。"诸葛兵书山，在

---

① （清）姜承基修，常在纂：《永州府志》卷二《舆地》，据康熙三十三年刻本影印。
② （唐）颜真卿书：《颜真卿书大唐中兴颂》，北京：北京古籍出版社，1992年，第166页。
③ 吴庆洲：《建筑哲理、意匠与文化》，北京：中国建筑工业出版社，2005年，第65页。
④ 潘辉注：《华轺吟录》，复旦大学文史研究院、越南汉喃研究院合编：《越南汉文燕行文献集成》第十册，上海：复旦大学出版社，2010年，第221-222页。
⑤ 潘辉注：《华轺吟录》，复旦大学文史研究院、越南汉喃研究院合编：《越南汉文燕行文献集成》第十册，上海：复旦大学出版社，2010年，第177页。

湖南界首，石壁临江，相传有兵书函见于石凹间，有如神定。著古藤木箱，高隔水面数丈，以形象传疑，望之，石苔苍然，不知果否。按《陇蜀记》云：'武侯兵书匣，在定军山上，壁立万仞，非人迹可到。'又三峡中，亦有兵书峡，传为武侯藏书之地。王阮亭云：'大抵秦楚巴蜀间，人思侯德，辄举名绩传会之，不须辨其真伪。'此说诚然。"① 作者对神秘的传说加以考证并表达了自己的观点。道光十一年（1831），潘辉注二度北使，同行使臣张好合在《题诸葛兵书山》的序中交代了诸葛兵书山的位置与传说，与前人记述一致，其诗曰："石壁临江障碧岑，碑文零落绿溪阴。老人不共先生志，将略云霆一迳深。"作者借用"老人"② 这一意象，希望天下太平无战事，云霆深深，卧龙先生的兵书不见又何妨？阮思僴甚至认为兵书只是空传："沙岸无穷起暮烟，朔风摇落楚山边。……石匣兵书人不见，岩腰香木世空传。"③

可以说，使臣们的分析是很正确的。按《三国志》载，"建安十六年，亮与关羽镇荆州"，"亮时住临烝"。《永州府志》对永州沿革记曰："汉武帝元鼎六年，析长沙置零陵郡，总县十，……隶荆州，三国时魏武帝尽得荆州之地，赤壁之败，南郡以南属吴，昭烈得益州，分荆州。"④ 即三国时期永州称零陵，隶属荆州。而查阅《中国历史地图集》第三册可知，临烝紧靠酃县，即今湖南衡阳。由此推之，诸葛亮征荆州时驻今衡阳市，而非零陵，故"兵书"一说实为"空传"，不足为信。

2. 浯溪佳景

浯溪佳景，在今湖南省永州市祁阳县浯溪碑林风景名胜区，景区石壁巍然，连绵78米，濒临湘江，至今仍保留有唐代元结所撰、颜真卿书《大唐中兴颂》崖刻，宋代米芾《浯溪诗》、黄庭坚《书摩崖碑石》，清代何绍基等名家题刻。清代越南使臣每至此，在三浯胜境留有大量著述，现景区依然可见清代越南使臣阮辉僅、郑怀德、阮登第、王有光、裴文禩五人的诗刻，兹摘取阮辉僅、郑怀德二人诗作论述。

乾隆三十年（1765），阮辉僅受命北行入贡，他的燕行著作《奉使燕京总歌并日记》中记下了三浯佳景风貌："自湘合流而下，河道稍阔，山川秀丽，数里

---

① 潘辉注：《輶轩丛笔》，复旦大学文史研究院、越南汉喃研究院合编：《越南汉文燕行文献集成》第十一册，上海：复旦大学出版社，2010年，第58页。

② 《汉书·天文志》载："有大星，曰南极老人，老人见，治安；不见，矢起。"此处代指太平无战事。

③ 阮思僴：《燕轺诗文集》，复旦大学文史研究院、越南汉喃研究院合编：《越南汉文燕行文献集成》第二十册，上海：复旦大学出版社，2010年，第66页。

④ （清）刘道著修，钱邦芑纂：《永州府志》卷二《舆地》，康熙九年刻本。

经浯溪，右岸石壁临流，大刻'寒泉'二字。浯溪乃唐元结卜筑之所，山有片石，正方高一尺五寸，色黑如漆，以水拭之，其光可鉴，临流有亭，匾曰'唐亭'，近石镜外有刻大字者，长可丈余，深可一尺，两峰峻峭，中架一桥，名引胜桥，过桥登胜亭，……刻石于此。"① 山麓下是元、颜二公祠，"寒泉"摩崖石刻在湘江上游的西峰西，清黄中榜书，元结所作《寒泉铭》刻于"寒泉"左壁。浯溪碑林右堂区 4 号石刻为阮辉僷《题石镜诗》，拓本录文如下：

补天渡海是多端，争似山头作大观？洞借余辉光可鉴，花揩胜彩秀堪餐。月将地影装春轴，水引银章摆素纨。莫谓无心偏循客，也曾经照古人还。②

《文献集成》第五册亦录有此诗，但文字多有出入："补天架海总多端，争似山头作大观。崖倩余辉光可鉴，花楷胜馥香堪餐。云章引出浮青带，地影移来妒玉盘。莫谓无心偏循客，也曾经照古人还。"③ 张京华考证，《奉使燕京总歌并日记》虽为珍贵稿本，但属清人誊抄，而石刻为作者本人手书真迹，最可依据。④

嘉庆七年（1802），阮朝首次向清朝派使团，正使为郑怀德，同行的还有副使吴仁静、黄玉蕴。使团一行至永州府境，时值盛夏，长途跋涉后思乡情浓，郑怀德作《酷暑》遣怀："水急风威霁，天炎暑令行。逢人非国士，空有解衣诚。"⑤ 舟至浯溪，作有《题刻浯溪镜石》："地毓浯溪秀，山开镜石名。莫教尘藓污，留照往来情。"⑥ 石刻位于峿台东崖区 33 号，楷书。

清代往来使臣的三浯胜景诗作中，有不少佳作，亦有题诗镌刻者。潘辉注于阮圣祖明命六年（道光五年，1825）、明命十二年（道光十一年，1831 年）

① 阮辉僷：《奉使燕京总歌并日记》，复旦大学文史研究院、越南汉喃研究院合编：《越南汉文燕行文献集成》第五册，上海：复旦大学出版社，2010 年，第 72－73 页。

② 浯溪文物管理处编：《湖湘碑刻·浯溪卷》，长沙：湖南美术出版社，2009 年，第 250 页。

③ 阮辉僷：《奉使燕京总歌并日记》，复旦大学文史研究院、越南汉喃研究院合编：《越南汉文燕行文献集成》第五册，上海：复旦大学出版社，2010 年，第 73 页。

④ 张京华：《"北南还是一家亲"——湖南永州浯溪所见越南朝贡使节刻述考》，《中南大学学报（社会科学版）》，2011 年第 5 期，第 161 页。笔者综合看来，张京华文章在摘录中，把首句的"是"改为"寔"，"寔"意同"实"；另把首联标点"？"改成"。"，从诗文所要表达的内容看来是妥当的，鉴于学科方法有别，笔者照原文录入。

⑤ 郑怀德：《艮斋观光集》，复旦大学文史研究院、越南汉喃研究院合编：《越南汉文燕行文献集成》第八册，上海：复旦大学出版社，2010 年，第 309 页。

⑥ 郑怀德：《艮斋观光集》，复旦大学文史研究院、越南汉喃研究院合编：《越南汉文燕行文献集成》第八册，上海：复旦大学出版社，2010 年，第 311 页。

两次使清，著有《华轺吟录》《辎轩丛笔》。潘辉注在诗歌序中记录了峿溪一带的景观结构、历史文化：

> 峿溪岩泉幽雅，树石苍奇。唐元次山游赏之处，为潇湘胜景佳话。江中浮洲横，隔绿洲旁东入，水流清碧，岸边石矶森列，山阜上树木岑秀，趣致极幽。舟行约二里许，悬崖壁立数丈，峭拔临流。《大唐中兴颂》碑，颜鲁公书，横刻崖，阴字陋如斗大。登岸去碑数十步，有石镜挂插石罅间，方径尺许，黑光隐约，望见照见岩湾诸影玲珑奇绝。过此绿树阴石迳上，山腰一小峦，有亭为"峿亭"。又转折右上高顶孤峰有台，曰"峿台"，前有石罅，圆深为窊樽，天然开凿。山下水溪回绕，树阴中复流入江，溪畔有元、颜二公祠，祠旁横桥古寺，景趣阴森，山不高而秀峭，水不深而清冽，苍松翠竹，烟霭郁葱，游赏一佳景也。元公刺道州时，郡在零陵九疑，以德政抚民，原非敬浪，此则但爱其山水，结构亭台，以供游览。考其杲仅有二诗说及窊樽，巉巉小山石，数峰对窊亭、窊石，堪为樽，状类不可名，巡回数尺间，如见小蓬瀛。尊中汤初涨，……山崖刻"三吾胜境"，及浯溪、浯亭、浯台诸额。又有"雩风沂浴""万古清流"等大字，古今题咏刻石者甚多。①

咸丰二年（1852），岁贡使范芝香二度北使，又过此地，作《题三吾胜异亭》：

> 金谷平泉忽已芜，楚天名胜说三吾。元文颜□俱千古，阆宛瀛洲别一壶。岩石自开烟水镜，溪云如挂浴风图。空亭多少骚人过，会得超然乐处无。②

从这些记载可以看出，在越南使臣眼中，"三吾胜境"因元公所撰《大唐中兴颂》、颜鲁公书之刻崖石，世称"二绝"始，"浯溪""浯台""浯亭"而后闻名于世。在使臣们看来，浯溪山光掩映、曲径香蹊、亭石镜悬，颇有占断楚潇湘之意，故越南使臣在燕行文集中不厌其烦地记载浯溪胜景。道光九年（1829），邓文启在《游浯溪》诗序中提到"古今记诵词录刻于石壁，甚多，我国奉使先辈亦有题诗镌勒溪畔"③，时至今日，浯溪碑林还保留四块越南使臣咏浯溪的碑刻，它们与"二绝"一共构筑了浯溪胜景的重要历史文化景观。

---

① 潘辉注：《辎轩丛笔》，复旦大学文史研究院、越南汉喃研究院合编：《越南汉文燕行文献集成》第十一册，上海：复旦大学出版社，2010年，第60－62页。

② 范芝香：《志庵东溪诗集》，复旦大学文史研究院、越南汉喃研究院合编：《越南汉文燕行文献集成》第十七册，上海：复旦大学出版社，2010年，第96页。

③ 邓文启：《华程略记》，复旦大学文史研究院、越南汉喃研究院合编：《越南汉文燕行文献集成》第十二册，上海：复旦大学出版社，2010年，第19页。

3. 潇湘合流

湘江，也叫湘水，发源于广西，潇水、蒸水、耒水是其主要支流，零陵、衡阳为其上、中、下分界点，上游河段受地势影响，高低起伏不定，河谷呈 V 字形，滩多水急，横穿永州，是湘桂走廊的重要通道。潇水源自永州蓝山县，流经蓝山、江华等地区，水量大，干流长 354 千米，自府西绕零陵城东南，在苹洲与湘江会合。潇湘合流处离零陵城约 4 千米，苹洲岛古木参天，桑竹蓊郁，岸上有潇湘祠，被列为"永州八景"之一。阮辉僜有《潇湘晚泛》一诗：

潇湘津口晚扬舻，水凑双流一样清。凉影浴波山既月，斜阳映树岸犹晴。江空石迹航无恙，汀集渔村笛有声。八景相传应未尽，辋川妙手画难成。①

从中不难看出，出灵渠至此滩尽浪平，舟行畅通无碍，群山青翠，景色天然佳丽不寻常。稍后出使的使臣吴时任在《湘江舟次》中，对潇湘合流处舟行畅快的愉悦之情溢于言表：

潇湘流合入湖南，走遍危滩五十三。石尽山低松岸阔，矶阵水贴蓼洲涵。戍塘寂寞迷樵径，古渡潇疏间草庵。地出粤西趋楚界，关津到处静烟岚。②

又如张好合《过潇湘合流》：

才泛零陵靡石塘，船头荡漾抵潇湘。孤城地合双流秀，远浦波通一派长。此日晓钟投岸寂，几时夜雨到秋凉。如今柳下归渔艇，网罟横斜洒夕阳。

使臣自兴安苏家桥出发，经南陡至黄石矶，危滩重重，阮朝绍治元年李文馥记载，"从大溶江入渠，水道最浅，……日行仅四五里许"③，舟行至永州零陵县东，潇水与湘江合流，江面渐阔，低矮山丘隐伏两岸，流水平缓，此处戍塘稀小，与广西戍塘相比，戒备松弛许多，横江古渡也褪去了喧闹，地入楚界，村落渐稠，岚烟静静，斜阳洒在渔网上，宛若王维图画般宁静优美。

潇湘合流附近还有潇湘馆、潇湘楼、潇湘庙。越南使臣题咏潇湘庙的诗歌不少，据学者张京华考证："（潇湘庙）或在潇湘东岸，或在西岸，或在苹洲。

---

① 阮辉僜：《北舆辑览》，复旦大学文史研究院、越南汉喃研究院合编：《越南汉文燕行文献集成》第五册，上海：复旦大学出版社，2010 年，第 290－291 页。

② 吴时任：《皇华图谱》，复旦大学文史研究院、越南汉喃研究院合编：《越南汉文燕行文献集成》第七册，上海：复旦大学出版社，2010 年，第 151 页。

③ 李文馥：《使程遗录》，复旦大学文史研究院、越南汉喃研究院合编：《越南汉文燕行文献集成》第十四册，上海：复旦大学出版社，2010 年，第 273 页。

清代在潇湘东岸，与苹洲相对，迄今仍存。"① 道光二十五年（1825）潘辉注奉命初次北使，在《禹皋庙》自序言"在江口右岸，山上敕封'有德禹皇''元德高皇'"，② 同是去程的邓文启撰《华程略记》载"是日舟泊潇湘三岐处，右岸上有禹皋庙，敕封'齐德禹皇''允德皋皇'"，笔者以为清代潇湘庙应当位于潇湘东岸。阮辉僙 在出使日记中记载："十六日，湾船到阜头塘，望见永州城，楼堞隐隐……三岐江口有潇湘古祠，敕封齐德禹皇、允德皋皇，内扁'威德显灵'，外扁'功在平成'。"③ 一同出使的黎贵惇过此留下《潇湘百咏》：

（自永州抵长沙半月间，风日恬清，江山明霁，望中欢感俱生，信笔成绝句若干章，非敢衒多，只因遣兴，但期适意，何用忘言。）

湘口关头望永州，江风十里白苹秋。溪山几处逢青眼，遥忆当年子厚游。

红蘅碧杜满芳香，翠竹青松自郁苍。穆穆庙庭千古祀，平成景仰禹皋皇。

（潇湘江口有庙，祀敕封允德禹皇、齐德皋皇。）④

蘅杜芳香四溢，松竹苍翠，潇湘庙供奉夏禹、皋陶二神，作者回程时在《北使通录》记下感受："草木繁茂，野花山竹，隆冬不凋，风土景物，宛如我国。"这也就不足为奇了。

4. 九嶷胜迹

九嶷山，"在（宁远）县南六十里，亦曰苍梧山。……虞帝南巡实崩于此，至今有帝陵在焉"⑤。司马迁在《史记·五帝本纪》载："（舜）南巡，崩于苍梧之野，葬于江南九嶷，是为零陵。"广义上的九嶷山为南岭山脉萌渚岭的余脉，位于宁远、蓝山、江华、道县四县交界处⑥，而狭义上的九嶷山则是指以舜源峰为主，娥皇、女英、石楼、潇韶等九峰的总称。《尚书·虞夏书》称舜"克明俊德，协和万邦"，在后世人心中舜统治时期是理想的时代，阮攸《苍梧即事》曰：

① 张京华：《黎贵惇〈潇湘百咏〉校读》，《湖南科技学院学报》，2011 年第 10 期。

② 潘辉注：《华轺吟录》，复旦大学文史研究院、越南汉喃研究院合编：《越南汉文燕行文献集成》第十册，上海：复旦大学出版社，2010 年，第 223 页。

③ 阮辉僙：《奉使燕京总歌并日记》，复旦大学文史研究院、越南汉喃研究院合编：《越南汉文燕行文献集成》第五册，上海：复旦大学出版社，2010 年，第 71－72 页。

④ 黎贵惇：《桂堂诗汇选》，复旦大学文史研究院、越南汉喃研究院合编：《越南汉文燕行文献集成》第三册，上海：复旦大学出版社，2010 年，第 155－156 页。

⑤ （清）刘道著修、钱邦芑纂：《永州府志》卷八《山川》，康熙九年刻本。

⑥ 张泽槐：《古今永州》，长沙：湖南人民出版社，2003 年，第 47 页。

虞帝南巡更不还，二妃洒泪竹成斑。悠悠陈迹千年上，历历群书一望间。
新潦初添三尺水，浮云不辨九疑山。寻声遥谢琵琶语，千里青衫不耐寒。①

舜帝南巡久未回，娥皇、女英千里迢迢寻夫未果，泪洒翠竹成斑，后投江自尽，她们对爱情的坚贞与执着成为文人骚客感怀的对象。让九嶷山闻名遐迩的，远非爱情传说，更重要的是舜帝在国人心中的地位，《礼记》称"尧舜帅天下以仁"，中国古代帝王宣扬的"德治""仁义"与此莫不相关，舜已然成为中华文明认同与一脉相承的一个符号。

望九疑山　黎光院

相传虞帝迹，犹在九疑山。圣德周流盛，神光查蔼间。共嗟龙去远，虚道竹成班。千载悠悠意，浮云一片闲。②

山群层峦叠嶂，舜品德高尚，百世流芳。虽然关于舜帝归葬地有不同说法，但从明清帝王登基祭祀来看，舜帝崩于九嶷山是官方认可的。

上湘偶志　潘辉益

玻璃一色合潇湘，江景清漪列泽长。楚岸竹班含宿泪，横滩雁阵带寒霜。三吾名与窊樽寿，二绝文浮黑镜光。流水悠悠今古思，湍声上下吼回塘。③

潇湘江景、斑竹、三浯胜景在越南使臣燕行文集中屡屡出现，可知它们在永州山水风光中占的分量。

5. 柳子厚故宅

柳宗元（773—819），字子厚，河东（今山西）人，唐宋八大家之一，与韩愈共同倡导古文运动，世称"河东先生""柳河东""柳柳州"。贞元九年（793）进士及第，后入朝为官，参与王叔文集团政治革新，"永贞革新"失败后被贬。永贞元年（805）十一月贬为永州司马（今湖南省永州市），在此写下了大量诗文，如脍炙人口的"永州八记"④。在永州度过了艰难的十年后，柳宗元

---

① 阮攸：《使程诸作》，复旦大学文史研究院、越南汉喃研究院合编：《越南汉文燕行文献集成》第十册，上海：复旦大学出版社，2010年，第93页。

② 黎光院：《华程偶笔录》，复旦大学文史研究院、越南汉喃研究院合编：《越南汉文燕行文献集成》第十二册，上海：复旦大学出版社，2010年，第337-338页。

③ 潘辉益：《星槎纪行》，复旦大学文史研究院、越南汉喃研究院合编：《越南汉文燕行文献集成》第六册，上海：复旦大学出版社，2010年，第258页。

④ 包括《始得西山宴游记》《钴鉧潭记》《钴鉧潭西小丘记》《小石潭记》《袁家渴记》《石渠记》《石涧记》《小石城山记》。

奉诏入京，不久又贬至广西柳州任刺史，四年后逝于柳州。

越南使臣咏柳宗元诗文，从时间来看，均作于清代乾隆至光绪年间；从内容来看，多为感叹柳氏身世和怀才不遇之作。

永州柳子厚故宅　阮攸

衡岭浮云潇水波，柳州故宅此非耶？一身斥逐六千里，千古文章八大家。血指汗颜诚苦矣，清溪嘉木奈愚何？壮年我亦为材者，白发秋风空自嗟。①

柳宗元被贬永州时，正值盛年，初寄居在零陵龙兴寺，后迁至愚溪附近②，其故宅今已不见。柳宗元常以"愚"自嘲，十年流放白发生，纵有满腹才情，然不得重用，引得后人为之惋惜不已。

访子厚遗迹　范熙亮

万里荒陬作逐臣，千秋余迹在湖滨。为逢许伯能知己，谁料中郎却误身。文字非由憎达命，江山何幸得传人。只今司马遗名处，钴鉧潭边月似银。③

"许伯""中郎"在此暗指王叔文，《新唐书·柳宗元传》云："王叔文、韦执谊用事，尤奇待宗元。"王叔文改革失败后，柳宗元作为王叔文"同党"，不可避免地遭贬。到永州后，柳宗元寄情山水，创作了大量诗文，作者在诗尾注"子厚所游历溪、邱诸处，土人皆名以司马云"，不失为后人之幸。

永州有怀柳子厚遗迹　阮文超

地是九疑塞，潇湘一碧涵。江山分岭北，风气域湖南。名岂愚溪辱，幽宜逐客探。荒陬余胜迹，司马旧池潭。④

作者在跋中交代："（岭南、岭北）风气自别，寒燠顿殊。愚溪当府城西南冠鸡山下。南池、北门塘，凡子厚所游咏处，土人犹系以司马名，云钴鉧塘。"道光《永州府志·名胜志》对南池、鸡冠山有载，此误作"冠鸡山"。

咸丰三年（1853），潘辉泳出使中国，去程过永州，途中作《望愚溪》缅怀

---

① 阮攸：《北行杂录》，复旦大学文史研究院、越南汉喃研究院合编：《越南汉文燕行文献集成》第十册，上海：复旦大学出版社，2010 年，第 32 页。

② 柳宗元《与杨诲之书》："方筑愚溪东南为室。"

③ 范熙亮：《北溟雏羽偶录》，复旦大学文史研究院、越南汉喃研究院合编：《越南汉文燕行文献集成》第二十一册，上海：复旦大学出版社，2010 年，第 44 页。

④ 阮文超：《方亭万里集》，复旦大学文史研究院、越南汉喃研究院合编：《越南汉文燕行文献集成》第十六册，上海：复旦大学出版社，2010 年，第 232 - 234 页。

柳宗元。诗注曰："溪在永州府城西，唐柳子厚谪居于此，有记云：'灌水之阳有溪焉，东流入于潇水，或曰冉氏尝居也，故曰"冉溪"，或曰可以染也，故谓之"染溪"。今予家是溪凡为愚者莫我君也，得专而名焉。'潇水一名营水，自九疑山发源至永州，与湘江合，谓之潇湘。"①《永州纪胜》载：冉溪更名愚溪则自柳侯始，入溪里许，为钴鉧潭，上祠柳侯，侯故宅也。溪岸底皆奇石，多金荷翠藻，香蒲雪兰，其流无际，憾士人。②

6. 三闾大夫庙

湖南在先秦时期为楚国辖地，战国时期的楚国诗人、政治家屈原（约前340—前278）在兼管内政外交大事时，因为提倡"美政"，主张对内举贤任能，修明法度，对外联齐抗秦，而受到贵族排挤诽谤，被流放至汉北和沅湘流域。后来因楚国郢都被秦军攻破，屈原自沉于汨罗江，以身殉楚。后人为了纪念屈原，建了一些庙宇。屈原庙多集中分布于其生活的区域，以洞庭湖流域最多，多在清代之前即建专祠，其名称不一。屈原庙是祭祀屈原神灵的场所，也是民间传承屈原精神最直接的物质载体。岳州府巴陵县有屈原宅。宋人范致明所写的《岳阳风土记》记载，巴陵有屈原潭，"是屈原投江之处，忠洁侯三闾大夫庙在其上"③。据龚红林的研究，清《湖广通志》当中记载湖南境内屈原祠有长沙县的屈贾二公祠，湘阴县的汨罗庙，益阳县的五贤祠，东安县的三闾大夫庙，巴陵县的三闾大夫庙，平江县的三贤祠、屈原庙，武陵县的三闾大夫祠、四贤祠，沅州的昭灵庙，黔阳县的三忠祠，桂东县的三闾祠。④

屈原的爱国精神一直被后世所题咏。汉文化对越南深有影响，为此，饱受儒家思想浸润的越南使臣们自然熟悉屈原其人其事，而且在途经湖南时，所到之处亦不有少专祠屈原的庙，一些使臣亦做了记录。

道光五年（1825），潘辉注首度出使清朝，其北使文集《𫐄轩丛笔》对三闾大夫庙记录如下：

祁阳县城有三闾大夫庙，乾隆四年重修，体制宏丽，有御笔对联云：经是离骚，托谏讽以悟君，屈心抑志，忍尤攘诟，耿耿孤忠，百世永盟于湘水；吟名渔父，借歌词以喻友，人醉我醒，人浊我清，悠悠独抱，千秋长啸于祁山。又匾额题"兰菊惟馨""三楚名贤"等字。按三闾怀沙之所，在下湘罗，其地已

---

① 潘辉泳：《骈程随笔》，复旦大学文史研究院、越南汉喃研究院合编：《越南汉文燕行文献集成》第十七册，上海：复旦大学出版社，2010 年，第 278 - 279 页。

② （清）王岱撰：《永州纪胜》，王锡祺辑：《小方壶斋舆地丛钞》铅印本。

③ （宋）范致明：《岳阳风土记》，台北：成文出版社，1976 年，第 6 页。

④ 龚红林：《屈原庙与屈原精神的传承》，《三峡论坛》，2012 年第 3 期。

有庙在，此处庙祀，不知其何所因，想是当时伤怀行轸，涉江远游，三楚山川，莫非憔悴行吟之地？后人追思随地立庙，即湘流一带，无处不可祀灵均，祁阳山畔，盖亦此都也。①

屈原被放之前，他的最后官职是"三闾大夫"，故此三闾大夫庙即为屈原庙。在潘辉注看来，屈原庙在其投江之地数量不少，在祁阳也有屈原庙，虽此处立庙原因未有明确记载，但他认为这应该是后人追思而建庙祭祀。他在另一北使诗文集《华轺吟录》作《三闾大夫庙》凭吊屈原，歌颂其高洁品质和忧国忧民之心。

纤轸伤怀逝水滨，九歌憔悴几君怜。娥眉容易招谗女，兰畹凄凉望美人。湘庸千秋遗佩月，郢门何处白衣云。骚词重感南来客，迢递江皋揽苣苹。②

道光二十一年（1841），李文馥出使清朝，途中作《使程括要编》，"离老鼠湾塘十五里，便是祁阳县城，城有三闾大夫庙，扁见而人莫不敬"。同治七年（1868），越南使臣阮思倜在其文集《燕轺笔录》中补充说明三闾大夫庙"今不知其处"。

（二）衡州景观

越南使臣们从永州顺湘江而下，到达衡州府。衡州府地处湖南中南部衡阳盆地，湘江中游，蒸水、耒水在此汇入湘江，南为南岭余脉，大云山、九峰山、衡山踞北，罗霄山余脉、越城岭余脉分列东、西，地势南高北低，以岗丘为主，间夹小面积平原。清代衡州府城位于三水交汇处的冲积平原，湘江贯穿南北，城南枕回雁峰，初唐四杰之一王勃说的"渔舟唱晚，响穷彭蠡之滨；雁阵惊寒，声断衡阳之浦"即此，故衡阳别称"雁城"。使臣们一路走来，记录下了衡州府的山水景观。

1. 衡湘沿岸水土特征

衡阳盆地地貌以山岗、丘地为主，海拔 100 ~ 500 米的土地面积约占总面积的52%，土壤类型主要有地带性红壤、黄壤、过渡性土壤黄红壤，以石灰土壤

---

① 潘辉注：《轺轩丛笔》，复旦大学文史研究院、越南汉喃研究院合编：《越南汉文燕行文献集成》第十一册，上海：复旦大学出版社，2010 年，第 63 - 64 页。

② 潘辉注：《华轺吟录》，复旦大学文史研究院、越南汉喃研究院合编：《越南汉文燕行文献集成》第十册，上海：复旦大学出版社，2010 年，第 225 - 226 页。

和紫色土为主，土质贫瘠，保水性差。① 在越南使臣潘辉注的笔记中，有如下记载：

> 衡湘沿岸诸山皆低，土尽赤色如朱砂，俯临清湘，紫翠如画。盖衡岳一带巉岩高峻于上，其旁落于江渚者，皆是支脉之余，而秀气融结，自应照耀朱维，显出异状。……潇湘一境，则多土峰堆叠，山红水碧，艳妆浓抹，便觉雅景宜人，一奇一秀，姿态各异。②

在潘辉注看来，衡湘沿岸土山低矮，红壤覆盖，湘流碧波，一红一绿，色彩跳性大，宛如浓妆艳抹，和桂林如黛般的山水画自是不同，雨后青山更显青翠洁净。潘辉注此次出使还著有诗集《华轺吟录》，写有衡湘沿岸"五岳镇中土，斯土镇南州。千岭落丹砂，恍疑神仙洲"的诗句，诗注云："衡湘尚岸诸峰峦，土石皆如朱砂色。"在他看来，山岗披上朱色外衣，恍入梦幻仙境，景致煞是迷人。

2. 南岳衡山

南岳衡山位于湖南衡阳，最高峰祝融峰，海拔 1 300.2 米，呈东北—西南走向，风景秀丽，佛教、道教在此均有不少寺庙和宫观，为著名的佛教和道教圣地。狭义的衡山仅指祝融峰及其周围狭小的地区，广义的衡山则涵盖七十二峰，以回雁为首，岳麓为足。越南使者对衡山的记载多是在道光之后的使臣文集中，以广义的衡山为观察对象。潘辉注言："南岳衡山，周回八百里，自回雁为首，蜿蜒磅礴，凡七十二峰，到长沙岳麓而止。"③ 兹对记述较多的主要山峰回雁峰、祝融峰、烟霞峰、岣嵝峰进行论述。

（1）回雁峰。

回雁峰，在城南里许，相传因雁不度衡阳而得名④，"山如雁张翼，峰不甚高，东临湘水，北瞰衡城，雁峰寺笼罩无余隙焉"⑤。山上建有一寺，供无量寿佛，常年香火不断，号称"南岳七十二峰之首"，潇湘八景之一"平沙落雁"、衡阳八景之首的"雁峰烟雨"均在此，还是"雁文化"的重要载体。

---

① 郑文武、田亚平：《衡阳盆地土地适宜性评价》，《衡阳师范学院学报》，2011 年第 3 期，第 80 页。

② 潘辉注：《辋轩丛笔》，复旦大学文史研究院、越南汉喃研究院合编：《越南汉文燕行文献集成》第十一册，上海：复旦大学出版社，2010 年，第 74 – 75 页。

③ 潘辉注：《辋轩丛笔》，复旦大学文史研究院、越南汉喃研究院合编：《越南汉文燕行文献集成》第十一册，上海：复旦大学出版社，2010 年，第 71 页。

④ （清）张奇勋修、谭宏宪纂：《衡州府志》卷二《山川》，康熙十年刻本。

⑤ （明）徐霞客：《徐霞客游记》，上海：上海古籍出版社，1982 年，第 194 页。

清道光五年（1825），潘辉注以甲副使身份北使清朝。经衡阳时逢暮春谷雨，烟景渺茫，雁向北而未归，楼台远浦，山色青翠连天碧，纵使蓬莱仙境出色，尘寰逍遥，亦不得与衡阳争先。故此写诗描绘了回雁峰的景色。

衡阳闲述　潘辉注

衡阳自古说秋佳，我到来辰春雨来。俊爽但须看景物，繁华不必论楼台。潇湘水合连青障，楚粤山环枕碧隈。想浮金风归雁浚，未应仙境独蓬莱。①

九月初二，潘辉注和使臣们从燕京启程返回，入湘中时已是寒冬，与春夏相比，衡州又是另一番景色。

望回雁峰　潘辉注

峻嶒遥瞰湘江渚，晓霭暮烟凝翠紫。朔风吹送雁飞回，不向岭南传锦字。万里征人今已归，峰前客棹泛清漪。桂林早报春来信，一任湘鸿向此飞。②

平沙落雁　潘辉注

渺渺渔汀远岸开，飞飞鸧鸟半空来。西风吹共芦花坠，晚照斜连草字回。不向岭南传海信，谩从衡傍转江隈。关山此度征鸿杳，重忆音书一把杯。

又诗余

远浦衔芦秋弄影，草阵行行对整，萧瑟西风冷，斜阳沙向沧洲静。万里云烟江路永，暮宿朝飞无定，关山消息迥，顾倩传书通桂岭。③

寒江清，鸧鸟（即黄鹂）低空飞过，西风萧瑟，芦花飘坠，斜阳下拉着长长的影子，沙洲寥落，离故土越来越近了，作者凭窗眺望，借酒重温旧信，在风雨飘摇、暮宿朝发的日子里，多希望能听到故国消息。

潘辉注在另一使华文集《轩辕丛笔》中，详细记载了有关回雁峰的方位、传说和对传说的考证：

衡州回雁峰，去城南一里许，萦回磅礴。至于江滨，山不甚高，且稀树木，望之紫翠重叠。山上有寺院，即寿佛初住持处，世传雁飞于此而回，不复南过，故名。……峰势特以形似，故名。俗传无印证，筠郎笔记辨之甚详，今录于左。

① 吴时任：《皇华图谱》，复旦大学文史研究院、越南汉喃研究院合编：《越南汉文燕行文献集成》第七册，上海：复旦大学出版社，2010年，第158－159页。

② 潘辉注：《华轺吟录》，复旦大学文史研究院、越南汉喃研究院合编：《越南汉文燕行文献集成》第十册，上海：复旦大学出版社，2010年，第316－317页。

③ 潘辉注：《华轺吟录》，复旦大学文史研究院、越南汉喃研究院合编：《越南汉文燕行文献集成》第十册，上海：复旦大学出版社，2010年，第321页。

世传衡有二说：一曰山高雁不能过；二曰江有毒，雁饮水死耳。浅人耳闻，奉为信史，可笑也。衡高不过岱华，其间未尝无雁，即峻不可度，岂无径可通？若水毒杀雁，则衡州之饮于江者，靡有孑遗矣。且水既杀雁，亦当杀鱼，是真湘鱼沉已，盖衡之七十二峰，从洞庭叠翠南来，如飞如舞，奔八百里至湘江，而一峰夭娇回伏，若雁之落而乘风还折复起顶，羽翼翩翩欲动，地势使然也。山距城二百步，高二十仞，凡宴集朝至其地。顺治己丑九日，余与僚友采茱山阿，南望潇水微茫若带，忽闻空中嘹呖声，横江而过，余笑谓左右曰："雁今破例过峰，何以不回？"容不有省者，余乃理前说为记，以质稗史之诬。①

他认为回雁峰高不过岱华，而即使高峻，也可以通过其他道路越过；江水无毒，若有毒的话，岂止毒杀雁？同饮江水的人、鱼怎会存留？加之目睹雁飞过山峰而不回，所以得出结论，那些传说是荒诞不经的。

回雁峰对岸还有诸葛武侯庙，西山朝使臣吴时任《诸葛武侯庙》诗序言其"在衡州府回雁峰，湘江右岸"②。而嘉庆《衡阳县志》载："诸葛亮宅，在石鼓山。"

（2）祝融峰。

南岳七十二峰中，祝融峰为最高峰，也是衡山的主峰。越南使臣潘辉注在《泛潇湘赋并序》中用"祝融不可而上兮，空瞻绝巅之嵯峨"③ 来形容祝融峰山势陡峻，难以攀登。山脚下为佛教圣地祝圣寺，祝圣寺源于唐代，得名于净土三祖承远。④ 祝圣寺的主要建筑有大雄宝殿、药师殿、说法堂、罗汉堂、念佛堂等，多为康熙年间重修。峰顶建有祝融殿，乾隆十六年（1751）重修。祝融为南方主寿之神，乾隆《衡州府志》卷七《古迹》载"祝融位直离宫以配火德，乃祝融君游息之所，道书所称二十四福地也。舜洞洞前石壁有灵岩二字"。久而久之，上祝融峰朝拜祝融之路便形成了经由南岳庙上祝融殿的主线路。在另一诗集中，潘辉注还记载山上有南岳庙，韩愈、朱熹都曾来此游览。⑤

---

① 潘辉注：《輶轩丛笔》，复旦大学文史研究院、越南汉喃研究院合编：《越南汉文燕行文献集成》第十一册，上海：复旦大学出版社，2010 年，第 64 - 66 页。

② 吴时任：《皇华图谱》，复旦大学文史研究院、越南汉喃研究院合编：《越南汉文燕行文献集成》第八册，上海：复旦大学出版社，2010 年，第 309 页。

③ 潘辉注：《华轺吟录》，复旦大学文史研究院、越南汉喃研究院合编：《越南汉文燕行文献集成》第十册，上海：复旦大学出版社，2010 年，第 237 页。

④ 李巍：《祝融峰下清凉居——记南岳祝圣寺》，《中国宗教》，2011 年第 1 期。

⑤ 潘辉注：《輶轩丛笔》，复旦大学文史研究院、越南汉喃研究院合编：《越南汉文燕行文献集成》第十一册，上海：复旦大学出版社，2010 年，第 71 页。

（3）烟霞峰。

烟霞峰上云雾缭绕，与碧萝峰相连。烟霞峰距城南三十里，有李泌读书处，宋代有阮姓者居此，子孙百口。① 李文馥《使程括要编》载："烟霞峰，有李泌读书处，即衡山书院。"② 潘辉注途经衡阳时，也记载烟霞峰旁即李邺侯（即李泌）读书处。此处所记之"李泌"，据《旧唐书》卷十三记载，曾任中书侍郎、同平章事，贞元五年卒，世称李邺侯，曾隐居南岳。衡山书院又叫邺侯书院，原址在烟霞峰下李泌故宅处，在南岳 17 所书院中，是唯一一存世的书院。乾隆《衡州府志》卷七《古迹》也称"李泌故居在烟霞峰下"。故此，越南使臣所记无误。

（4）岣嵝峰。

岣嵝峰林海莽莽，古木参天，群山拥抱，禹碑在峰内③，可谓人文景观与自然景观交融生辉。康熙《衡州府志》卷二《山川》载："衡山南有峰曰岣嵝，东西七十里，南北三十里，高一千五百丈，禹登之获金简玉牒治水之□，上有禹碑，形模蚪蝌。"又见乾隆《衡州府志》卷七《古迹》："禹碑在岣嵝峰下雷祖殿后。碑高丈、阔四五尺，刻蝌蚪鸟迹文，下有石座，碑有柄入石座中，可稍前却，而不崩圮，摹墨刻须立竹木架。《禹贡》至于衡山，盖指岣嵝峰也。长沙岳麓亦有禹碑，是临此而翻刻者。"有学者指出，岳麓山禹碑临摹于南岳，但清代以后，位于岣嵝峰上的禹碑不是原来的那块，而是翻刻岳麓禹碑。④ 在越南使者潘辉注笔下，"岣嵝峰，上有大石碑，皆蝌蚪文，七十二字，记禹梦苍水使者，赐金简玉牒于此"⑤。越南使者多用"森森绿树""峰险斗绝"来形容岣嵝峰之险。

3. 石鼓书院

明清时期，潇湘地区人才辈出，文化教育事业发达，有不少书院蜚声海内外。越南使臣们在途经湖南时也注意到当地的书院。其中衡州府的石鼓书院就是一所很有影响力的教育机构。嘉庆七年至八年，越南使臣黎光定出使清朝，他在《题石鼓山书院》中写道："仙桡引胜过蒸湘，石鼓岩头步夕阳。碑志仍题

---

① 阮辉儆：《奉使燕京总歌并日记》，复旦大学文史研究院、越南汉喃研究院合编：《越南汉文燕行文献集成》第五册，上海：复旦大学出版社，2010 年，第 77 页。

② 李文馥：《使程括要编》，复旦大学文史研究院、越南汉喃研究院合编：《越南汉文燕行文献集成》第十五册，上海：复旦大学出版社，2010 年，第 104 页。

③ 禹碑位置有二说：一是南岳岣嵝峰禹碑，二是南岳云密峰禹碑。笔者据《衡州府志》和越南使者记述，取第一种说法。

④ 熊考核、文龙：《千古之谜——禹碑》，《船山学刊》，2007 年第 1 期。

⑤ 潘辉注：《辒轩丛笔》，复旦大学文史研究院、越南汉喃研究院合编：《越南汉文燕行文献集成》第十一册，上海：复旦大学出版社，2010 年，第 73 页。

贤姓字，草花犹带古芬芳。两襟水合文澜涌，一簇山标道脉长。欲访老儒临绛帐，恐将唐突到宫墙。"① 诗中点明石鼓书院位于衡阳石鼓山之蒸、湘交汇处。

石鼓书院的历史非常悠久，始建于唐代元和年间。北宋时期，皇帝赐额，李宽后裔李士真在旧址上重建书院，"前为会讲堂，中列先圣殿，后建雁居祠，东西两厢设斋舍十数间，外建仰高楼与风雩亭，复修合江亭"②。书院集讲学、藏书、供祀一体，这种学宫式范式基本被后世沿袭。南宋至明朝，石鼓书院成为理学传播和发展重地，声名远扬。清代的石鼓书院，因政治经济发展、社会教育、书院政策等原因，其影响力逐渐下降。③

清代越南使臣路过此地，对石鼓书院的记载屡见于诸北使文集，其中当以道光五年（1825）使清的潘辉注对石鼓书院的记载尤为具体：

> 石鼓山在州城东北，俯临湘水、蒸江合流处，草树青翠。山上有书院，规制宏丽，中奉先师、先贤列位，望之体格崇严，声名文物，湘东一胜概也。院原起自唐时，宋初赐额，南渡日重修，朱子为之记其本末云："衡州石鼓山，据湘蒸之会，江流环带，最为一郡佳处，故有书院。起唐元和阆州人李宽之所为，至国初曾赐敕额，其后乃复稍徙而东，以为州学，则书院之迹，于是废而不复修矣。淳熙十二年，部使者潘侯时，始因旧址，列屋数间，牓以故额，将以俟四方之士，有志于学，而不屑于课试之业者居之，未竟而去，今使者成都宋侯，又因其故而益广之……以奉先圣、先师之像，及奉国子及诸州。本道印书若干类若干卷，……而为政者，乃或就而褒表之，若此山、若岳麓、若白鹿之类是也。迨于本朝庆历、熙宁之盛，学校之宫，遂遍天下。……淳熙十四年丁未岁夏四月朔记。"详考此记，知是院之建其来已久，所为关系于道学者，殊非浅鲜，与白鹿洞、岳麓，同称为大全书院，历朝表显而修葺之，盖以为崇古劝学之地，不可废也。书籍藏板在诸书院处为多，今使程所过衡州、长沙二地，采买书籍，颇易于他处以此也。④

由此观之，石鼓书院的兴衰与理学的发展呈正相关。南宋景祐年间，石鼓

① 黎光定：《华原诗草》，复旦大学文史研究院、越南汉喃研究院合编：《越南汉文燕行文献集成》第九册，上海：复旦大学出版社，2010 年，第 128 页。
② （明）李安仁、王大韶等：《石鼓书院志》，长沙：岳麓书社，2009 年，第 14 页。
③ 刘文莉：《石鼓书院史》，湖南大学硕士学位论文，2008 年，第 57 页。
④ 潘辉注：《輶轩丛笔》，复旦大学文史研究院、越南汉喃研究院合编：《越南汉文燕行文献集成》第十一册，上海：复旦大学出版社，2010 年，第 67－70 页。

书院已经改为州学①，淳熙年间有"不屑于课试之业者"，书院招收的是"有志于学"之士，石鼓书院与白鹿洞书院、岳麓书院都拥有悠久的历史，是"大全书院"。耐人寻味的是，潘辉注提到越南使臣们每次出使都会购买一些汉文书籍，他特别指出"今使程所过衡州、长沙二地，采买书籍，颇易于他处"，原因就在于"书籍藏板在诸书院处为多"。可见，书院刻书事业在宋代也尤为兴盛。

石鼓山怀古　李文馥

（在衡州府。衡山七十二峰，回雁为首，岳麓为足，石鼓山列回雁之左，乃诸葛旧居处。至唐宋为书院，朱子有记文。今院中奉祀周子、朱子、韩昌黎、黄瀚诸先贤。院后有三江亭，景致幽雅。又按：湘江至此，有一支江从宝庆来合流，名蒸水江，石鼓山在其江口，故朱子记有云："衡州石鼓山处蒸山之会，江流环带，最为一郡佳处云云。"）

七十二峰中一峰，江流环带树阴浓。遥山尽处惊回雁，故宅谁人起卧龙。书院晴□三水月，文林秀结万年秋。悠悠远道□瞻邱，斗北高云高隔几重。

这首道光二十一年（1841）使清的李文馥所作的《石鼓山怀古》诗，序文称："今院中奉祀周子、朱子、韩昌黎、黄瀚等先贤。院后有三江亭，景致幽雅。"② 然而该记载中有两处与中方资料记载相左，一是黄瀚，当为黄干；二是三江亭，嘉庆《衡阳县志》载其为"合江亭，在石鼓山后"③，乾隆时期锐佺、旷敏本纂《衡州府志》卷七《古迹》也标明是合江亭。还有一处与前代使臣和中方文献记载皆有不同。李文馥认为："山在衡州蒸水江上，世传孔明故宅，唐宋间改为石鼓书院，院后有洞，刻朱仙洞。"④ 他认为书院最早是从诸葛亮故居改造而来，而非中方文献与前代使臣记载的书院始辟于唐代。李文馥之后的使臣，如道光二十九年（1849）出使清朝的阮文超也说"山在衡州，□水江上，

---

① 廖行之于淳熙十三年《石鼓书院田记》载："景祐三年，诏许衡州立学，自是为学官，书院因废不别建。"朱熹《石鼓书院记》："至国初时尝赐敕额，其后乃复徙而东，以为州学。"而同治《衡阳县志》言："王定民在宋哲宗初，以左奉议郎知衡阳县兼衡州府教授。元祐初年王定民修葺石鼓斋舍，以祀孔子。"笔者以为，石鼓书院作为州学在景祐年间较为可信。

② 李文馥：《使臣遗录》，复旦大学文史研究院、越南汉喃研究院合编：《越南汉文燕行文献集成》第十四册，上海：复旦大学出版社，2010 年，第 288－289 页。

③ （清）阎肇烺等修，马倚元、王斯飏纂：嘉庆《衡阳县志》卷二十五《古迹》，嘉庆二十五年刻本。

④ 李文馥：《使臣括要编》，复旦大学文史研究院、越南汉喃研究院合编：《越南汉文燕行文献集成》第十五册，上海：复旦大学出版社，2010 年，第 160－161 页。

世传孔明故宅，唐宋间改为石鼓书院，院后有洞，刻朱仙洞"①，再到后来的潘辉泳持与李文馥一致的说法。潘辉注出使途中记载的时间为道光五年（1825），李文馥出使时间为道光二十一年（1841 年），仅仅十六年时间，前后使臣对石鼓书院起源的记载大相径庭，其中的变故并未从越南使臣的文集中看出端倪，倒是提醒我们在利用域外汉籍史料时要注意与中文文献记载相比对，不能盲从。

（三）长沙景观

长沙为湖南省会，位于湘江下游，水陆交通发达。自秦汉以来，长沙均为郡、州、路、府治之所，历史上长期是湖南的政治和文化中心。光绪《善化县志》卷三《疆域》称："（长沙）控湖湘之上游，吐纳洞庭，依附衡岳，荆豫唇齿，黔粤咽喉，保障东南，古称重镇。"清代越南使臣经过长沙，对长沙之文化景观如贾谊故宅、岳麓书院、拱极楼的咏作数量相当可观，此外，他们对长沙的商业之繁盛也有记载。

1. 贾谊故宅

贾谊，洛阳人，西汉著名的思想家、政治家，年少成名，二十出头就被汉文帝召为博士。他敢于提出自己的见解，最初受文帝赏识，被提拔为太中大夫。后因朝中大臣周勃、灌婴、张相如等人反对，加上邓通的诋毁，渐渐被文帝疏远，被贬至长沙任太傅。贾谊被贬路上心情快快，临湘水时想起和自己命运相似的屈原，不免忧从中来，又逢鹏鸟飞入住宅，贾谊更觉不祥，于是作《鹏鸟赋》。一年后文帝召见，任他为梁怀王太傅，他又作《治安策》，批评时政，可惜并未被采纳，贾谊终不得志，忧郁而终，年仅三十三岁。司马迁认为贾谊、屈原有不少共同点，遂在《史记》中将二人合传，结尾处云："余读《离骚》《天问》《招魂》《哀郢》，悲其志。……及见贾生吊之，又怪屈原以彼其材，游诸侯，何国不容，而自令若是。读服鸟赋，同死生，轻去就，又爽然自失矣。"②班固在《汉书》中用"为庸臣所害，甚可悼痛"之句对贾谊表达了惋惜之情。宋代学者苏东坡写有《贾谊论》，评价贾谊有"非才之难"。清代王夫之的《读通鉴论》认为贾谊、陆贽、苏轼三人迹相类。贾谊的《过秦论》被鲁迅誉为"西汉鸿文"。

贾谊的思想体现了政治家的前瞻性和改革者的无畏之勇，然其命运的不幸，让后人唏嘘不已。越南使臣入湘后，其笔下记录凭吊贾谊的诗作数量相当丰富。《文献集成》收录的越南使臣咏贾谊之作，从内容来看，将屈、贾并颂的诗作不

---

① 阮文超：《如燕驿程奏草》，复旦大学文史研究院、越南汉喃研究院合编：《越南汉文燕行文献集成》第十七册，上海：复旦大学出版社，2010 年，第 98 页。

② （汉）司马迁：《史记》卷八十四《屈原贾生列传》，北京：中华书局，1982 年，第 2503 页。

少，悲贾谊不遇是其主旋律，诗序或评注中还记述贾谊祠历史变迁，这些资料为研究贾谊作了有益的补充。

（1）屈、贾并颂，悲其不遇。

屈、贾并颂的代表性作品有：阮攸《观屈原贾谊传偶得》、阮文超《长沙有怀屈左徒贾太傅》、黎光定《登拱极楼》、黄碧山《贾谊故宅》、黎光院《长沙怀贾太傅》、李文馥《长沙怀古》。现以黎光定《登拱极楼》为例：

> 长沙湘水转沧茫，拱极楼头望岳阳。汉傅文章遗古树，楚臣忠愤逐苍浪。诗临画槛云随步，酌就花栏雨洗肠。淡泊可怜禅味冷，一瓯山茗客情芳。①

此诗看似和屈、贾无关，其内容实为赞颂贾谊文章千古流芳、屈原爱国忧民的情怀，对他们的遭遇感到无比痛心和伤感。还有阮文超在诗中写道"北学未通文在楚，洛辞一变赋如骚"②、裴文禩诗曰"屈贾清风万古降，岂惟骚赋擅词腔"③，二人均认为贾谊的文章受屈原的影响，并对骚赋有所发展。

纵观《文献集成》当中越南使臣们题咏贾谊的诗文，从清初阮公沆"濯锦坊头悲楚客，年年碧草照斜曛"④ 始，为咏贾谊奠定了"悲"的感情基调。使得悲其不幸成为咏叹贾谊的主旋律，如"如今听尽寒蝉响，似有当年坠马愁"⑤"洛阳英雄又谁如，何事明朝却见疏。……回想赋成单阏日，古今凭吊共唏嘘"⑥ 等。

（2）贾谊祠历史变迁。

《文献集成》共收录清代越南使臣咏贾谊诗五十七首，不少使臣作品反映了贾谊祠的历史变迁。

据乾隆《长沙府志》卷十二《古迹》载："贾谊故宅，即贾公祠，中有井，相传谊凿，极小而深，上敛下大，其状如壶。旁有一脚石床，才容一人坐，故

① 黎光定：《华原诗草》，复旦大学文史研究院、越南汉喃研究院合编：《越南汉文燕行文献集成》第九册，上海：复旦大学出版社，2010年，第129－130页。

② 阮文超：《方亭万里集》，复旦大学文史研究院、越南汉喃研究院合编：《越南汉文燕行文献集成》第十六册，上海：复旦大学出版社，2010年，第243页。

③ 裴文禩：《万里行吟》，复旦大学文史研究院、越南汉喃研究院合编：《越南汉文燕行文献集成》第二十一册，上海：复旦大学出版社，2010年，第244页。

④ 阮公沆：《往北使诗》，《万里行吟》，复旦大学文史研究院、越南汉喃研究院合编：《越南汉文燕行文献集成》第二册，上海：复旦大学出版社，2010年，第86页。

⑤ 张好合：《梦梅亭诗草》，复旦大学文史研究院、越南汉喃研究院合编：《越南汉文燕行文献集成》第十二册，上海：复旦大学出版社，2010年，第157页。

⑥ 范芝香：《志庵东溪诗集》，复旦大学文史研究院、越南汉喃研究院合编：《越南汉文燕行文献集成》第十七册，上海：复旦大学出版社，2010年，第99页。

老传是谊所坐床。又有大柑树，亦云谊所植，今以屈原合祀，名屈贾祠。"乾隆七年（1742），阮宗窒出使中国，途中作《题贾谊庙》，诗序云"在长沙府城西门濯锦坊内，宅址犹存，今建为祠三连，与三闾大夫对像并起"①，此时仍是屈贾并祀。乾隆五十五年（1790），潘辉益等人驻长沙，作《次长沙怀贾傅》："藩邸长留英俊恨，西坊遗址积苔斑。"② 此时的贾祠已是苔迹斑斑，人迹罕至，破败萧瑟。这种情形一直到道光二十五年（1845）仍未改变。是年，范芝香北使作《留题贾傅祠》："草迷故宅寒烟里，乌噪残碑夕照余"；《又前题次韵》："凄凄庙貌松阴里，云雾空归万古魂。"③

光绪元年（1875），粮道夏献云、巡抚王文韶择地另建屈祠，同时重修贾太傅祠，增建园林部分——清湘别墅。④ 光绪二年（1876）出使中国的越南使臣裴文禩有《次韵和夏芝芩廉访重修贾太傅祠落成五古》一诗，称"贾傅不可见，新祠起故宅"。诗注云："夏名献云，字芝芩，江西人，举人，现湖南按察使，为人文雅可尚。重修贾谊祠，栋宇壮丽，后堂建一楼，附祀屈原。"⑤ 裴文禩的此诗作于光绪三年（1877），记载的就是这一盛事，也为后人的研究提供了有力的佐证。

2. 岳麓山

岳麓山亦名麓山、灵麓峰，是衡山七十二峰之一，位于今湖南省长沙市岳麓区湘水西岸，呈东北—西南走向，最高峰约 300 米，南北长约 4 000 米，东西宽约 3 000 米，亚热带湿润气候，植物种属丰富，土壤以山地红壤为主。岳麓山体由厚层石英砂石、砂页岩互层、页岩和砂砾岩组成，而四周因外力和构造作用，沿断裂处侵蚀严重，使岳麓山显得高耸挺拔。⑥ 岳麓山有着"岳麓之胜，甲于湘楚"的美誉。它不仅拥有迷人的自然景观，更珍贵的是数千年的人文积淀，使岳麓山成为文化名山。清代越南使臣对禹碑、岳麓书院等文化景观的咏作较

① 阮宗窒：《使华丛咏集》，复旦大学文史研究院、越南汉喃研究院合编：《越南汉文燕行文献集成》第二册，上海：复旦大学出版社，2010 年，第 195 页。

② 潘辉益：《星槎纪行》，复旦大学文史研究院、越南汉喃研究院合编：《越南汉文燕行文献集成》第六册，上海：复旦大学出版社，2010 年，第 256 页。

③ 范芝香：《郿川使程诗集》，复旦大学文史研究院、越南汉喃研究院合编：《越南汉文燕行文献集成》第十五册，上海：复旦大学出版社，2010 年，第 162–163 页。

④ 范俊芳、文友华：《历史人文故居修复的规划探讨——以贾谊故居为例》，《中外建筑》，2009 年第 10 期。

⑤ 裴文禩：《万里行吟》，复旦大学文史研究院、越南汉喃研究院合编：《越南汉文燕行文献集成》第二十一册，上海：复旦大学出版社，2010 年，第 246 页。

⑥ 高丽芳：《基于 DEM 的岳麓山地貌特征的分析》，湖南师范大学硕士学位论文，2007 年，第 7 页。

为常见，有的作品记载了岳麓书院的历史与辉煌。

（1）禹碑。

从史料记载来看，禹碑最早立于南岳，岳麓山的这块禹碑是翻刻版。现代学者考证认为，舜葬苍梧、大禹在湘治水等传说的发生可能与三苗南迁有关，这些被后人指斥为"荒唐谬悠"的"流俗妄语"实际上包含了先秦、秦汉时期今湖南境内民族渗透、混融和演变、分合的若干可信的历史素材。[1] 大禹在湘治水传说在湖南境内广为流传，在文字还未成熟的年代，人们通过世代口耳相传来保存祖先的历史，与文字成熟年代历史学家记述的历史相差甚远。越南使臣也是模糊地记述着传说，"勾嵝在岳麓，上有神禹石碑，篆刻古文七十二字，相传禹梦苍水，使者赐金简玉牒，遂知治水之术"。[2] 而这些传说人神不分，年代、地域不准确，世系也是不清晰的，就连记述者本身也对这些传说的解读表示疑惑，"痴对禹碑看古篆，近来诠译有谁真"。[3]

（2）岳麓书院。

岳麓书院，北宋"四大书院"之一，建于976年，著名理学家张栻曾在书院主教。1167年，朱熹来访，是为历史上著名的"朱张会讲"。作为学校教育的岳麓书院，在宋代最为兴盛，很多文献、方志也在强调岳麓书院是中国传统教育繁荣的代表，越南使臣对书院的记载亦是如此。如阮公沆《题岳麓书院》："省城西，隔河三里为岳麓山……朱文公书额，因置岳麓书院，后有御书楼，左右书序数十间，多士藏修之所，又有先师张朱二贤祠，右有唐李邕灵麓寺碑。又并书涧，来游玩士子环列，递扇、求诗者应不暇。"[4] 潘辉注《輶轩丛笔》："岳麓书院，是四大书院之一。……祖宗尊右儒术，分之官书命之禄秩，赐之扁榜，所以宠之者甚备。是四院皆起于宋，初儒先私淑之所，历蒙表显，盖与石鼓书院略同，遂为千古胜迹，至于景致之幽，当以此院与白鹿洞书院为第一。"裴樻《燕行总载》："岳麓在省南岸……宋邹衍，字道乡，以直言谪居于此。张南轩为筑道乡台，朱文公书额，后有御书岳麓书院，左右房数十间，今为多士藏修之所。"阮文超《方亭万里集》："又南轩书院，乃朱子与张敬夫讲学处，朱子于冬雪千里访张栻事载《东归集》。"现代学者认为岳麓书院与湖湘学派联系

① 周书灿：《三苗南迁与湖南境内虞夏传说的发生》，《贵州民族研究》，2007年第5期。
② 裴樻：《燕行总载》，复旦大学文史研究院、越南汉喃研究院合编：《越南汉文燕行文献集成》第十五册，上海：复旦大学出版社，2010年，第332-333页。
③ 胡士栋：《花程遣兴》，复旦大学文史研究院、越南汉喃研究院合编：《越南汉文燕行文献集成》第六册，上海：复旦大学出版社，2010年，第16页。
④ 阮公沆：《往北使诗》，复旦大学文史研究院、越南汉喃研究院合编：《越南汉文燕行文献集成》第二册，上海：复旦大学出版社，2010年，第195-196页。

紧密，国内外学者对此都有专门论述，如朱汉民、邓洪波、本杰明·艾尔曼、朱迪思·惠特贝克等。而越南使臣笔下未曾暗示书院与地域文化的关联，他们更多的是叙述书院的历史和过去的辉煌。

3. 拱极楼

拱极楼坐落于长沙橘子洲，是欣赏潇湘八景之一"江天暮雪"的佳处，清末毁坏。乾隆《长沙府志》言："江神庙在小西门外，湘江中橘洲上，旧名拱极楼，二水分流，楼崎其中，雍正八年奉旨改建，每岁祭期地方官详拟。"① 但后来的方志对此记载截然不同，嘉庆《长沙县志》云："江神庙，大西门外，水陆洲拱极楼前。"② 同治《长沙县志》载："洲尾旧有水陆寺、拱极楼，故又名水陆洲，雍正八年建江神庙于楼前。"③ 由此观之，拱极楼和江神庙是两处景观，并非乾隆《长沙府志》说的江神庙是在拱极楼的基础上改建而成。

有意思的是，越南使臣的记载却未提及江神庙是在拱极楼的基础上改建的。同为乾隆年间对拱极楼的记载，越南使臣与乾隆《长沙府志》就大相径庭。乾隆十二年（1747），阮宗窒在北使诗文《登拱极楼》序中写道："是日午后，自岳麓山之游河中洲，江神庙前堂正殿，钟描饰以金碧，制甚高昂。殿后拱极楼，高数十尺，朱栋画栋，乃楚三名楼之一。"④ 乾隆十四年（1749），阮辉𩏻 北使途中也作《登拱极楼》，序云："在河中洲江神庙后，高数十尺。"⑤ 这两篇序都明确指出拱极楼位于江神庙正殿后，后来的使臣也从未说拱极楼与江神庙在空间上是一处。

（四）岳州景观

岳州府位于湖南东北部，北倚长江，西连洞庭湖，地势平坦，属于亚热带湿润季风气候，四季分明，降水量充沛，是省内重要的商品粮基地，此外，还盛产鱼、茶、湘莲。清代岳州府下辖巴陵、临湘、平江、华容四县。

洞庭湖、岳阳楼、君山这些景观在越南使臣北使文集中屡屡出现，使臣们

① （清）张雄图等：《长沙府志》卷十五《典礼》，乾隆十二年刻本。

② （清）赵文在等：《长沙县志》卷十二《秩祀》，嘉庆二十二年增补本，台北：成文出版社，1976年，第1107页。

③ （清）刘采邦等：《长沙县志》卷四《山川》，同治十年刻本，长沙：岳麓书社，2010年，第49页。

④ 阮宗窒：《使华丛咏集》，复旦大学文史研究院、越南汉喃研究院合编：《越南汉文燕行文献集成》第二册，上海：复旦大学出版社，2010年，第196页。

⑤ 阮辉𩏻：《北舆辑览》，复旦大学文史研究院、越南汉喃研究院合编：《越南汉文燕行文献集成》第五册，上海：复旦大学出版社，2010年，第296页。

为了顺利过洞庭湖，往往会祈求洞庭湖水神的庇佑，举行庄严的祭祀仪式。

1. 洞庭湖

洞庭湖，古人又称之为云梦泽、九江，地跨湖南、湖北二省，在岳阳市城陵矶注入长江，是长江重要的调蓄湖泊，湖山交错，自然风光优美。历史上洞庭湖的形成源于云梦大沼泽北缘山地掀斜隆升和科氏力作用，造成河湖分离，最终形成洞庭湖。① 学者周宏伟认为，洞庭湖的变迁主要取决于湖区的沉降速度与长江干流的来沙量，唐后期至清前期，今洞庭湖地区的湖泊水体面积处于全盛阶段；自清中期以来，随着长江来沙量的日益增加，湖泊进入明显的萎缩阶段。②

由于时代关系等原因，清代越南使臣对洞庭湖的形成记载不尽相同。阮辉𠐗道："湖纵横八百里，西界云南、贵州，西北通于巴泗，东北流水汉阳，西南即长沙诸州，潇、湘、沅、澧、辰、溆，凡九水汇而为湖，浩浩荡荡，横无际涯。"③ 阮宗室《洞庭闲吟》序云："周回八百余里，四望无际，……凡川、广、滇、黔诸水悉汇焉。"④ 又如阮攸《过洞庭湖》序曰："九江即今之洞庭，盖沅水、渐水、元水、辰水、叙水、酉水、澧水、资水、湘水皆合于洞庭，以是名九江也。"⑤ 他们对洞庭湖的记载主要体现在咏景、咏史怀古和祭洞庭湖神两个方面。

（1）清代越南使臣咏洞庭湖。

据《文献集成》收录的咏洞庭诗文统计，咏景诗文有 16 首，咏史怀古诗文在越南使臣咏洞庭之作中占绝大多数，共计 42 首。在越南使臣的描述之下，洞庭湖景观既有"浩渺远吞天半壁，周回广照地在分"⑥ "中流浩渺浮孤屿，一望

① 李长安、殷鸿福等：《流域环境系统演化概念模型：山—河—湖—海互动及对全球变化的敏感响应——以长江为例》，《长江流域资源与环境》，2000 年第 3 期。

② 周宏伟：《洞庭湖变迁的历史过程再探讨》，《中国历史地理论丛》，2005 年第 2 期，第 12 页。

③ 吴时位：《枚驿诹余》，复旦大学文史研究院、越南汉喃研究院合编：《越南汉文燕行文献集成》第九册，上海：复旦大学出版社，2010 年，第 311 页。

④ 阮宗室：《使华丛咏集》，复旦大学文史研究院、越南汉喃研究院合编：《越南汉文燕行文献集成》第二册，上海：复旦大学出版社，2010 年，第 200 页。

⑤ 阮攸：《星轺随笔》，复旦大学文史研究院、越南汉喃研究院合编：《越南汉文燕行文献集成》第十六册，上海：复旦大学出版社，2010 年，第 126 页。

⑥ 阮辉𠐗：《北舆辑览》，复旦大学文史研究院、越南汉喃研究院合编：《越南汉文燕行文献集成》第五册，上海：复旦大学出版社，2010 年，第 300 页。

苍茫接远天"① "剩水兼天四渺溟，南风卷空湖色青"② "乾坤随浩荡，云水共澄清"③ 的波澜壮阔雄壮之美，又有 "夕晖碧漾减余红，极目巴丘望不穷"④ "鹬泛闲人游玩处，鹤飞心叟醉吟中"⑤ 的烟景恬淡之静美。

阮文超《泛洞庭》："灏瀚余波为梦泽，苍茫一点是君山。"其诗所记的君山是浩瀚洞庭中的湖心小岛，风平浪静时，犹如青螺立于镜中央。君山又称洞庭山、湘山，有七十二峰，峰峦交错，竹木青葱，环境清幽，雅称"七十二青螺"，与岳阳楼遥遥相望。越南使臣丁儒完《默翁使集》之《题君山》、郑怀德《艮斋观光集》之《题岳阳楼》、黎光定《华原诗草》之《过洞庭湖》、李文馥《周原杂咏草》之《洞庭怀古》关于君山的记载，均只有"十二峰"这一说法，未出现"七十二峰"一说。君山关于湘妃传说流传久远，偶有"灵异传说"⑥ 问世，使君山笼罩着神秘气息，此外，使臣们还记录了君山物产情况。

湘妃传说是洞庭湖区流传最广、最有代表性的神话故事。《文献集成》中收录清代越南使臣最早的咏湘妃之作是后黎朝使臣丁儒完的《题君山》："十二峰浮娥鬟髻，三千竹苗玉琅玕。"以及《君山晓望》："初似空间垂翠璧，半疑水底涌青螺。鱼矶潮迹郯郯湿，湘竹霜痕点点斜。"⑦ 后来的使臣如阮宗窐、潘辉注、黄碧山、李文馥、阮文超等也多歌颂娥皇、女英千里寻夫泪洒洞庭，竹染血泪斑痕点点的故事。在越南使臣的描述下，类似"帝女愁""泪霜痕""断泣"等忧伤的词出现频率极高，整个传说带有浓厚的悲情浪漫主义色彩，斑竹是湘妃思念舜的产物，也是舜与湘妃爱情忠贞不渝的象征，后人立湘君祠纪念她们的事迹。

---

① 胡士栋：《花程遣兴》，复旦大学文史研究院、越南汉喃研究院合编：《越南汉文燕行文献集成》第六册，上海：复旦大学出版社，2010年，第17页。

② 黄碧山：《北游集》，复旦大学文史研究院、越南汉喃研究院合编：《越南汉文燕行文献集成》第十一册，上海：复旦大学出版社，2010年，第309页。

③ 潘辉注：《华程续吟》，复旦大学文史研究院、越南汉喃研究院合编：《越南汉文燕行文献集成》第十二册，上海：复旦大学出版社，2010年，第62页。

④ 丁儒完：《默翁使集》，复旦大学文史研究院、越南汉喃研究院合编：《越南汉文燕行文献集成》第一册，上海：复旦大学出版社，2010年，第342页。

⑤ 邓文启：《华程略记》，复旦大学文史研究院、越南汉喃研究院合编：《越南汉文燕行文献集成》第十二册，上海：复旦大学出版社，2010年，第20页。

⑥ "灵异传说"见潘辉注：《輶轩丛笔》，复旦大学文史研究院、越南汉喃研究院合编：《越南汉文燕行文献集成》第十一册，上海：复旦大学出版社，2010年，第88－89页。

⑦ 丁儒完：《默翁使集》，复旦大学文史研究院、越南汉喃研究院合编：《越南汉文燕行文献集成》第一册，上海：复旦大学出版社，2010年，第343、345页。

（2）清代越南使臣祭洞庭湖神。

洞庭湖四望无涯，波涛起伏，气象万千。洞庭湖水神信仰的产生可追溯到先秦时期，诞生之初便和楚地的地方风物紧密联系在一起。爱国诗人屈原流放至楚南，自沉于汨罗江，被湖湘民众视为水神祭祀。唐朝时，洞庭王柳毅成为新的洞庭湖水神，其地域特色更为明显。越南使臣记载的洞庭湖水神有湘妃、三闾大夫屈原、柳毅，但是他们眼中的"真正"洞庭湖神是柳毅，因他们"只祭洞庭君庙，专主湖神为柳侯"。① 李文馥在《使臣遗录》中说"洞庭湖神，向来知是柳毅事，舟泊到必须取神印字纸二引，……泛湖无恙"。他在《使程志略草》又提及"洞庭君庙，匾'熊湘浩气'，神姓柳名毅"。

使臣们为祈求安稳，通常举行庄重的仪式祭祀水神，这也是人与自然冲突的结果，信仰能给他们精神安慰和克服心理恐惧，即便是顺风稳泛，他们也常将这归功于"为我江神晓世情，饱帆舟向镜中行"②，并要备礼酬谢水神之庇护。

乾隆二十五年至二十七年（越南后黎朝景兴二十一年至二十三年，1760—1762），黎贵惇以甲副使身份出使清朝，乾隆二十六年（1761）九月行至岳州府，是月二十三日辰时，祭洞庭湖尊神，祭文曰：

维乾隆二十六年，岁次辛巳，九月丙申朔，越二十三日戊午，安南国贡使陈辉淬、黎贵惇、郑春澍等，谨以清酌洁牲，并金银等物，敢昭告于天朝洞庭平湖护国大王暨众圣位前。曰："有祈必告礼也。"生等奉贡事竣，钦旨回国，今抵岳州府巴陵县，地方约以本日开船济湖，事关敬谨，爰具菲仪、□告伏望，感通不远，相佑曲垂，风雨显晴怡之庆，波涛消激烈之威，俾陪臣及行人、随人等，命位平康，舟程稳顺，利有攸往，扬帆早达湘阴，保无可卢，驾乘式遄于南国，实顿尊神保护扶持之大德也，生等不胜忻仰。慈光之至，谨告。③

九月二十九日未辰，黎贵惇等人顺风至湘阴县，申辰诣庙祭谢，并赏四船银两，答谢祭文如下：

维乾隆二十六年，岁次辛巳，九月丙申朔，越二十九日甲子，安南国贡使陈辉淬、黎贵惇、郑春澍等，谨以清酌洁牲，并金银等物，敢昭告于天朝洞庭

① 潘辉注：《辅轩丛笔》，复旦大学文史研究院、越南汉喃研究院合编：《越南汉文燕行文献集成》第十一册，上海：复旦大学出版社，2010年，第83页。

② 阮辉儹：《奉使燕京总歌并日记》，复旦大学文史研究院、越南汉喃研究院合编：《越南汉文燕行文献集成》第五册，上海：复旦大学出版社，2010年，第84页。

③ 黎贵惇：《北使通录》，复旦大学文史研究院、越南汉喃研究院合编：《越南汉文燕行文献集成》第四册，上海：复旦大学出版社，2010年，第226–229页。

平湖护国大王暨众圣位前。曰："荷灵贶必答谢礼也。"兹生等奉贡事竣，钦旨回国，昨日抵巴陵县，开船济湖，虔伸叩谢祷，仰蒙盛德默扶，舟行宁稳。今已达湘阴县地方，谨具菲仪答谢，伏望鉴临不远。申锡无疆，俾生等及行人、随人等，命位平宁，身躬康寿，雨晴风顺，星槎利涉于水程，事济功成，玉节荣施于南国，实顿尊神怦懔之渥泽也，生等不胜瞻仰。慈光之至，谨告。①

2. 岳阳楼

岳阳楼位于洞庭湖畔岳州府城巴陵之西门，与黄鹤楼、滕王阁一道被称为"江南三大名楼"。岳阳楼肇自汉晋，其前身为三国时期东吴鲁肃的阅兵楼，兴于唐。唐代以前的主要功能为军事，真正使岳阳楼名扬天下，是在北宋滕子京重修岳阳楼、范仲淹作《岳阳楼记》之后。② 清代曾两度对岳阳楼重修，一是康熙二十一年（1682），李遇时任岳州知府时重修岳阳楼，并在楼左右分别加仙梅亭、净土庵；二是光绪六年（1880）增建为三层四柱、纯木飞檐结构。范仲淹《岳阳楼记》的文学成就在越南使臣心中分量极大，"先天下之忧而忧，后天下之乐而乐"的思想对他们影响至深。为此，在入湘期间，越南使臣途经岳阳楼，自然要对此楼记录一番。虽然有些越南使臣提出了岳阳楼"自唐辰所建"③ 或不知宋滕子京重修是"回旧址，抑别建"④ 的疑惑，其对岳阳楼历史变迁的叙述与国内文献有所抵牾，但他们对岳阳楼地理形胜、关于吕洞宾神话传说的记述却是相当详尽。

（1）地理形胜。

岳阳楼高屹城墙，居高凭险，北倚长江，下临洞庭，遥瞰君山，横无际涯，如使臣记录的岳阳对联："仙境峥嵘目极湖山千里之外，笛声飘缈人在水天一色中。"⑤ 山、江、湖、楼、神话传说共同构造了岳阳楼的极致景观。清代岳阳楼三层，四角悬铃，朱栏画栋，制甚高华，范希文作楼记，今书于壁，津旁有铁

① 黎贵惇：《北使通录》，复旦大学文史研究院、越南汉喃研究院合编：《越南汉文燕行文献集成》第四册，上海：复旦大学出版社，2010年，第236–237页。

② 邹律资、王馥兰、李建平编著：《岳阳楼》，北京：文物出版社，2008年，第5–6页。

③ 阮宗窒：《使华丛咏集》，复旦大学文史研究院、越南汉喃研究院合编：《越南汉文燕行文献集成》第二册，上海：复旦大学出版社，2010年，第202页。相同说法亦可见阮辉㑮：《北舆辑览》，《文献集成》第五册，第302页。

④ 阮文超：《方亭万里集》，复旦大学文史研究院、越南汉喃研究院合编：《越南汉文燕行文献集成》第十六册，上海：复旦大学出版社，2010年，第248页。

⑤ 李文馥：《全程志略草》，复旦大学文史研究院、越南汉喃研究院合编：《越南汉文燕行文献集成》第十五册，上海：复旦大学出版社，2010年，第57页。

犀牛二，以镇波涛①，楼旁有仙梅亭，石碑二，刻折梅枝，一刻吕仙像。②登临纵览，"梯青架翠玉层层，天水奇观乐一登。黛引山光来槛绕，镜分湘色上窗凝。凭空唤指衡云下，倚碧遥瞻楚日澄。可是仙翁频驻鹤，倾霞饮月醉腾腾"。③波涛层层叠叠水天难分，洞庭壮美尽收眼底，连吕仙驾鹤都要频回头，三醉洞庭吟不休。登楼视野之开阔，引人入胜，段浚《岳阳楼赋》：

> ……小春朔前一日，系缆岳阳城下，乘兴登楼。凭高远望，湖光千里，莹彻上下，云日之回翔，烟霞之掩映，天为之容色也。岛屿之浮沉，草树之苍翠，地为之文章也。四城风物之繁花，三楚井庐之辐辏，地为之册纶也。若乃静剩雁声，悲扬而渡水，斜阳推影，隐文而绿岸。若夫雁阵纵横，渔歌远近，点缀晴川秋水，以纷来乎吾前，恍若身在水壶，心目俱爽。适有衣道袍者，举杯相劝，一啜酊酪，若灌醍醐。于是仰观觅真像，缅想玄风，诵苍梧碧海之章，歌渔浦之曲，恩身世之蜉蝣，寄百年于风烛，悟古今之远芦，渺□间于一粟。乃进道士略叩玄铨，利根匪易，奥旨难宣，使人皆可得而为翰公霈湖之迹矣。叱咤而年传，既而鸟落影波，寒光万丈，提衣为舟，神舒体畅，夜□与翁复醉于斯楼之上。④

（2）岳阳楼。

《文献集成》收录清代越南使臣咏岳阳楼诗作近百篇，其中不乏越南名家之作，他们的作品无论从技巧还是思想上，都具有很高的价值。更可贵的是，有的使臣还详细地记录了当时岳阳楼的对联和碑刻，这为后人研究清代岳阳楼提供了有价值的史料。

从创作体例来说，段浚《岳阳楼赋》很明显带有《岳阳楼记》的烙印。越南使臣如丁儒完、黎贵惇、武辉珽、潘辉注等都提到范仲淹的《岳阳楼记》，由此推断，范仲淹及名作《岳阳楼记》在越南流传甚广，如黎贵惇《登岳阳楼诵范希文正公记文有感，次韵答岵斋》云：

① 阮辉僙：《北舆辑览》，复旦大学文史研究院、越南汉喃研究院合编：《越南汉文燕行文献集成》第五册，上海：复旦大学出版社，2010年，第302页。

② 李文馥：《周原杂草咏》，复旦大学文史研究院、越南汉喃研究院合编：《越南汉文燕行文献集成》第十四册，上海：复旦大学出版社，2010年，第198页。

③ 阮宗窒：《使华丛咏集》，复旦大学文史研究院、越南汉喃研究院合编：《越南汉文燕行文献集成》第二册，上海：复旦大学出版社，2010年，第202页。

④ 段浚：《海翁诗集》，复旦大学文史研究院、越南汉喃研究院合编：《越南汉文燕行文献集成》第七册，上海：复旦大学出版社，2010年，第96－97页。

三吴本多贤，希文独无俦。功业炳史传，所言非不察。内患是夏竦，宁忧元昊首。名利我无争，胡为尔相矛？素志诚光明，不对湖山羞。老杜只一诗，无人敢赓酬。小范作记后，谁能赋斯楼。嗟哉天地长，何必抱杞忧。且谈回道士，剑横吟风秋。鸿鹄非凫雁，只有饮啄谋。①

"小范作记后，谁能赋斯楼"表达出《岳阳楼记》的文学地位难以动摇。此外，越南使臣对范仲淹"忧国忧民"情怀也是非常推崇，李文馥直言"庙堂心事系先忧"，②若逢动荡年月，士人登楼吟诵，不免忧从中来，岳阳楼又成为家国兴衰的寄托意象。

四、清代越南使臣对湖南社会的观察与记录

葛兆光先生曾提出"从周边看中国"③，保留下来的域外资料是以"异域之眼"对中国社会的观察与记录，有些记录是国内文献中不可能出现的。《文献集成》所辑录的北使文献，有一部分是使臣进入南关以后对沿途所见所闻而作的记录，有的使臣对清朝地方接待外国使臣的公文、使臣与清朝官员往来文书、交往礼仪作了详细记载，有的则是以日记、行记记载行程。使臣所见所闻当中，有些见闻是不能写的，如对道光皇帝容貌的描写，有损皇帝威严之事断不可写。而道光十一年（1831）出使清朝的潘辉注在《辅轩丛笔》中除了对沿途山川形胜、历史典故有详细记录之外，大胆地对道光帝"然今年春秋始四十，而齿已尽落"④一事采用直描法，大胆地询问内务府缘由，并对内务府给的解释持怀疑态度，"此是目击耳闻之说，而理似不可解"。⑤因此，借助"异域之眼"解读清代湖南社会在他者眼中的形象，可以发现晚清湖南社会的不同面貌，可以更全面地"认识自己"。

---

① 黎贵惇：《桂堂诗汇选》，复旦大学文史研究院、越南汉喃研究院合编：《越南汉文燕行文献集成》第三册，上海：复旦大学出版社，2010年，第85页。

② 李文馥：《使程遗录》，复旦大学文史研究院、越南汉喃研究院合编：《越南汉文燕行文献集成》第十四册，上海：复旦大学出版社，2010年，第298页。

③ 张明扬、丁雄飞：《葛兆光再谈"从周边看中国"》，《东方早报》，2013年12月8日。

④ 潘辉注：《辅轩丛笔》，复旦大学文史研究院、越南汉喃研究院合编：《越南汉文燕行文献集成》第十一册，上海：复旦大学出版社，2010年，第173页。

⑤ 潘辉注：《辅轩丛笔》，复旦大学文史研究院、越南汉喃研究院合编：《越南汉文燕行文献集成》第十一册，上海：复旦大学出版社，2010年，第174页。

（一）清代越南使臣与湖南士人笔谈与唱和赠答

清代藩属国还有朝鲜、琉球、暹罗、缅甸，越南使臣认为："用汉文，与中华同，殊异于诸国也。……闻有朝鲜使来，遭风反飘在山东，约十月旬，始抵京，不及与见。回忆先辈与伊国使唱酬，传为佳话，冀获再续雅游，殊阙事也。"① 清代越南使臣的汉文化水平，特别是书面表达能力，可以说在越南处于相当高的地位，使华期间，他们与中国士人阶层交往较多，留下不少酬唱赠答的作品。越南使臣对自己和中国都使用汉字一事颇为自豪，认为自己与诸国是有很大差异的。使臣们的唱和赠答，可以增进"同文之邦"的认同感，作为文人，还有惺惺相惜之感，若逢知己，真有"天涯若比邻"之感。从《文献集成》来看，越南使臣与湖南士人的交流方式有笔谈、唱和赠答、请序、题扇，其中以笔谈和唱和赠答为主，兹以这种交流方式展开论述。

1. 笔谈

越南使臣北上朝贡路途遥远，遇到语言不通的情况是合乎情理的，在这种情况下，笔谈就成为越南使臣和中国士人交流的有力媒介。

乾隆二十五年（1760），黎贵惇被选为如清岁贡副使，与正使陈辉宓等人出使中国。乾隆二十六年（1761）贡事完成，奉旨回国。九月三十日，至湖南省长沙府。十月初一日，拜访巡抚。以下为黎贵惇与湖南巡抚、布按二使的交流内容摘录：

伊曰："不敢闻贡使两榜文官，有一对请教。"随即写曰："安南贡使安南使乎？"应曰："天朝圣皇天朝皇哉。"此下句出文选，伊曰："好说得大了。"

有顷巡抚遣接入公堂左边书房。……使对曰："示奉叩谒，不敢唐突钧颜。"少顷，使亲来恭候。各官别出，抚院传免见，礼物璧还，往见布政使永。伊旗下人，年六十余，甚谦逊，接入后堂行宾主礼，才跪下，手扶退堂中，已对设二交椅，举手请贡使坐左，固辞不敢，伊亦坚让。通事岸忠乃移椅当中，请大众坐，使臣坐左边向上。……曰："皇上喜欢慰问否？"曰："幸蒙天恩，先问本国王，次劳使臣。"问："贡使不通官话，何能对得？"曰："那时跪使通事代对。"问："有颁赏否？"曰："这个照例。"曰："贵国老王何年贺薨？"曰："己卯年六月日。"曰："今王何亲？"曰："先王之侄。"曰："先王原系以弟继兄遗命，复传国于兄之子。今王乃先尊谥纯王嫡统。"伊连声道："该立该封不错了。"问："何日出京？"曰："三月初一日。"曰："何故至兹方到此。"曰："上

---

① 潘辉注：《輶轩丛笔》，复旦大学文史研究院、越南汉喃研究院合编：《越南汉文燕行文献集成》第十一册，上海：复旦大学出版社，2010年，第176－177页。

水递风不顺。"曰："风水不顺亦不至此迟滞，必有缘故。"曰："不敢说，由江南船户到处贩卖，以是耽搁。"伊曰："原来如此，当为相催，使贡使早早还国也。"答曰："多谢。"退辞，出送至门外，复回。①

由此观之，黎贵惇与湖南巡抚、布按二使交流的内容由文学到礼仪、政治，逐渐深入。从文字来看，黎贵惇的汉文功底很好，

黎贵惇对为何迟滞的回答，为后人了解清代乾隆时期江南至长沙沿江一带船户勾结私贩，走私盐的情况提供了有力的佐证。《北使通录》卷四对此事记载甚详，"六月二十六日至二十七日风顺仍驻，由舟人贩盐不行，遣通事诸钦差官开船，犹许舟人商卖，托以风少未可行为辞"。② 又见"九月二十四日顺风，舟人以少两不行仍驻"。③

十月二十一日行至湖南省永州府，以下摘录黎贵惇与中国官员笔谈内容：

巳时往见，以笔问答。伊曰："久而不面会，相念殊深。"答："多谢隆情。"曰："莺啼燕语，柳媚花明，正贵使等进国之时也。于锦绣丛中笙歌筵畔，想沧江夜雨，正尔清绝，有致频少宽容怀。"曰："丈夫志四海，昔人作豪语，然宥古诗中，其不涉乡关情况者罕矣。仆等从役日久，未免耿耿怀思，但到家之日，回想沿途与大人周旋笑语，更觉怅然相忆也。"伊曰："贵国外府县官，怕朝官否？"曰："这个自然。"曰："曾跪白事否？"曰："常例耳。"曰："然则通事见贡使，如何不跪？"白曰："在国则有之，此间途中概从简便，不用边幅。"伊曰："贵国想亦重进士科，唐人、宋人最重。"曰："本国制度多仿宋、明，但立贤一事，不论何资序，一体并重，惟进士高科稍隆礼遇，乃循累朝旧套耳。"伊曰："想贵使三元及第，故作谦语耶？然叙官之道，诚当论贤否，不当论出身也。"曰："非敢空说。今本国有举人位至宰相者，现当执政，德望、才智亦不易得。"伊笑曰："如此方得用人之法。"曰："大人所作诗经论注完否？"伊出与看，曰："率笔为之，有纰缪处，愿指摘也。"曰："经旨宏深，虽先儒注解已详，后人有发明，正自不妨成一家言，今蒙看过高作，备见实学。"伊问："史辨书已为写成否。"答曰："草草写完。"问："何人写？"曰："中书史费廷瓒。"伊曰："字体亦好。"因取书相送，伊甚喜，设酒饮至晚而别。

① 黎贵惇：《北使通录》，复旦大学文史研究院、越南汉喃研究院合编：《越南汉文燕行文献集成》第四册，上海：复旦大学出版社，2010 年，第 238 - 240 页。
② 黎贵惇：《北使通录》，复旦大学文史研究院、越南汉喃研究院合编：《越南汉文燕行文献集成》第四册，上海：复旦大学出版社，2010 年，第 190 页。
③ 黎贵惇：《北使通录》，复旦大学文史研究院、越南汉喃研究院合编：《越南汉文燕行文献集成》第四册，上海：复旦大学出版社，2010 年，第 228 页。

二十二日仍驻，遣供潇湘祠香钱。夕钦差邀正官夜饮，问："刑部有何职事？得从容否？"答曰："无甚纷冗，不过审谳讼，按刷录囚徒、征收赎罚诸事。"曰："在国例随从几人？"答："奉给随候六十人。"问："二贡使几人？"曰："四十人。""三贡使几人？"曰："三十人。"问："二贡使，群书考辨好否？可曾看过？"曰："曾见之，亦是有心考古。"伊曰："是饮数杯而别。"①

黎贵惇学识渊博，涉猎甚广，著述丰富，被称许为越南集大成学者。而且他科举成绩斐然，十八岁乡试中解元，二十七岁登进士第，取为榜眼，廷试又是第一。为此，清廷接待的官员所称之"贵使三元及第"即是指此。综上，中越双方官员通过笔谈交流，小则可以了解个人志向，大则知晓一国国情，如礼仪制度、人才选拔制度等。笔谈交流牵涉内容的广度、深度都是其他方式难比拟的。

2. 唱和赠答

唱和赠答的场地多为宴会、同游某一胜地。从《文献集成》收录的越南使臣与湖南士人唱和赠答诗来看，后者更为普遍。《文献集成》中保留清代越南使臣与中国士人唱和赠答的作品有：黎贵惇《桂堂诗汇选》，胡士栋《花程遣兴》，潘清简《使程诗集》，段浚《海烟诗集》《海翁诗集》，张好合《梦梅亭诗草》，黎光院《华程偶笔录》，汝伯仕《粤行杂草编辑》，范芝香《志庵东溪诗集》，潘辉泳《骊程随笔》，邓辉𤏸《东南尽美录》，阮思僴《燕轺诗文集》，裴文禩《万里行吟》《中州酬应集》《雉舟酬唱集》，阮述《每怀吟草》。根据唱和赠答诗的内容，分为送别、咏景两类。

（1）送别。

送别诗在北使诗文中占的比重不大，但仍具有一定代表性。越南使臣与中国士人交往过程中难免会遇到分别的场面，他们不断地与各地长送官、短送官离别，这很容易触动越南使臣们的"乡愁"，对亲人、故土的思念在心里泛起涟漪，离愁别绪对于宦游万里之遥的越南使臣来说就像是一张网，牢牢地拴着他们的心。但是，重任在身的越南使臣在中国士人面前又不能表现得过于忧伤，从整体来看，送给中国士人送别诗的感情基调还是比较大气、昂扬的。兹录几首共赏：

送护贡郭蓉轩还湖南　范熙亮

（其一）风流文采想诗豪，惆怅巴陵遽反船。远客惭如三不速，词林幸是一

---

① 黎贵惇：《北使通录》，复旦大学文史研究院、越南汉喃研究院合编：《越南汉文燕行文献集成》第四册，上海：复旦大学出版社，2010年，第246-248页。

相遭。联舟特挹芝眉雅，握扇还知彩笔高。回首溯洄人宛在，鸿泥应志楚江皋。

（其二）萍踪成眷识，骊唱为殷勤。孤棹仍为客，征衫乃送君。晓钟鱼浦月，晴树岳城云。龙首瞻光彩，幽怀对夕醺。①

此诗作于去程，时为同治九年（1870），范熙亮以甲副使身份使清，湖南护送官郭蓉轩送越南使臣过洞庭湖至湖北境后返湘。范熙亮在诗中用惆怅的笔调表达了对友人的不舍，即使分别了，回首往事，友人仍宛如在身边。

次元韵送廉叔　范熙亮

（廉叔工诗好饮，一路相送，颇有学契。）

回桡遮岭影，叠浪弄湖光。从此岐游侣，悠然忆醉乡。江流愁不泻，柳岸意俱长。最有牵情处，瑶翰满客装。②

送湖南短送李荔芬　范熙亮

归程劳远送，浃月慰瞻逢。出境忙分棹，传诗懒启封。断云朝浦树，残霭暮山钟。从此湘漓外，峰峦几万重。③

《次元韵送廉叔》《送湖南短送李荔芬》均作于回程。前者为廉叔送范熙亮一行过洞庭湖，首联写洞庭湖景色；颔联言分别后忆当年醉游他乡的情景；颈联感情色彩倏地明亮起来，江流不息，柳岸绵长；尾联"牵情"二字点明全诗的主题，山水有情，人更深情。后者作于湖南短送官李荔芬送越南使臣至永州府与广西全州交界处，作者首联表达了对护送官不辞劳苦远送的感激之情；颔联"忙"字告诉人们，离别后忙于日夜兼程，诗书送达"懒"开封；诗的尾联则说从此湘水、漓水和层层峰峦将我们阻隔。

（2）咏景。

越南使臣一路水陆兼程，沿途景色风物自是与越南有很大不同，故此，咏景怀古类在唱和赠答诗中占的比例很大，其中第二章已叙述过相关山水形胜的咏景诗，此不赘言。使臣所写的以记诗文酬和为主的诗文散见于其文集当中，以此主题为文集书名的代表作当以裴文禩的《中州酬应集》与《雄舟酬唱集》为典型。

---

① 范熙亮：《北溟雏羽偶录》，复旦大学文史研究院、越南汉喃研究院合编：《越南汉文燕行文献集成》第二十一册，上海：复旦大学出版社，2010年，第52页。

② 范熙亮：《北溟雏羽偶录》，复旦大学文史研究院、越南汉喃研究院合编：《越南汉文燕行文献集成》第二十一册，上海：复旦大学出版社，2010年，第108页。

③ 范熙亮：《北溟雏羽偶录》，复旦大学文史研究院、越南汉喃研究院合编：《越南汉文燕行文献集成》第二十一册，上海：复旦大学出版社，2010年，第117页。

《中州酬应集》收录了光绪二年至三年（1876—1877）裴文禩与湖南士大夫盛庆绂、杨恩寿的唱和赠答之作。《雉舟酬唱集》初为裴、杨二人唱和作品在湖南的家刻本，刊刻的时间为光绪三年（1877）。[①] 杨恩寿，字鹤俦，号蓬海、朋海，湖南长沙府长沙县人，光绪三年"接伴使臣迎至巴陵，送至信阳，循旧章也"[②]。路线为自巴陵（岳阳府）始，渡洞庭湖至汉阳，转陆路北上经大复山至河南信阳，用时两月零三天，护送途中，以唱酬为乐事。

早起　裴文禩

但听水声吼，还知风力狂。天空弥劲疾，夜尽更凄凉。云外思黄鹤，湖边望岳阳。不胜行路感，残梦客中忙。

和作　杨恩寿

奇景颇难状，疏才不敢狂。波高山出没，风啸树悲凉。乡梦牵衡麓，前程问汉阳。旅愁春起早，岂是为花忙。[③]

《早起》通过描写水声来突出风力强劲，黑夜过去更显凄凉，黄鹤楼、岳阳楼远在云外和湖边，匆匆行路连梦都是破碎的。读罢，我们仿佛看到使臣们迎着怒吼的波涛，与劲风、湖水为伴早起赶路的画面。从《和作》一诗中可以得知作者与越南使臣正行色匆忙地赶往汉阳，途中的奇景难以言语。

越南气候温暖，冬无霜雪，因而雪在越南使臣眼中倒是稀罕物了。裴文禩的北使诗集中多次出现咏雪，可见其是爱雪的，杨恩寿亦作诗酬友。

公爱听雪有感　杨恩寿

狂风声忽停，风停寒更作。酿雪雪未成，雪珠先错落。沙沙盐竟撒，片片玉谁削。横空飞弹丸，打篷利锋锷。伺隙入窗缝，飘踪压帆脚。风枝噪归鸦，栖巢拳冻雀。胶湖行路难，铁衾客梦恶。壮游平生志，何敢怨飘泊。猛忆在家时，奉亲下帷幕。每当风雪中，村酿围炉酌。

和作　裴文禩

农夫衣食谋，春来急东作。饥穰卜惟岁，日望雪花落。天意为民切，白云细剔削。又使玉龙斗，爪甲碎锋锷。缤纷满空飞，四野洒禾脚。西畴及于郊，

① 杨恩寿、裴文禩：《雉舟酬唱集》，复旦大学文史研究院、越南汉喃研究院合编：《越南汉文燕行文献集成》第二十二册，上海：复旦大学出版社，2010年，第195页。
② 杨恩寿、裴文禩：《雉舟酬唱集》，复旦大学文史研究院、越南汉喃研究院合编：《越南汉文燕行文献集成》第二十二册，上海：复旦大学出版社，2010年，第199页。
③ 杨恩寿、裴文禩：《雉舟酬唱集》，复旦大学文史研究院、越南汉喃研究院合编：《越南汉文燕行文献集成》第二十二册，上海：复旦大学出版社，2010年，第214页。

欢喜同燕雀。我越本无雪，见雪殊不恶。烟波洞庭舟，岂愁连夜泊。开窗不怕寒，汲雪且勿幕。呼童温浊酒，预作丰年酹。①

杨恩寿《公爱听雪有感》把雪珠，即霰，用"打篷得锋锷""胶湖行路难"来描述，不难看出作者对当时下雪是没有多少好感的，寒冬漂泊的辛苦让作者更思念过去风雪中围着火炉小酌的日子。而裴文褆《和作》把霰当作玉龙争斗，爪子掉落的碎屑，"欢喜同燕雀"，"见雪殊不恶"，还让童仆温酒庆贺，预祝来年丰收，对雪的喜爱之情，溢于言表。

还有些唱和赠答的地点在宴会，如道光十三年（1833）李文馥等人如清，赴广东公干，清人刘墨池搭线，当地士人与越南使臣在广州海珠寺举办了"中外群英会"。赴会的当地士人有缪艮、梁毅庵、刘墨池及其长子共四人，越南使臣有李文馥、汝伯仕等人，席间盛况可参见汝伯仕《粤行杂草编辑》之《中外群英会记》，以笔代舌，饮酒赋诗，好不热闹。然而以宴会为场所的唱和诗多有恭维之嫌，而同游一处咏景类诗则可直抒胸臆，受拘束较小。

请序和题扇这两种交流方式在越南使臣和湖南士人之间出现的频次不多。请序这一方式仅在阮述《每怀吟草》中提到请湖南长沙出生的翰林太史陈启泰作序。《文献集成》提到题扇赠予湖南士人的有郑怀德《艮斋观光集》之《为题湘阴陆知县梅菊扇面》、黎光定《华原诗草》之《题扇赠徐师爷》、阮思僩《燕轺诗文集》之《和答崔贞史投赠元韵，因为题扇》《题扇赠李辅耀》。此不一一探究。

（二）清代越南使臣所见湖南经济状况与对晚清时局的关注

清代时，越南使臣朝贡途经地区有繁华的城市，如衡阳、湘潭、长沙，也有偏远不起眼的小村庄；和他们打交道的有官员，也有平民。19世纪中期以来，越南与清朝一样遭受了西方入侵，国家处于危难之际，在出使之余，亦是很关注清朝的经济状况以及时局变化。使臣们途中所见所闻，在北使诗集里有细致的记载，为后人研究清代湖南经济状况与晚清时局提供了新的视角和史料。

1. 越南使臣所见清代湖南社会经济状况

湖南为内陆省份，从清代湖南各府州方志来看，清代早期湖南社会风气与大多数地方无异，还是以"务本力作"为主，多数居民遵循以农为本的传统。"楚南民朴，所需者日用之常资，故富商大贾亦不出其间，惟米谷所聚，商贩通焉。其余则小肆店而已。盐集于长，徽商也。湘潭，则衡、永、郴、桂、茶、

---

① 杨恩寿、裴文褆：《雄舟酬唱集》，复旦大学文史研究院、越南汉喃研究院合编：《越南汉文燕行文献集成》第二十二册，上海：复旦大学出版社，2010年，第214－215页。

攸二十余州县之食货,皆于是取给,故江苏商客最多;又地宜泊舟,秋冬之交,米谷骈至,樯帆所舣,独盛于他邑焉。衡州以上,商多豫章,以地近而贸易至也。岳州地处省北,货裁取给一郡,即商船之停泊亦少。"① 尽管这段材料不能尽括清代早期湖南商业发展情况,但是从中可以看出清代早期处于开发阶段的湖南农业、手工业、商业都有所发展,形成了几大商贸中心,并且形成了外省籍商人众多的商业格局。

越南使臣对清代湖南社会经济状况的记录集中在乾隆、道光、同治年间,朝贡途中让他们印象深刻并记录下来的,却与清代方志的记载不尽相同。从他们记载清代湖南商品的种类来看,主要由两方面构成,一是手工业产品,二是农副产品,矿产品方面仅提及"石炭"。

(1) 手工业产品。

中国手工业历史悠久,分工较细,明清时期比较兴盛。因越南使臣朝贡路线在湖南地区以湘江为主干道,故对湖南各地产业景观的记载集中关注在湘江沿岸,如祁阳产葛、屏风石,衡阳归阳塘产针,君山产玟瑰。

祁阳县隶属永州府,东、北界衡阳府,南临零陵。乾隆《湖南通志》卷五十《物产》提到"葛布,祁阳县出,今贡箧俱用祁产。石屏,白鹤山出"。道光《永州府志》载:祁阳"有赤粱黑粱,零陵、祁阳、道州、宁远俱种蜀黍,俗呼高粱。……玉蜀黍,永人曰苞谷,通郡有之。祁阳有茜草,叶似枣根,紫色,可染绛。又有□草丛生,似灯草,可染黄"。② 从材料来看,方志对祁阳农产品的记载相当详细,和手工纺织有关的,有提到染色用的"茜草""□草"。在越南使臣笔下,他们对祁阳土产葛布、屏风石记忆深刻。乾隆三十年(1765),越南使臣阮辉𪛇记曰:"钦钦钟响来从祁阳,葛多云贡京妆。"③ 随后他又对祁阳葛布的分类作了详细记录:"此城土产细葛布,上者曰贡葛,亦曰云头,中曰京妆葛,下曰随葛。"④ 道光二十一年(1841),李文馥也记录祁阳"土产多葛,……十五里,姑州塘,自此民间日用石炭,多雨柴炭少"。⑤ 居民用石炭,

---

① (清)陈宏谋修,范咸、欧阳正焕纂:《湖南通志》卷四九《风俗》,乾隆二十二年刻本。

② (清)吕恩湛、宗绩辰纂:《永州府志》卷七上《食货志》,同治六年刻本,据道光八年刻本重校。

③ 阮辉𪛇:《奉使燕京总歌并日记》,复旦大学文史研究院、越南汉喃研究院合编:《越南汉文燕行文献集成》第五册,上海:复旦大学出版社,2010年,第14页。

④ 阮辉𪛇:《奉使燕京总歌并日记》,复旦大学文史研究院、越南汉喃研究院合编:《越南汉文燕行文献集成》第五册,上海:复旦大学出版社,2010年,第75页。

⑤ 李文馥:《使程括要编》,复旦大学文史研究院、越南汉喃研究院合编:《越南汉文燕行文献集成》第十五册,上海:复旦大学出版社,2010年,第101页。

似乎又与清代湖南湘中、湘南一带产煤，矿业有一定发展相互印证。同治七年（1868），阮思僩在《燕轺笔录》称："（祁阳）土产葛布有名，上者称贡葛。又产屏风石，淡绿色，纹作散云及山水状，细滑可爱，土人间将二片上舟求鬻，故亲见之。"[①] 作者最后用"故亲见之"来印证前人所说并非道听途说而已。

越南使臣沿湘江出永州，进入衡州府，衡州归阳塘产"好针"，使臣们顺便也会添置一些。乾隆三十年（1865），越南使臣阮辉僜北使清朝，清楚地记载："二十一日，经（衡州）归阳塘，过龙泉桥，是归阳庯好卖好针，随人多置造，回程日取。"[②] 在稍后的嘉庆年间，国内资料却载"江西人刘大茂来长沙开设'刘大茂'针号，制作手工钢针，因质量上乘，很快占领长沙市场"[③]。令人费解的是，长沙也是越南使臣北上朝贡的必经之地，为何他们经过长沙时没有将长沙"刘大茂号"钢针记下来，有待查证。

（2）农副产品。

从湖南地方志来看，食货志往往要花很大篇幅来记载当地农产品，风俗志也将本地农谚作了收录，在此不一一赘述。越南使臣北使诗文对途经各地的农副产品也有所记录，过湖南境时，君山"雀舌茶"、衡阳"土参"、湘潭"黑猪"，在他们眼中颇为可爱。

乾隆七年（1742），阮宗窒使清时作《君山晴望》：

（在洞庭湖中，吴楚交界。尧女湘君祀于此所。产红橘、雀舌菜，晴天遥望，如青螺可爱。）

烟花缥渺水漭漫，镜面堆成玉一山。高出云霄空洞际，中分吴楚古今。橘藏仙液枝枝重，竹印湘魂点点斑。最爱雨余风色好，浓青淡碧露云鬟。[④]

作者在序中交代君山产红橘、雀舌菜。嘉庆七年至八年（1802—1803），黎光定《过洞庭》云"君山十二迳过后，红橘分甘引酒卮"，也提到了红橘。道光五年（1825）出使清朝的黄碧山北使诗文《望君山》序曰，"山在洞庭湖

---

① 阮思僩：《燕轺笔录》，复旦大学文史研究院、越南汉喃研究院合编：《越南汉文燕行文献集成》第十九册，上海：复旦大学出版社，2010年，第117页。

② 阮辉僜：《奉使燕京总歌并日记》，复旦大学文史研究院、越南汉喃研究院合编：《越南汉文燕行文献集成》第五册，上海：复旦大学出版社，2010年，第75页。

③ 资料来源：http://www.changsha.cn/gb/content/2002-06/12/content_141451.htm。

④ 阮宗窒：《使华丛咏集》，复旦大学文史研究院、越南汉喃研究院合编：《越南汉文燕行文献集成》第二册，上海：复旦大学出版社，2010年，第200页。

中，……其地产红橘、雀舌茶、玳瑁竹"①，并在玳瑁竹旁注斑竹也。据《巴陵县志》载："灉茶盛称于唐，始贡于五代……然君山所产无多，正贡之外，山僧所货贡余茶，间以北港茶掺之。"光绪《湖南通志》卷六十《食货七·物产二》记载"巴陵、君山产茶，嫩绿似莲心……君山之毛尖当推湖茶第一，虽与银针、雀舌诸品校未见高下，但所产不多，不足供四方尔"。由此推之，阮宗窐记载的雀舌菜当为雀舌茶。

乾隆三十年（1765），阮辉僙《奉使燕京总歌并日记》中道："（衡州）又地出土参，常春其价颇贱。"②"湘潭古号'湘南'，猪皆纯黑。"③在李文馥《使程志略草》道："二十七日，至湘潭县城泊。湘潭县城，……自南关至此，豚皆白色，自此以往，豚皆黑色，耳加大。"④

由上可知，越南使臣们虽然所记的清朝经济状况多是只言片语，却不失为当地文史研究的有力佐证。

2. 越南使臣对晚清湖南社会的观察与记录

越南使臣在北使朝贡途中接触到的既有权贵、士人，也有布衣，他们对地方社会生活细节的记录在北使诗文里也有所反映，这为我们更客观、全面地认识晚清湖南社会提供了新的视角。

太平天国运动爆发以后，中越宗藩交往一度中断。同治七年（1868），阮思僩以甲副使身份使清，他对中国社会现状的描述细致入微，其中与中国官员的交往和对百姓生活的记录具有较高史料价值。如：

初四日，抵湖南省城，委通事齐帖诣省堂请见。

初五日早，抚院刘琨（云南人）、布政李榕（四川人）、按察李廷樟、盐法长宝道白恩佑，粮储道彭庆钟，各具帖问好。午刻率行人随等，各具补服，恭递土仪，诣抚台，行谒见礼。至东辕门下轿，入号房小歇。少顷放炮三声，乐作，文武巡捕员经引臣等，由东角门入，庭前及大门外，陈设仪仗，文武左右站班，抚院补服正中座北上，布、按东坐西向，二道台西坐东向，稍南，均补服，参谒，（一跪三叩）抚院答揖，恭问我皇上安好，年谷丰登，并慰劳臣等一

① 黄碧山：《北游集》，复旦大学文史研究院、越南汉喃研究院合编：《越南汉文燕行文献集成》第十一册，上海：复旦大学出版社，2010年，第308页。
② 阮辉僙：《奉使燕京总歌并日记》，复旦大学文史研究院、越南汉喃研究院合编：《越南汉文燕行文献集成》第五册，上海：复旦大学出版社，2010年，第75页。
③ 阮辉僙：《奉使燕京总歌并日记》，复旦大学文史研究院、越南汉喃研究院合编：《越南汉文燕行文献集成》第五册，上海：复旦大学出版社，2010年，第15页。
④ 李文馥：《使程志略草》，复旦大学文史研究院、越南汉喃研究院合编：《越南汉文燕行文献集成》第十五册，上海：复旦大学出版社，2010年，第52页。

路艰劳。酬答讫，邀坐款茶宴，每人一桌，酒三行，演戏三齣，臣等起谢宴辞回，其赞见礼并璧。既回船，抚院委递绉缎绫袍料、笔墨茶纸（三陪臣每人大红缎、官□缎三、蓝线绉酱色线绉袍料各一件，湖笔、徽墨、诗笺各二匣，雨前茶各四瓶，行人通事花绫二十疋，玉湖绉手巾十条，荷包十对，安化细茶二十匣，随人荷包九对，砖茶三十六块。）酒席就船款给。

初六日早，委通事具帖禀藩、臬、道台请见，臬台道台均辞不敢当，藩台邀以午牌相见，臣等率行随通事，各具补服，恭递赞见土仪就藩台谒见，辰阮思僴因感暑不能行，藩台辞不受谒礼，揖请就坐，恭问我皇上安好，年谷丰登，并问本国取士之制，及天主初教（即天主教——引者注）有无拦入，臣等随事酬答讫。起谢辞回，赞礼登象尾八条，纨绢、象牙、扇、香蜡盒各二，白布一，余璧。

初七日午牌，藩台委递葛布、香片、茶、百合、米粉，就船款送。①

就此段材料而言，越南使臣拜见地方官员的程序为先具帖，差人送帖，约定时间、地点会见；接待行一跪三叩礼、穿补服、寒暄、设宴招待、备礼回赠、送别，包括询问使臣越南"皇帝安好""五谷丰登""人才选拔制度"，这些与清早期的拜见程序和接待礼仪并无二样。但是，中国于 1860 年被迫签订《北京条约》后，天主教会取得了在华"内地置产的特权"，② 而湖南藩台问完"皇帝安好"等问题后，出现了以往不曾提及的"天主教有无拦入"一事，越南同样面临法国入侵的困境，所以湖南藩台如此询问也就不足为奇了。

阮思僴经永州至衡州时，又作诗描述当时百姓生活困苦，战事纷飞血染江河的情景：

船户文国仁，以江路闲无事，乞作长歌，书以与之。

湛湛江水，青天万里，舻声窈窕山水间。方壶圆峤眼前是，潇湘十月无风波，洞庭落叶纷纷多。回雁峰前挂帆去，黄鹤楼边载酒过。回首红羊小劫年，江湖满地多烽烟。可怜战骨荆棘里，可怜花屋邱山边。至今血液江水腥，夜夜鬼哭枫林青。独尔江上扁舟子，醉歌直到天日明。白云红树去悠悠，买鱼沽酒无复愁。乘月有歌迎驿使，厘金无税到虚舟。不愿飞仙凌十洲，不愿人间万户侯，但愿天地风尘少，坐饱江山烟月游。太平草木老即休，妻子不知贫贱忧。

---

① 阮思僴：《燕轺笔录》，复旦大学文史研究院、越南汉喃研究院合编：《越南汉文燕行文献集成》第十九册，上海：复旦大学出版社，2010 年，第 122 - 124 页。
② 顾长声：《传教士与近代中国》，上海：上海人民出版社，1981 年，第 68 页；顾卫民：《基督教与近代中国社会》，上海：上海人民出版社，1996 年，第 128 - 129 页。两位作者均认为 1860 年《北京条约》签订后，天主教会便取得了"内地置产特权"。

感尔此意为尔歌，弄笔且倾苍玉瓯。明年待我汉阳渡，花发春风闲棹讴。①

太平天国运动波及湖南全境，作者用白描的手法叙述了战争的残酷和无情，白骨无人埋葬，乱弃荆棘丛，血染江水，鬼哭枫林，无处不凄凉。"厘金"一词也是第一次在越南使臣北使诗文中出现。"厘金"重复征收的存在，沿途设卡、见货抽厘，②"厘金无税到虚舟"，之前对使臣船只免税的待遇在太平天国运动后也难免抽税了，厘金涉及面之广可见一斑。

同治九年（1870），范熙亮奉命启程使清，回程时闻曾国藩去世，有感而作《闻曾相公哀信》：

（名国藩，年前以在籍侍郎练勇收复江南，功第一。中朝人推为柱石者，今春卒于金陵莅署。）

金陵一夜陨星营，哀敬油然系远情。瞻顾长沙怀骏烈，刚逢楚勇又西征。

戡拨江南柱石功，莅楼遽送闷春风。海疆一局应遗恨，星渚遥瞻叹惜同。③

按《清史稿·曾国藩传》："同治十三年，薨于位，年六十二。"从作者写诗时间来看，其时间为同治十三年（1874）春。虽然作者在《北溟雏羽偶录》中没有以日记的形式记载出使时间和行程，但从《出门口走寄诸友》"风雪纷纷渡洱河，十年游子又辞家"④推断，作者出发的时间当为同治九年（1870）冬天，行至广西宁明江时已是除夕，然此番行程颇为曲折，至永淳阻于风，连泊数月；从兴安入陡河是同治十年（1871）三月上旬；端阳至长沙，渡黄河进入直隶境，适逢七夕，苦于连日下雨和疾病，在直隶住有二十日；午门瞻仰圣容已是冬天。于冬至日启程回国，腊月二十五至裕州馆（河南境），吕堰驿度除夕，到荆门逢元宵节。此时距出发已跨三个年头，"嘉鱼遭飓风，连滞数日，又推拽数日方能行；巴陵待风十日不发，自汉阳到此一月，只行得三县"⑤，如此推算，往返共耗时三年多也是情理之中的事情。鄂疆县吏袁璞为其作序言，称"同治十一年夏，余□橄巴陵，其明年复赴襄樊，与越南光禄卿范晦叔大夫菁花常生笔筒爱

① 阮思僩：《燕轺诗文集》，复旦大学文史研究院、越南汉喃研究院合编：《越南汉文燕行文献集成》第二十册，上海：复旦大学出版社，2010年，第71－72页。
② 侯鹏：《晚清浙江厘金制度与地方商品市场》，《清史研究》，2013年第1期，第70－71页。
③ 范熙亮：《北溟雏羽偶录》，复旦大学文史研究院、越南汉喃研究院合编：《越南汉文燕行文献集成》第二十一册，上海：复旦大学出版社，2010年，第110页。
④ 范熙亮：《北溟雏羽偶录》，复旦大学文史研究院、越南汉喃研究院合编：《越南汉文燕行文献集成》第二十一册，上海：复旦大学出版社，2010年，第12页。
⑤ 范熙亮：《北溟雏羽偶录》，复旦大学文史研究院、越南汉喃研究院合编：《越南汉文燕行文献集成》第二十一册，上海：复旦大学出版社，2010年，第98－101、106－111页。

传诗"①。范熙亮《北溟雏羽偶录》记载回程途中，除夕过后作《樊城移舟，次伴送袁廉叔韵》，即作者在樊城与伴送官居袁璞有诗歌酬唱，可见作者与袁璞于襄樊相见的时间当为同治十二年（1873）春节后，由襄樊抵达岳阳已是春天也属正常，但不应该是同治十三年（1874）曾国藩去世的春天，故作者用"刚逢楚勇又西征"来叙事，采用了夸张的手法，但从"功第一""柱石"等词可见作者对曾国藩的功绩给予高度赞扬。

范熙亮在岳州驻时又作《观出陕兵艘》记述了千艘整齐待发的壮阔场面：

忽见沾江舰，传闻向陕西。飘旗争嫩柳，怒浪响鸣鼙。帆列千艘肃，人知万力齐。为怜春早役，芳草绿萋萋。②

该诗描写了"楚勇又西征"一事，首联点明湘军将开往陕西方向，时同治十二年（1873）春，太平天国运动已经被镇压。作者见兵船蔽江，"问是湖南兵四十营，往甘、陕剿回逆者"③，湘军前往甘、陕一带平定回民事变。《清史稿》列传一百九十九《左宗棠传》："（同治）十二年正月，锦棠攻向阳堡，夺门入，斩马寿，遂破大通，……河东、西诸回堡皆降。文禄踞肃州，诡词求抚，益招致边外回助城守，连攻未能下。……八月，左宗棠来视师，文禄登城见帅旗，夺气。……白彦虎窜通关外，肃州平。……十三年，晋东阁大学士，留治所。……宗棠既手戡定之，至是陕、甘悉靖，而塞外平回。"左宗棠所部湘军直到同治十二年（1873）平定肃州后，甘陕回民起义基本结束。

有关湘军与太平天国、捻军、陕甘回民事变的斗争和对社会的冲击，清朝官方和地方、民间资料都有记载，越南使臣以局外人身份"冷眼"对沿途晚清社会时局作了细致观察与描述，让后人了解到晚清百姓受战乱之苦和地方的破败，以及旧秩序的失衡。

结　论

清代越南使臣对湖南社会风貌的描述和感知因个体生活经历、身份和时代的不同，呈现在读者面前的结果也有所不同。在清代越南使臣笔下，湖南的山

---

① 范熙亮：《北溟雏羽偶录》，复旦大学文史研究院、越南汉喃研究院合编：《越南汉文燕行文献集成》第二十一册，上海：复旦大学出版社，2010 年，第 5 页。

② 范熙亮：《北溟雏羽偶录》，复旦大学文史研究院、越南汉喃研究院合编：《越南汉文燕行文献集成》第二十一册，上海：复旦大学出版社，2010 年，第 110 页。

③ 范熙亮：《北溟雏羽偶录》，复旦大学文史研究院、越南汉喃研究院合编：《越南汉文燕行文献集成》第二十一册，上海：复旦大学出版社，2010 年，第 110 页。

川、气候、物产、城市、乡村等自然景观，还有风俗、书院、宗教等文化景观在他们的眼中是有异于本国的新鲜事物，因而对沿途所见所闻所历留心观察，并作了微观的记载。

从《文献集成》辑录的北使诗文来看，越南使臣自广西兴安入灵渠，泛湘江北上入湖南，相比广西境"危滩五十三""日行仅十里"的路况来说，进入湖南永州后"江面宽阔，无险滩"的行程畅快，无疑令人愉悦。他们对湖南气候的整体印象如黎贵惇《北使通录》中描述的，"自湖以南，地丰和暖，草木繁茂，野花山竹，隆冬不凋，风土景物，宛如我国"。与越南四季温暖无寒冬所不同的是，湖南冬天时有降雪，这会给使臣行进过程增添阻力，但他们对雪是"殊不恶"的，阮思僩《对雪》曰："不是泛仙槎，焉知雪有花。非烟笼树重，欲舞带风斜。山睡梅初起，江寒燕不哗。洞庭波浪阔，何处酒人家。"不少使臣都开窗迎雪，呼童仆温酒备纸作诗庆贺，兴致好时甚至"寻梅拟踏溪桥去"。湖南山川在他们眼中亦是"秀媚宜人""奇秀清逸"；衡州府城、湘潭、长沙城市景观繁丽，"街坊整洁，商货大聚"，使臣数次于衡阳、长沙购书回国，认为两地书"其价颇廉"；乡野小村则是"倚山村落茅参瓦，夹道田庄竹间松"的恬淡景象；湘江沿岸村落"村庄鸠集江边庙，槎泛蝉联水上家"，宛如王摩诘诗画一轴。

清代湖南社会风俗依然可见先秦时期楚风"尚鬼""重淫祠"的痕迹，充满神秘力量的"鸦兵""神女童"等鬼怪传说不时进入越南使臣的耳中，见诸笔端；中国传统节日元旦、除夕、端午、七夕、中秋、重阳的习俗对他们而言如本国节日一样熟悉且相似。石鼓书院、岳麓书院依旧在，但是宋代的盛况已成为遥远的记忆。诸葛兵书岩、三浯胜迹、柳子厚故宅、三闾大夫庙、贾谊祠、禹碑是越南使臣反复吟咏的对象，通读他们的诗文发现"忠""义""公"价值观深入使臣内心，对屈原、贾谊、柳宗元怀才不遇的遭遇打抱不平；岳阳楼在中国和越南文人心中不只是吟诵的对象，还是"心系天下""忧国忧民"精神的寄托与象征。

唱和赠答和笔谈是越南使臣与湖南士人交往的两种主要形式。唱和赠答使他们在文学上能很好地相互交流、借鉴，也为险象重重的万里征轺增添了乐趣；在言语不通的情况下，笔谈不仅充当沟通的工具，还可以深入探讨两国国情，其深度是其他方式难以比拟的。通常情况下，越南使臣以旁观者身份"冷眼"看异国，对沿途见闻往往不加修饰地写入北使诗文，既记录康乾盛世时人烟稠密、风物繁华，也对晚清以来长期战乱带来的恶果直言不讳，用直白的手法表达了对百姓的同情。西方列强叩关后，越南使臣提及湖南境内的"洋炭""天主教"，但未作过多的描述。

参考文献

[1] （汉）司马迁：《史记》，北京：中华书局，1982 年。

[2] （清）张廷玉：《明史》，北京：中华书局，1984 年。

[3] 《大清会典》（康熙朝），台北：文海出版社，1993 年。

[4] 《钦定大清会典事例》（嘉庆朝），台北：文海出版社，1992 年。

[5] （清）刘道著修，钱邦芑纂：《永州府志》，康熙九年刻本。

[6] （清）张奇勋修，谭宏宪纂：《衡州府志》，康熙十年刻本。

[7] （清）姜承基修：《永州府志》，康熙三十三年刻本。

[8] （清）张雄图等修：《长沙府志》，乾隆十二年刻本。

[9] （清）陈宏谋修，范咸、欧阳正焕纂：《湖南通志》，乾隆二十二年刻本。

[10] （清）阎肇烺等修，马倚元、杨斯飚纂：《衡阳县志》，嘉庆二十五年刻本。

[11] （清）刘采邦等修：《长沙县志》，长沙：岳麓书社，2010 年。

[12] （清）李瀚章、卞宝第等修，曾国荃、郭嵩焘等纂：《湖南通志》，光绪十一年刻本。

[13] （清）王岱撰：《永州纪胜》，见王锡祺辑：《小方壶斋舆地丛钞》，铅印本。

[14] （清）方略馆纂，吴丰培整理：《安南纪略》，北京：书目文献出版社，1986 年。

[15] 《清实录》，北京：中华书局，1985 年。

[16] 赵尔巽等：《清史稿》，北京：中华书局，1977 年。

[17] 中国社会科学院历史研究所编辑组编：《古代中越关系史资料选编》，中国社会科学出
版社，1982 年。

[18] 复旦大学文史研究院、越南汉喃研究院合编：《越南汉文燕行文献集成》，上海：复旦
大学出版社，2010 年。

[19] 应庆义塾大学言语文化研究所：《大南实录》，东京：应庆义塾大学言语文化研究所，
1979 年。

[20] ［越］吴士连等：《大越史记全书》，明治十七年（1884）东京植山堂刻本。

[21] ［越］潘辉注：《历朝宪章类志》，越南汉喃研究院藏手抄本，编号 A·Z061。

[22] 域外汉籍珍本文库编纂出版委员会编：《钦定大南会典事例（正续编）》12 册，重庆：
西南师范大学出版社，2015 年。

[23] ［越］黎崱撰，武尚清点校：《安南志略》，北京：中华书局，1995 年。

[24] 陈益源：《越南汉籍文献述论》，北京：中华书局，2011 年。

[25] 范宏贵、刘志强：《越南语言文学探究》，北京：民族出版社，2008 年。

[26] 复旦大学文史研究院：《从周边看中国》，北京：中华书局，2009 年。

[27] 葛兆光：《重建有关"中国"的历史论述》，北京：中华书局，2011 年。

[28] 郭振铎、张笑梅：《越南通史》，北京：中国人民大学出版社，2001 年。

[29] 黄松筠：《中国古代藩属制度研究》，长春：吉林人民出版社，2008 年。

[30] 李金明、廖大珂：《中国古代海外贸易史》，南宁：广西人民出版社，1995 年。

[31] 刘玉珺：《越南汉喃古籍的文献学研究》，北京：中华书局，2007 年。

[32] 刘志强：《中越文化交流史论》，北京：商务印书馆，2013 年。

[33] 孙宏年：《清代中越宗藩关系研究》，哈尔滨：黑龙江教育出版社，2006 年。

［34］ 孙宏年：《清代中越关系研究（1644—1885）》，哈尔滨：黑龙江教育出版社，2014 年。

［35］ 谭其骧主编：《中国历史地图集》，北京：中国地图出版社，1996 年。

［36］ 王恩涌：《文化地理学》，南京：江苏教育出版社，1995 年。

［37］ 吴必虎、刘筱娟：《中国景观史》，上海：上海人民出版社，2004 年。

［38］ 王小盾：《越南汉喃文献目录提要》，台北："中央研究院"中国文哲研究所，2002 年。

［39］ 张伯伟：《域外汉籍研究入门》，上海：复旦大学出版社，2012 年。

［40］ 张伯伟编著：《作为方法的汉文化圈》北京：中华书局，2011 年

［41］ ［越］陈重金著，戴可来译：《越南通史》，北京：商务印书馆，1992 年。

［42］ ［美］费正清著，张沛译：《中国：传统与变迁》，北京：世界知识出版社，2002 年

［43］ 张泽槐：《古今永州》，长沙：湖南人民出版社，2003 年。

［44］ 浯溪文物管理处编：《湖湘碑刻》，长沙：湖南美术出版社，2009 年。

［45］ 邹律资、王馥兰、李建平编著：《岳阳楼》，北京：文物出版社，2008 年。

［46］ ［日］山本达郎著，秦钦峙译，雷慧英校：《越南中国关系史年表》，昆明：云南省东南亚研究所，1983 年。

［47］ 陈文源：《明朝士大夫的安南观》，《史林》，2008 年第 4 期。

［48］ 陈益源：《中国明清小说在越南的流传与影响》，《上海师范大学学报（哲学社会科学版）》，2009 年第 1 期。

［49］ 陈玉龙：《略论中越历史关系的几个问题》，《世界中世纪史研究会通讯》，1982 年第 1 期。

［50］ 戴可来、廖宏斌：《1850—1880 年越南社会整合情况之分析》，《史学月刊》，2002 年第 2 期。

［51］ 戴可来：《略论古代中国和越南之间的宗藩关系》，《中国边疆史地研究》，2004 年第 2 期。

［52］ 林明华：《汉文化对越南影响琐谈——读书札记三则》，《东南亚研究资料》，1985 年第 4 期。

［53］ 龙永行：《近代中越宗藩关系刍议》，《东南亚研究》，1982 年第 1、2 期。

［54］ 牛军凯：《三跪九叩与五拜三叩：清朝与安南的礼仪之争》，《南洋问题研究》，2005 年第 1 期。

［55］ 刘玉珺：《越南使臣与中越文学交流》，《学术研究》2007 年第 1 期。

［56］ 张金莲：《发展与变迁——古代中越水陆交通研究》，暨南大学博士学位论文，2006 年。

［57］ 陈国保：《越南使臣与清代中越宗藩秩序》，《清史研究》，2012 年第 2 期。

［58］ 陈国保：《越南使臣对晚清中国社会的观察与评论》，《史学月刊》，2013 年第 10 期。

［59］ 韩红叶：《阮攸〈北行杂录〉研究》，首都师范大学硕士学位论文，2007 年。

［60］ 李巍：《祝融峰下清凉居——记南岳祝圣寺》，《中国宗教》，2011 年第 1 期。

［61］ 于燕：《清代中越使节研究》，山东大学硕士学位论文，2007 年。

［62］ 刘文莉：《石鼓书院史》，湖南大学硕士学位论文，2008 年。

［63］ 刘玉珺：《晚清壮族诗人黎申产与中越文学交流》，《民族文学研究》，2013 年第 3 期。

［64］ 滕兰花：《从清代与越南的朝贡贸易看桂南之中越交通》，《南宁师范高等专科学校学

报》，2007 年第 1 期。

［65］汤军：《永州犹未是天涯——元代中越交流中的一站》，《湖南科技学院学报》，2007 年第 3 期。

［66］汪国林：《从以史释诗的传统到诗史互证——对中国阐释学与史关系的考察》，《云南社会科学》，2010 年第 4 期。

［67］汪泉：《清朝与越南使节往来研究》，暨南大学硕士学位论文，2008 年。

［68］张京华：《从越南看湖南——〈越南汉文燕行文献集成〉湖南诗提要》，《湖南科技学院学报》，2011 年第 3 期。

［69］张京华：《黎贵惇〈潇湘百咏〉校读》，《湖南科技学学报》，2011 年第 10 期。

［70］张京华：《三"夷"相会——以越南汉文燕行文献为中心》，《外学文学评论》，2012 年第 1 期。

［71］刘晓聪：《清代越南使臣之"燕行"及其"诗文外交"研究——以〈越南汉文燕行文献集成〉为中心》，广西民族大学硕士学位论文，2013 年。

［72］史蓬勃：《清代越南使臣在华交游述论——以〈越南汉文燕行文献集成〉为中心》，暨南大学硕士学位论文，2014 年。

［73］王晨光：《明清越南使节燕行档案中的中国风貌》，《浙江档案》，2014 年第 7 期。

［74］张恩练：《越南仕宦冯克宽及其〈梅岭使华诗集〉研究》，暨南大学硕士学位论文，2011 年。

［75］张茜：《清代越南燕行使者眼中的中国地理景观——以〈越南汉文燕行文献集成〉为中心》，复旦大学硕士学位论文，2012 年。

［76］周亮：《清代越南燕行文献研究》，暨南大学硕士学位论文，2012 年。

［77］［新加坡］李焯然：《越南史籍对"中国"及"华夷"观念的诠释》，《复旦学报（社会科学版）》，2008 年第 2 期。

清代越南使臣笔下的左江地区社会风貌

刘晓敏

一、绪论

（一）选题缘起

中越两国有着两千多年的交往史，自宋代起，当时的越南建立独立国家，中越之间自此形成了宗藩关系，此后尽管两国之间交往曲折反复，但是在上千年的历史发展过程中，宗藩关系依然是两国交往的基本模式，朝贡是维系两国关系的重要纽带。越南使臣朝贡的路线和往返时间长，加之他们多为科举出身，汉文化水平较高，因此在朝贡之路上留下了大量以诗歌或散文形式为主的诗文集，内容涉及出使途中见闻、记事和抒发离家乡愁的杂感等，为学界研究中越文化交流提供了珍贵的异域资料。

中越山水相连，历史上交往密切，民族渊源深厚。从宋代起，在中越朝贡关系的背景下，广西由于其特殊的地理位置，是越南使臣使华往返的必经之地。越南使臣经过广西所留下的大量诗篇，为我们探讨当时广西的社会状况，提供了更为丰富的史料。

2010 年出版的上海复旦大学和越南汉喃研究院合作编纂的大型域外汉籍丛书《越南汉文燕行文献集成》当中有不少收录了清代越南使者途经广西地区时所作之诗文、所画使程图，这些作品不局限于使臣们对广西山川古迹的赞美吟咏，还记录了使臣们与各阶层人们的交往，即越南使臣与广西当地文人、与底层民众之间的诗文唱和的互动，反映出大多的越南使臣们有着较高的汉文化素养，在诗文交流当中又可以窥见在中越文人之间存在着文化心态的差异。为此，本文即以《越南汉文燕行文献集成》中所收录的清代越南使臣北使途经广西左江地区所写的诗文为研究对象，剖析使臣笔下的左江地区社会风貌，以期能丰富广西地方史的研究。

（二）学术史回顾

近些年来，国内学者愈发重视域外汉籍文献的价值。张伯伟的《域外汉籍研究入门》是学人了解域外汉籍资料的有力工具书，它不仅详述了东亚和东南亚域外汉籍的著录以及研究现状，还对有待更深入拓展研究的领域作了说明。①刘玉珺的《越南汉喃古籍的文献学研究》是国内较早研究越南汉文文献的专著，书中称越南燕行使臣的诗文为"诗赋外交"，并从传播流布、抄写刊印、抄写分类等方面对越南汉喃古籍进行了全面阐述。②中国复旦大学和越南汉喃研究院合作，历时三年编纂完成的大型域外汉籍丛书《越南汉文燕行文献集成》③于2010年出版，此后国内学术界掀起了对越南汉文燕行文献研究的热潮，涌现出许多相关的研究成果。

1. 对越南使臣及其诗文集的文学史研究

这方面的研究较早，也较多。其中当以刘玉珺为代表人物，她在《越南使臣与中越文学交流》一文中考察了越南使臣所创作的北使诗文这一特殊文学体裁，认为使臣与中国文士所进行的各种文学活动推动了越南古代文学的发展，促成了域外汉文学向纯正体的回流。④2012年，刘玉珺发表了《越南北使文献总说》一文，从文献学的角度分析了越南北使文献的文学价值，认为越南使臣的出使，在文化交流的意义已超过了政治意义，而越南对于汉文化的认同以及对"诗赋外交"的重视，是越南北使诗文创作兴盛的根本原因。⑤张宇以越南使臣裴文禩与中国伴送官杨恩寿的文学交游为个案，分析了越南使臣出使中国及与中国文人交流的具体情况和特征，试图从中透视中越文化交流的实际面貌。⑥

周亮对清代越南燕行文献作了较为系统的梳理，认为越南燕行文献不仅具有很高的文学价值，还具有珍贵的史学价值。⑦何仟年以清人胡长庆的《梅溪诗钞》与越南人阮乐山的《道南斋初稿》为研究对象，对胡长庆与阮乐山二人的

---

① 张伯伟：《域外汉籍研究入门》，上海：复旦大学出版社，2012 年。

② 刘玉珺：《越南汉喃古籍的文献学研究》，北京：中华书局，2007 年。

③ 复旦大学文史研究院、越南汉喃研究院合编：《越南汉文燕行文献集成》，上海：复旦大学出版社，2010 年。

④ 刘玉珺：《越南使臣与中越文学交流》，《学术研究》，2007 年第 1 期。

⑤ 刘玉珺：《越南北使文献总说》，《华西语文学刊》，2012 年第 2 期。

⑥ 张宇：《越南贡使与中国伴送官的文学交流——以裴文禩与杨恩寿交游为中心》，《学术探索》，2010 年第 4 期。

⑦ 周亮：《清代越南燕行文献研究》，暨南大学硕士学位论文，2012 年。

生平经历及关系进行考证，探析中越民间人员之间密切的文学交流。① 王志强对越南汉籍《往津日记》及其史料价值进行评介，认为此书是一份弥足珍贵的文献资料，可以为近代中越关系研究提供新的视角，为深入研究轮船招商局提供了新的史料依据，为中越文化交流提供新的资料等。② 他还另撰文，分析此书当中所记录的晚清中越文化交流，主要从文学、科技等视角全面梳理相关史实，并在此基础上总结晚清中越文化交流特征的一个侧面，认为中越文化交流的形式与内容更趋多样化，可以弥补目前学界关于晚清中越文化交流研究的不足。③ 郑幸以《默翁使集》为研究文本，分析了丁儒完与清前期南京地方文人之间以诗歌唱和为主要形式的文学交往，指出这些留下来的越南汉文典籍不仅为研究中国古代社会文化提供了异域的独特视角，也为补充完善古代典籍起到了重要的作用。④ 张京华把《越南汉文燕行文献集成》中有关湖南的诗文目录作了摘录，可惜仅是摘录诗文目录，并未对诗文进行深入分析探讨。⑤

2. 关于越南使臣对中国形象的描述等方面的研究

越南使臣从广西镇南关一路北上至北京，其行程纵贯中国南北，看到的是中国各地相异的自然景观、人文景观以及社会状况等，其所记录下的诗文、日记即是学者眼中极好的异域之珍贵史料。张茜用历史地理学方法研究清代越南燕行文献记载的中国地理景观。⑥ 陈国保分析越南使臣文集记录的朝贡礼仪，指出越南外交实质是：越南王朝为了取得对清朝关系的主动、平等和获得更多的国家利益而悉心筹拟出"内帝外臣"的交邻之道。⑦ 他的另一篇《越南使臣对晚清中国社会的观察与评论》中通过分析"入华行纪"的资料，理清越南使臣对当时中国社会的观察、记录和评论，在他者的视野中发现晚清中国社会的不同面貌，看到掩藏在朝贡礼仪背后的清代中越宗藩关系的邦交实质。⑧

陈正宏的《越南燕行文献里的中国——陈正宏在上图讲座·章培恒讲座的

---

① 何仟年：《由〈梅溪诗钞〉〈道南斋初稿〉看清中期中越民间文人的交往》，《文献》，2012 年第 3 期。
② 王志强：《越南汉籍〈往津日记〉及其史料价值评介》，《东南亚纵横》，2010 年第 12 期。
③ 王志强：《从越南汉籍〈往津日记〉看晚清中越文化交流》，《兰台世界》，2013 年第 3 期。
④ 郑幸：《〈默翁使集〉中所见越南使臣丁儒完与清代文人之交往》，《文献》，2013 年第 2 期。
⑤ 张京华：《从越南看湖南——〈越南汉文燕行文献集成〉湖南诗提要》，《湖南科技学院学报》，2011 年第 3 期。
⑥ 张茜：《清代越南燕行使者眼中的中国地理景观——以〈越南汉文燕行文献集成〉为中心》，复旦大学硕士学位论文，2012 年。
⑦ 陈国保：《越南使臣与清代中越宗藩秩序》，《清史研究》，2012 年第 2 期。
⑧ 陈国保：《越南使臣对晚清中国社会的观察与评论》，《史学月刊》，2013 年第 10 期。

讲演》。① 曹双系统梳理越南使臣在出使过程中的相关记载，试图通过越南使臣的观察增进对乾隆时期中国社会的认识。② 李小亭从政治、经济、文化及社会习俗的角度分析安南后黎朝时期燕行使臣眼中的明清时期中国形象，阐述越南使臣对中国形象认知变化的原因。③ 王晨光《明清越南使节燕行档案中的中国风貌》，通过对越南使臣北使中国朝贡的沿途记录以及乡野吟咏问答的解读，补充中越两国使节邦交往来的历史细节。④ 刘晓聪对使臣们的燕行著作进行较为系统的整理，着重分析其"诗文外交"的表现及原因，以重新认识中越宗藩体关系的实质。⑤

另外，有一些学者根据自己所在的区域文化研究需要，对越南使臣所作的诗文按区域分门别类进行研究，借此反观清代时期越南使臣眼中的中国不同区域的社会风貌。其中的代表者有张京华，他统计了《越南汉文燕行文献集成》中所收录的越南使臣们纪咏酬唱潇湘的诗作，共有七百多首，已经形成"从越南看湖南"的专题，他在文中将有关湖南的诗文目录作了摘录，为后学者提供了较完善的资源索引，所不足的是作者并未进行深入分析探讨。⑥ 张京华指出越南使臣以汉字诗文为外交媒介，在一系列拜谒、酬唱、笔谈中，不仅表现出对于东亚礼乐文明的深切认同，甚至隐然含有争以纲常正统自任的意识。⑦ 彭丹华撰写的一系列《越南使者咏永州》论文，把越南燕行使臣们对永州风物以及使臣与当地士人交往的诗文作了摘录和注释。⑧ 詹志和探讨越南北使在湖湘境内的旅程、对湖湘风物的吟咏、与湖湘文士的酬唱等问题，认为越南使臣创作的大

---

① 陈正宏：《越南燕行文献里的中国——陈正宏在上图讲座·章培恒讲座的讲演》，《文汇报》，2014 年 5 月 13 日。

② 曹双：《越南使臣所见乾隆时期的清代社会》，郑州大学硕士学位论文，2015 年。

③ 李小亭：《后黎朝时期安南使臣眼中的中国——以〈越南汉文燕行文献集成〉为中心》，暨南大学硕士学位论文，2015 年。

④ 王晨光：《明清越南使节燕行档案中的中国风貌》，《浙江档案》，2014 年第 7 期。

⑤ 刘晓聪：《清代越南使臣之"燕行"及其"诗文外交"研究——以〈越南汉文燕行文献集成〉为中心》，广西民族大学硕士学位论文，2013 年。

⑥ 张京华：《从越南看湖南——〈越南汉文燕行文献集成〉湖南诗提要》，《湖南科技学院学报》，2011 年第 3 期。

⑦ 张京华：《三"夷"相会——以越南汉文燕行文献为中心》，《外国文学评论》，2012 年第 1 期。

⑧ 彭丹华的《越南使者咏永州》一系列文章共八篇，此外还有《越南使者咏屈原诗三十首校读》《越南使者咏柳宗元》《越南使者咏周敦颐诗六首》三篇文章。其中《越南使者咏屈原诗三十首校读》《越南使者咏柳宗元》是对越南使臣在经过湖南境内所作的诗文的探析，《越南使者咏周敦颐诗六首》是越南使臣经过现广西桂林兴安县所作诗文的探析。这三篇文章是对越南使臣吟咏中国历史名人的解读。

量湖湘诗是研究湖湘文化的重要材料。①

3. 越南使臣与广西相关的研究

对越南使臣与广西相关的研究，学者多由中越文学交流、中越朝贡关系等角度分析《越南汉文燕行文献集成》中与广西相关的诗文。

黄权才从《越南汉文燕行文献集成》辑出明万历二十五年（1597）至清光绪六年（1880），越南来华使臣所作的关于花山岩画的16篇诗歌以及相关记录，并对这些诗歌作了简要的笺注。② 张惠鲜分析越南文豪阮攸的燕行诗中有关左江流域的记载，从自然景观、人文景观及左江流域的社会状况三方面探讨阮攸的左江印象，更进一步分析越南使臣的左江流域印象。③ 张惠鲜、王晓军、张冬梅通过全面考察了现存32份越南使臣留下的花山岩画文献，指出越南使臣对花山岩画的较高关注度，其原因既有对异邦好奇的因素，也有对广西边境地区特殊关注的考量，更有可能受越南历代相沿的花山观的影响。④

刘玉珺分析了曾作为中国文士代表的晚清壮族诗人黎申产与越南使臣进行的文学交流，通过这些诗歌的交流透视中越文学交流的途径、方式。⑤

彭茜以朝贡关系与文学交流为线索，试图理清清代中越朝贡关系的发展脉络，找出清代越南来华使臣与广西之间的联系，以及他们途经广西时所作之汉诗文，探讨他们在广西境内的行程、对广西风物的吟咏，以及他们与广西本土文士之间文学交流等问题，从文学的角度挖掘越桂之间的内在联系。⑥ 滕兰花将《越南汉文燕行文献集成》中所收录的题咏伏波将军的诗文、行程日记作全面梳理与分析，试图以诗史互证的研究方法去分析越南使臣笔下的马援形象。⑦

2015年黄权才将《越南汉文燕行文献集成》全部二十五册书中与广西相关的诗文、日记整理、辑录成《古代越南使节旅桂诗文辑览》一书并出版，书中的内容包括越南使节赞美广西沿途的风光，赞美城市的繁华，记录沿途的人文

① 詹志和：《越南北使汉诗与中国湖湘文化》，《中南林业科技大学学报（社会科学版）》，2011年第6期。

② 黄权才：《明清两朝来华使节的花山诗篇》，《广西师范学院学报（哲学社会科学版）》，2013年第2期。

③ 张惠鲜：《浅析越南阮攸的左江流域印象》，《东南亚纵横》，2015年第5期。

④ 张惠鲜、王晓军、张冬梅：《浅论越南使臣与花山岩画》，《广西民族研究》，2016年第4期。

⑤ 刘玉珺：《晚清壮族诗人黎申产与中越文学交流》，《民族文学研究》，2013年第3期。

⑥ 彭茜：《朝贡关系与文学交流：清代越南来华使臣与广西研究》，广西民族大学硕士学位论文，2014年。

⑦ 滕兰花：《清代越南使臣眼中的伏波将军马援形象分析——以〈越南汉文燕行文献集成〉为视角》，《广西民族大学学报（哲学社会科学版）》，2013年第3期。

历史等。① 这本书为我们研究《越南汉文燕行文献集成》中的广西提供了极大的帮助。

此外,不少学者通过研究越南使臣北使文集中的记录,分析中越贡道或中越交通等问题。陈文源、杨大卫以李文馥北使文集《周原杂咏草》等为中心,分析李文馥的入贡路线,对清道光年间越南贡道进行梳理。② 滕兰花从清代中越之间的朝贡关系切入,分析清代广西桂南地区与越南之间的交通走向及其贸易往来情况。③

(三) 相关概念界定

1. 社会风貌与风物

"风貌"在《辞海》中解释为:风采容貌,亦指事物的面貌格调,"风物"则是一个地方的风光、景物。④ 从基本的词意延伸开去,"社会风貌"可以包括生产生活、经济、文化、宗教信仰以及人物历史活动等方面的内容。

2. 研究区域界定

左江是广西境内一条重要的河流,发源于越南与广西交界的枯隆山,流入今广西凭祥市平而关后称平而河,流至龙州县城汇入水口河后改称为左江。左江自西南向东北流,流经龙州、崇左、扶绥,至今南宁市江南区江西镇同江村三江坡,与右江交汇。本文中的"左江地区"主要是指清代越南使臣途经的地区,也就是指左江及其支流经过的今崇左市、扶绥县、宁明县、凭祥市,此外,因使臣行程是自宁明顺左江而下至南宁府,为了完整研究使臣在整个左江流域的活动情况,本文研究的区域界定还包括清代的南宁府宣化县,也就是今南宁市西南以及邕宁区部分。

二、 越南使臣途经广西的行程

北宋时期,越南北部的丁部领建立了大瞿越国,自立为王,后得到宋廷的承认并受封为交趾郡王。南宋时改封其为安南国王,此后即称其国为"安南"。

---

① 黄权才辑:《古代越南使节旅桂诗文辑览》,桂林:广西师范大学出版社,2015 年。

② 陈文源、杨大卫:《道光年间越南使臣李文馥入贡路线述略》,《暨南史学》第九辑,广州:暨南大学出版社,2014 年。

③ 滕兰花:《从清代与越南的朝贡看桂南之中越交通》,《南宁师范高等专科学校学报》,2007 年第 1 期。

④ 辞海编辑委员会编:《辞海》 (缩印本),上海:上海辞书出版社,1979 年,第 1528、1529 页。

此后在近千年的历史发展过程中，中越两国之间交往虽曲折反复，如明朝永乐五年（1407）至宣德二年（1427）的"属明时期"。但还是维持着以朝贡和册封为主要内容的宗藩关系，至1885年法国侵占越南，越南与中国的宗藩关系宣告结束。

朝贡即是宋代以后维系中越之间宗藩关系的重要纽带，直到清代均保持频繁的朝贡活动。清代规定："凡四裔朝贡之国，曰朝鲜、曰琉球、曰越南、曰南掌、曰暹罗、曰苏禄、曰缅甸……凡入贡各定其期与其道，使各辨其数，凡贡使至则以闻，乃进其表奏，达其贡物，叙其朝仪，给其例赏，支其供具，致其周恤，凡贡使往来皆护。"[1] 越南来华的贡期，康熙二年（1663）定为三年一贡，康熙七年定为六年两贡，乾隆年间定为两年一贡，四年遣使来朝一次，到道光十九年（1839）时，清廷把原来的两年一贡、四年一朝改为四年遣使朝贡一次。越南使臣使清的贡道是有规定的，即是陆路自镇南关入关后，沿左江、郁江至梧州，再溯桂江——漓水而上，从灵渠转湘江入湖南，一路水陆兼程。作为与越南接壤的省份，广西是大多数越南使臣来华往返中越的首经之地。越南使臣们在广西要办理入关手续，举行过关仪式，然后再顺着指定的贡路北上。

（一）越南使臣的过关仪式

越南入贡的路线是有规定的。根据《钦定大清会典事例》的记载："康熙四年，议准安南贡道由广西太平府……雍正二年议准安南国贡使进京，广西巡抚给予勘合，由广西、湖南、湖北、江西、江南、山东、直隶，水路行……乾隆六十年，改由广西水路经广东肇庆等府，至江西沙井起旱，取道入京……嘉庆七年定，越南贡道，由陆路至广西凭祥州，入镇南关，由水路达京师。"[2] 大多数越南使臣进入广西的必经之地便是镇南关（今称友谊关）。镇南关是中越贡道的首站。据《大清一统志》记载："镇南关，在凭祥州西南四十五里，一名大南关，即界首关也。左右石山高插云表，中设关，两旁建城一百九十丈，关外州里即坡叠驿，为安南贡道。"[3] 镇南关在清代时亦称为"大南关"，位于凭祥州西南，镇南关外的坡叠驿即在越南的贡道之上。

据清初顾祖禹写的《读史方舆纪要》卷一百十一记载："镇南关，（凭祥）州南三十里，即界首关也。嘉靖十六年，兵部尚书毛伯温督师讨交趾莫登庸，受降于关内。《舆程记》自两广云南三省轺车往来，必由龙州龙游驿，陆路四十里至凭祥出界首关而南，皆土山，缘坡岭行二百四十里至卜邻站，山沟皆深峻。

---

① （清）昆冈等：《钦定大清会典》卷三十九《礼部》，光绪己亥刊本。
② （清）李鸿章等纂：《钦定大清会典事例》卷五百二《礼部二百十三》，光绪刊本。
③ （清）和珅等纂修：《大清一统志》卷三百六十五《太平府》，光绪二十三年石印本。

又百里过濮上站始平。又二百十里渡富良江，抵安南城。此入交趾之正道也。"①
清代时，镇南关有关楼。据雍正《广西通志》记载："镇南关在州西南四十五
里，左右石山高插云表，中设关，关上一楼，计三楹。关内旧有昭德台。国朝
改建堂三间。关外三十里即坡垒驿，于安南入贡期，道府临关启钥，委员赴驿
点勘行人贡物，延许入关。雍正三年太平知府甘汝来捐资修葺两旁城堞一百一
十九丈。巡抚李绂有记。"②该书还配有镇南关的示意图。如图1所示。图中所
示镇南关夹于石山之间，呈"一夫当关，万夫莫开"之势。关前标有铜柱遗迹，
关内有昭德台，关外有坡垒驿。

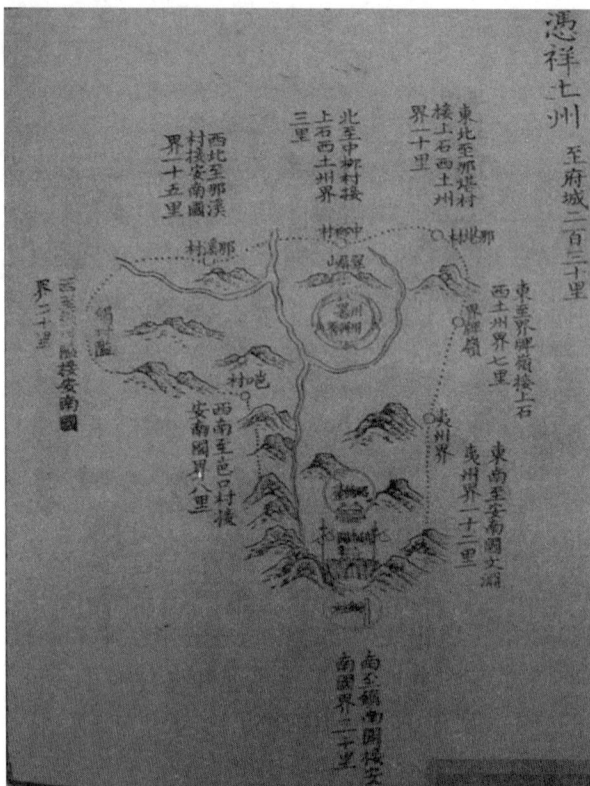

图1　雍正《广西通志》所载的镇南关地形示意图

图片来源：（清）金𫓧修，钱元昌、陆纶纂：《广西通志》卷五《舆图》，广西古籍丛书
编辑委员会、广西地方志编纂委员会办公室整理影印本，南宁：广西人民出版社，2009年，
第76页。

---

① （清）顾祖禹：《读史方舆纪要》卷一百十一《广西六》，清光绪版，第14页。

② （清）金𫓧修，钱元昌、陆纶纂：雍正《广西通志》卷十九《关梁》，广西古籍丛书编辑委员
　会、广西地方志编纂委员会办公室整理影印本，南宁：广西人民出版社，2009年，第370页。

越南使团在镇南关前需进行一系列的例行程序方可进入中国境内。阮辉莹于乾隆三十年（1765）出发北使入贡，根据阮辉莹《奉使燕京总歌并日记》中记载："鬼门关庙进香整夫，复到桃榔暂停，靠连母子才经，越山直底团城驻军。（乾隆三十一年正月）二十八日侵晨，进来仰德台。照循旧规，次朝列位，上司鸣锣放炮，一时齐来，南关锁钥洞开。诣昭德台赍进表章，发银颁自东厢。行随取次查详姓名，牌分马夫发行。"① 这段材料记录的程序相对简单，阮辉莹于乾隆三十年出发北行入贡，他带领的越南使团先抵达镇南关外的仰德台，列队行礼，之后鸣锣放炮，镇南关开关，进入仰德台，递交书文，整饬行李，正式开始北使之路。

较之阮氏记录的简略而言，阮朝绍治元年至二年（清道光二十一年至二十二年，1841—1842）奉命出使中国的李文馥写有《使程志略草》，书中详细记载了使团出发前与清廷的报关情况：

> 绍治元年三月初一日抵河内公馆，甲乙副使官与随行人员亦次第继至，增领在省品项装束停当，耑俟广西报到开关日期，然后进关。……据清国公文定于三月闰初十开关……闰三月大初一日同部恭诣河内行宫，行拜望礼，次日告祖……初九日……抵文渊州莅停宿……②

在踏上北使之路的一个月前，使团成员们聚集在河内，盘点北使所要携带的贡物、行李等，还有等待广西官员传送来的开关日期。得知具体开关日期之后，在河内行宫行拜望礼，并进行告祖仪式方能出发北上燕京。从河内出发，一路前行至仰德台停驻。随后申请入镇南关。

初十日，同候命官、谅按官进至关上仰德台之左右廊，少歇。先是，谅省官循例将使部人数、霜数，咨知内地太平府员，内地亦将护接员数开交谅省知会。至是，内地官员于关上昭德台会齐，各委出通事，两相通帖问好，订以午时启钥。昼时，内地官设祭关门之神，放炮开关。使部并候命官、谅按官各具大朝品服，逢迎国书，扈随龙亭。至昭德台庭前龙亭止，正候命官跪捧，安于台之正中龙亭。内地官员分班侍立，仪卫整肃。使部与候命官、谅省官趋庭行三跪九叩礼。礼成，退回仰德台，各换乌袍角带礼服。候命官、谅省官具赍见、送好礼（牛、羊、猪、

① 阮辉莹：《奉使燕京总歌并日记》，复旦大学文史研究院、越南汉喃研究院合编：《越南汉文燕行文献集成》第五册，上海：复旦大学出版社，2010年，第8—9页。

② 李文馥：《使程志略草》，复旦大学文史研究院、越南汉喃研究院合编：《越南汉文燕行文献集成》第十五册，上海：复旦大学出版社，2010年，第5—11页。

米酒、银、绢、扇、桂、象尾、蜡屏等项），再同使部过关，参见内地官员。内地官延坐款茶，殷勤慰答……顷之，告退，复回仰德台，更换常服……内地换扒辋夫、抬夫进行，放炮过关……关既闭，各虚放鸟枪为别（例也）。①

根据李文馥的描述，越南使团的过关流程是非常复杂的。首先，越南使团同谅山省当地的官员一起来到仰德台上。谅山省的官员按照规定对照这些越南使团的出使人员名单检查人数，然后通知广西太平府的官员们。清朝地方官员也会派人通报这次迎接越南使臣的清朝地方官员人数。这一程序完成之后，清朝地方官员们集中到了镇南关的昭德台前，双方通过翻译人员协商确定镇南关启关时刻。

开关之前，清朝地方官员按例进行祭祀镇南关之门神的仪式，仪式结束后放炮开关。李文馥等使臣和谅山省的众官员身穿清朝官员的服饰，进入镇南关内昭德台前，清朝地方官员整整齐齐地排列于昭德台的两边。李文馥等使臣与候命官、谅山省的官员在昭德台的龙亭前，行三叩九跪的礼节。仪式完成之后，李文馥等使臣与候命官、谅山省的官员即刻退回至仰德台，把服装换成寻常礼服，第二次进入镇南关。李文馥等使臣正式与清朝地方官员会见，交谈片刻之后他们退回至仰德台。这一次李文馥等使臣换上平时的衣服，和候命官、谅山省官员们一一道别，收拾好行李，更换了中国挑夫正式进入关内，镇南关两边都虚放鸟枪为越南使臣们送别。

黎峻、阮思僴、黄并三人于同治七年（1868）出使中国，他们的《如清日记》中是这样记载过关仪式的：

（同治七年八月）初一日寅刻，率行随人等，同与候命臣阮恕，带领护送之北谅二省员弁兵象，护递图书公货诸箱函进关，……少憩。仍饬将箱函过关交结清楚。臣等恭将过关事宜缮具奏折咨文，并将原领国印、预纸，封志。谨密咨交候命臣阮恕认领回省发递。已刻，臣等与行随人等过关。②

黎峻对此过关仪式的记载与李文馥的记录大致相同，二者记载的都是"三进三出"的程序。从越南使臣这些详细的记录，"内地官设祭关门之神，放炮开关"，"带领护送之北谅二省员弁兵象，护递图书公货诸箱函进关"等可以看出，整个过关程序严肃而烦琐，种种细节表现出中越双方对朝贡一事的重视。

---

① 李文馥：《使程志略草》，复旦大学文史研究院、越南汉喃研究院合编：《越南汉文燕行文献集成》第十五册，上海：复旦大学出版社，2010年，第11-14页。

② 黎峻、阮思僴、黄并：《如清日记》，复旦大学文史研究院、越南汉喃研究院合编：《越南汉文燕行文献集成》第十八册，上海：复旦大学出版社，2010年，第87-88页。

入了镇南关即正式踏上异国之土，路途漫漫，使臣们回望南方，遥想北上的漫漫贡路，心中自然是颇多感慨。为此，在使臣们的诗文集里，有相当多的诗文是纪咏他们入关的心情，以下三首诗歌或许可以证明。

南关晓渡　武辉珽

叩罢龙亭便换衿，关头进步跨征骖。中州驿路扬鞭始，吾国僚朋并团三。风物眼前龙阃北，钧韶耳畔凤城南。乾坤许大前程远，丹愫凭将对蔚蓝。①

过关　段浚

数声铳炮响重山，紫盖红旗拥出关。客步初过天节徙，乡心暗逐暮云还。车驰马骤层台外，莺啭猿啼隔竹间。忽忆班衣迎舞处，苍崖不改旧潺颜。②

过关喜赋　阮偍

旌节辰登仰德台，关头进步重徘徊。琳球路达初心副，锣炮声传客思催。使事忙随青鸟去，乡情闲逐白云来。国游每恨风光少，到此重欣大道开。③

"叩罢龙亭便换衿""数声铳炮响重山，紫盖红旗拥出关""琳球路达初心副，锣炮声传客思催"这几句是对使团过关程序细节的记录。越南使臣的北使耗时相当长，一想到要离开祖国很长的时间，他们不免抒发一下乡愁，"客步初过天节徙，乡心暗逐暮云还"。不过也有表达"使事忙随青鸟去，乡情闲逐白云来。国游每恨风光少，到此重欣大道开"这样开启"观光之旅"的欣喜之情。

（二）越南使臣途经广西的路线

前文也提到，根据《钦定大清会典事例》的记载，自康熙四年（1665）至嘉庆七年（1802），越南贡道几经变更，最终嘉庆七年确定贡道由越南陆路至广西凭祥州，由镇南关入，行水路达京师。但是实际上越南入贡使臣们在广西的行走路线应该是水陆并举，直至走出广西进入湖南境内。

根据阮辉僙《奉使燕京总歌并日记》中记载：

[乾隆三十一年正月]二十八日侵晨，……戌时到幕府营定房。二天，一路晴光。凭祥中伙，受降驻旌。仲春朔旦平明，历馗蠹至宁城登舟。稳从东北顺

---

① 武辉珽：《华程诗》，复旦大学文史研究院、越南汉喃研究院合编：《越南汉文燕行文献集成》第五册，上海：复旦大学出版社，2010年，第254页。

② 段浚：《海烟诗集》，复旦大学文史研究院、越南汉喃研究院合编：《越南汉文燕行文献集成》第七册，上海：复旦大学出版社，2010年，第12页。

③ 阮偍：《华程消遣集》，复旦大学文史研究院、越南汉喃研究院合编：《越南汉文燕行文献集成》第八册，上海：复旦大学出版社，2010年，第121页。

流，过三江口直趋太平。二天已别新宁。……南宁三十六街，……实为两越一大马头。桂珠整辨，行需壹分绍酒，笼收药材。公同修启递回。季春初五，船开长行，顺流过永淳城，渡龙州碛，泊黄州滨。半仙风皱水纹……趋大滩司，崇祠肃展敬仪。才一霎时，过五险滩，仰凭一棹安澜。直浮贵县……浔州……平南……藤县……江头路析西东，使船尔日上从梧州……昭平……倏来平乐地头……维舟阳朔城边……灵川……兴安……全州……①

由此看出，乾隆时期越南使臣阮辉僙等人由越南都城出发，走陆路过镇南关进入广西，行至宁明换为水路，乘船航行到达全州，最后再从广西全州进入湖南境内，越南使臣所走的广西路程就此结束。

另阮朝黎峻等所著《如清日记》中写道：

嗣德二十一年（即清同治七年），八月初一日开关……自南关至宁明州城（由陆路），行二日。自宁明州城至梧州府城津次共三十日（由水程以下），行十九日，泊十一日。自梧州府城至广西省城津次，共二十四日。行十八日，泊六日。自广西省城至全州城（由改陆程），共十三日。行四日，住九日。……（回程）自湖南省城津次至广西省全州城津次共三十九日，行二十六日，泊十三日。自全州城改陆程至灵川县城津次共七日（陆程），行三日，住泊四日。自灵川县城津次至宁明州城津次共六十日（水程），行四十一日，泊十九日。自宁明州城津次至南关共五日（陆程），行三日，泊二日……②

此段引文中的"行"是指船行或陆行；"泊"是指船靠岸停泊，使臣们在船上住，不上岸；"住"是指使臣们上岸，在当地官员安排的地方住宿。再看以上清同治年间越南阮朝使臣黎峻等人的记录，他们记下了具体的行走路线以及行程所消耗的时间。黎峻等人于清同治七年（1868）八月初一日入关，陆程两日至宁明州，由宁明州登舟行至全州城耗时67天，其中舟行共41天，泊舟停留共26天，在广西行程总共耗时约69天。回程时，从全州到灵川登舟，陆程行走耗时7天，其中行走3天，停驻4天；由灵川县城到宁明州城耗时60天，其中船行41天，停泊19天；之后换成陆行，5天到达镇南关，其中2天为停驻时间，回程过广西总共耗时约72天。黎峻等人途经广西共耗时约141天。

总的来说，越南使臣在广西的行走路线大致是水陆兼程。走陆路从广西镇

① 阮辉僙：《奉使燕京总歌并日记》，复旦大学文史研究院、越南汉喃研究院合编：《越南汉文燕行文献集成》第五册，上海：复旦大学出版社，2010年，第8－13页。

② 黎峻、阮思僩、黄并：《如清日记》，复旦大学文史研究院、越南汉喃研究院合编：《越南汉文燕行文献集成》第十八册，上海：复旦大学出版社，2010年，第75－79页。

南关到宁明州城，走水路由宁明州顺左江而下，到达太平府城，再到南宁府城到达永淳县境内，经过横州城下往贵县，抵达浔州府城桂平，再到平南县城，过了梧州府城到达昭平县城，再行舟到达平乐府城，溯漓江而上至阳朔县城，抵达广西省城桂林，从桂林溯漓江而上至灵川达兴安，过灵渠入湘江，达全州，出广西进入湖南境内。

本文所论述的区域为左江地区，由上文可知越南使臣经过左江地区的路线大致为（陆路）广西镇南关—宁明州，（水路）宁明州—太平府—南宁府城，其中一小段为陆行，剩下的路段均为水程。在《越南汉文燕行文献集成》的第二十四册和第二十五册中收录了阮辉僴等编绘的《燕轺日程》①，裴橿撰、范文贮绘的《如清图》②，裴橿撰，佚名绘的《燕台婴语》③以及裴文禩等编绘的《燕轺万里集》④，这些使程图是沿着使团的行舟路线绘制的，可以很清晰地看到使船经过的广西的府州县以及使臣们看到的广西各种景观。图内小字标出汛塘、山岭、江中滩头、名胜古迹等，还绘制有各个府城图，有些图的上方还有注文。

三、越南使臣笔下的左江地区风物

清代越南燕行使臣北使的首站在广西，经过的左江地区风景优美。使臣们不禁诗意渐生，写下颇为丰富的题咏左江风物的诗文，还有对途经的左江地区汛塘、伏波庙与马援铜柱等的记载。这些谈及左江风物的诗文是我们借以观察和了解清代左江地区社会风貌的材料，为此下文将按其类别进行逐一分析。

---

① 阮辉僴等编绘：《燕轺日程》，复旦大学文史研究院、越南汉喃研究院合编：《越南汉文燕行文献集成》第二十四册，上海：复旦大学出版社，2010年。其中第7-51页绘图为途经广西路线。

② 裴橿撰，范文贮绘：《如清图》，复旦大学文史研究院、越南汉喃研究院合编：《越南汉文燕行文献集成》第二十四册，上海：复旦大学出版社，2010年。其中第183-229页绘图为途经广西路线。

③ 裴橿撰，佚名绘：《燕台婴语》，复旦大学文史研究院、越南汉喃研究院合编：《越南汉文燕行文献集成》第二十四册，上海：复旦大学出版社，2010年。其中第15-61页绘图为途经广西路线。

④ 裴文禩等编绘：《燕轺万里集》，复旦大学文史研究院、越南汉喃研究院合编：《越南汉文燕行文献集成》第二十四册，上海：复旦大学出版社，2010年。其中第147-193页绘图为途经广西路线。

（一）越南使臣所记之花山岩画

左江发源于越南北部地区，在中国境内的河段称平而河，在龙州县城与水口河汇入后称左江。东流至龙州县上金，有明江汇入。左江流经地区多为岩溶峰林，峰回路转，风景秀丽。在沿江不少地区遗留有春秋战国至东汉时期骆越先民绘制的岩画，其中又以宁明县明江西岸的花山为岩画最集中的遗存点，主要绘有人物、典型器物、动物三大类，是目前中国发现的单体最大、内容最丰富、保存最完好的一处岩画，是左江流域岩画群的代表。2016年7月15日，在第40届联合国教科文组织世界遗产委员会会议上，花山岩画被列入世界文化遗产名录，成为中国第49处世界遗产。在左江地区的史志当中有关于花山岩画的记载，早在宋代就有记载，明清时期有一些史书亦有谈及，如明代张穆的《异闻录》中称："广西太平府有高崖数里，现兵马持刀杖，或有无首者。"清初《思明府志》称："花山在府西八十里，其山近水，怪石嵯峨，现人形马象执戈刀旗鼓之类，遇者观之有所敬畏。"光绪《宁明州志》曰："花山，距城五十里峭壁中，有生成赤色人形，皆裸体，或大或小，或执干戈，或骑马，未乱之先色明亮，乱过之后色稍黯淡。又按沿江一带两岸石壁如此类者多有。"①

清代越南使臣经过宁明花山时，亦观察到岩画，并留下了不少诗作。

花山兵马　潘辉益

（山在宁明江口，右壁临流，赤色如涂丹，隐然有人、马、旗、剑之状。相传黄巢战阵现形于此。）

崔嵬峭壁瞰晴澜，人马依依一色丹。雨积苔肤侵画中，风将花影动雕鞍。②

黄巢兵马山　吴时位

（山名大花，属太平府，俗传黄巢兵马故处。其山徒截如铁片，俯瞰江渚。上半层石赭若丹抹，仿佛人、马形。旁连诸山，亦皆嵯峨岌嶪，为剑、戟、旗、鼓状与兽头面，雄蹲怒视，森森如搏人者。凡石皆然……）

大花山对小花山，闻说黄巢旧驻鞍。兵象马形浓淡里，石城云阵有无间。兴亡往事休弹指，名数中人定赧颜。底处传疑姑莫辨，枉教千古骂轻儇。③

---

① （清）黎申产：《宁明州志》卷上，台北：成文出版社，光绪九年原刊，1970年重刊本，第22页。

② 潘辉益：《星槎纪行》，复旦大学文史研究院、越南汉喃研究院合编：《越南汉文燕行文献集成》第六册，上海：复旦大学出版社，2010年，第205-206页。

③ 吴时位：《枚驿诹余》，复旦大学文史研究院、越南汉喃研究院合编：《越南汉文燕行文献集成》第九册，上海：复旦大学出版社，2010年，第262-263页。

花山　潘辉注

（在瓜村塘江岸。千仞壁立，山腰石色如丹，有人、马、旗、鼓之状，俗传黄巢战阵现形于此。）

江山嵯峨排峭壁，断崖俯瞰长流碧。神刊鬼凿自何年，人马依依石痕赤。舟程舒眺一经过，奇幻方知巧造多。俗传休说黄巢事，千古山容照落霞。①

经瓜村塘花山　武希苏

（自州前塘行四十里，经珠山塘，又二十里至瓜村塘。塘前有大花山、小花山，皆临流峭壁，其高插天。石纹如朱画人马之状，俗传黄巢遗迹。）

廿里瓜塘临岸铺，双峰花岭插云高。巉屼九仞凌青汉，浩渺千寻瞰碧涛。遥认石纹皆赤色，谩传人迹是黄巢。抬头见日天将近，好奋鹏风万里翔。②

花山塘记见　黎光定

遥望花塘树色移，舟浮崖下晚风吹。巍峨祠宇悬旌旆，历落村圩傍竹篱。笔架高低山入画，文澜荡漾水催诗。橹声摇曳传空谷，惊起潭龙欲化机。③

诗中的"黄巢兵马山""黄巢城"也是指花山。越南使臣经过花山，看到岩画，有的禁不住发出感叹，"崔嵬峭壁瞰晴澜，人马依依一色丹""巉屼九仞凌青汉，浩渺千寻瞰碧涛"，惊讶于这些赤色人马如此壮观，也有像吴时位一样想到黄巢的旧事，写下怀古诗句"兴亡往事休弹指，名数中人定赧颜"。

花山岩画的由来，因无明确的史料记载，故有诸多传闻，其中认为这是唐代黄巢兵马阵遗存的说法流传很广。何永艳对32份越南使臣关于花山岩画的诗歌、散文、日记和图画进行了分析，指出使臣们掀起了关于"黄巢遗迹说"的学术争鸣，提出了一些探索性的意见。④越南使臣记载的大多是传说，相传这壁画是黄巢兵马阵的遗存。黄碧山，号懒斋，于越南阮朝明命六年（清道光五年，1825），应阮朝岁贡使部乙副使阮祐仁的邀请，跟随使团北上出使中国。虽然黄碧山并不属于使臣，但是他随使团北上，《北游集》便是他随越南使臣出使的见闻集。

---

①　潘辉注：《华轺吟录》，复旦大学文史研究院、越南汉喃研究院合编：《越南汉文燕行文献集成》第十册，上海：复旦大学出版社，2010年，第197页。

②　武希苏：《华程学步集》，复旦大学文史研究院、越南汉喃研究院合编：《越南汉文燕行文献集成》第九册，上海：复旦大学出版社，2010年，第197页。

③　黎光定：《华原诗草》，复旦大学文史研究院、越南汉喃研究院合编：《越南汉文燕行文献集成》第九册，上海：复旦大学出版社，2010年，第105页。

④　何永艳：《越南花山岩画文献研究》，《民族艺术研究》，2017年第6期。

花山记异　黄碧山

（由瓜村塘经大花山、小花山。山如列屏，峭削高壁。处处兵、马、旗、鼓，满画红丹。岂是地方除妖之符欤？好事者传为黄巢兵马，兵败形化，至今成名。）

大花山起小花山，偃蹇无穷突怒间。剩说黄巢余战魄，亦奇兵马满崖丹。千寻绝壁谁能画？一派寒塘石自顽。幻异漫留风雨迹，看今春往又春还。①

黄碧山在诗序中质疑道："岂是地方除妖之符欤？"不过他似乎也并未全信这是黄巢兵马。能在如此"峭削高壁"上画出这些人、马、旗、鼓，也是一大奇技。

李文馥，字邻芝，号克斋，越南阮朝绍治元年（清道光二十一年，1841）以礼部右参知充使部正使使清，他此次出使所作的诗文集是《使程志略草》。他在途经花山时，也对花山岩画作了一番探讨：

舟行至此，初认之，如画工描写者。第自水面至山腰，高二十丈许。山势如壁，山形如覆，恐人力无所施功。况所画朱色，安能久而不变？再认之，石质本红，又似乎石之筋络者，则形象酷肖，队伏整齐，段段皆然，恐造设未能如工。细询之老通事，则云：相传黄巢败走时，所至辄剪纸为兵马旗鼓之形，用飞符散粘于空壁间，一咒念，皆为神兵。未及咒者，遗形至今尚在。②

李文馥提出了自己对花山壁画的一些疑问。首先他觉得这岩画出现在如此高的悬崖峭壁上"恐人力无所施功"，其次"况所画朱色，安能久而不变"，细想此种种问题之后，他认为这些岩画就是石壁的经络。为了求证他的推测，便找到了年长的通事询问，通事告诉他：当年黄巢败走之时，在所到之处用纸剪出兵、马、旗、鼓的形状，用飞符黏在这些峭壁之上，只要黄巢一念咒语，这些纸片即化作神兵，那些还未来得及施咒的带符咒纸片，就变成了花山岩画。这个传说有非常浓厚的神话色彩，李文馥并未再谈他的见解，他所记录的通事所讲的花山岩画的传说倒是跟中国的一些史志记载相吻合。

（二）越南使臣记录的左江地区文化景观

越南使臣的诗文集中，有相当多的诗文主题是描绘左江地区文化景观的，

---

① 黄碧山：《北游集》，复旦大学文史研究院、越南汉喃研究院合编：《越南汉文燕行文献集成》第十一册，上海：复旦大学出版社，2010 年，第 267 页。

② 李文馥：《使程志略草》，复旦大学文史研究院、越南汉喃研究院合编：《越南汉文燕行文献集成》第十五册，上海：复旦大学出版社，2010 年，第 18 - 19 页。

而且他们多是亲历其地，或是其所见，或是其所闻，刚好可以与清代广西左江地区的史志记载互为佐证，尤为珍贵。现将越南使臣所记录的涉及左江地区文化景观的诗词整理如下。

1. 宁明文化景观

越南使臣自镇南关入关后，至宁明州下左江顺水而下。宁明州，原为思明州，清朝雍正年间改为宁明州，隶太平府。清代时，宁明州有八景之说，也有"十景"之说。光绪九年黎申产纂修的《宁明州志》记载：

榜山光焰（详见挂榜山条下）、玉井清冷（详见杯玉泉条下）、马洞仙琴（详见白马洞条下）、蟹沱雷鼓（详见蟹沱潭条下）、珠山晚泊（详见珠山条下）、枫岭秋吟（详见枫门岭条下）、雷麓朝曦（详见磊落山条下）、明江夜月（详见明江条下。旧传洞郎村尾滩，水中有石堆，水流激石潺潺有声，中有一石正平月印，波心波翻而影不动。后土府凿取此石，月影遂涣散，非复旧观云）、酿湖消夏（详见东湖条下）、耀岭观澜（详见耀岭条下）。按思明旧志以太子清泉、枫门峻岭、明江夜月、将台夕照、莲塘风雨、飞仙碧岩、龙蟠叠嶂、仙人戏奕为八景……①

黎申产记录的是"宁明十景"，不过，他也记录了思明州旧志当中所称的"太子清泉、枫门峻岭、明江夜月、将台夕照、莲塘风雨、飞仙碧岩、龙蟠叠嶂、仙人戏奕"的"八景"。可见，黎申产是根据前人记载的"八景"，再以当时的具体事实归纳出来的"十景"。越南使臣入关之后，陆行至宁明州登船换水路北上，在经过宁明州期间留下不少描绘宁明州风景的诗作。

（1）明江。

明江，又名紫江，是左江上游南岸的最大支流，发源于十万大山北面的上思县未军隘，自东往西流贯上思县，于在妙圩西边流入本县的那堪乡迁隆村，继续向西流经那堪、思乐、海渊、北江、板棍、东安和明江等乡（镇），到县城东南面折向北流，经驮龙乡耀达村至龙州县上金乡后注入左江，全长315千米。② 越南使臣笔下记录的明江是宁明登舟后船行至龙州这一段。光绪《宁明州志》中所记载的"明江夜月"即是描绘明江夜月景观。翻检《越南江文燕行文献集成》，虽无直接题咏明江夜月的诗文，不过，仍是有使臣写了有关明江景色之诗作。

---

① （清）黎申产：《宁明州志》卷上，台北：成文出版社，光绪九年原刊，1970年重刊本，第39-41页。

② 宁明县志编纂委员会编：《宁明县志》，北京：中央民族学院出版社，1988年，第35-36页。

阮翘，后黎朝永盛十一年（1715）进士，景兴三年（1742）即以正使身份出使中国。阮宗窐为后黎朝保泰二年进士，景兴三年、九年分别以副使、正使身份两度出使清朝。《乾隆甲子使华丛咏》是他们于景兴三年使清的诗文集。在这本诗文集中，收录有阮翘和阮宗窐赞美明江风景的唱和两首，现摘抄如下：

宁江霁泛　阮翘、阮宗窐

（右副使咏并序唱）铜锣催晓色皑皑，靠岸征艎次第开。山合青屏天峻极，江铺赤练日昭回。老猿晴弄穿林去，少女凉飘拂树来。薄暮停桡何处是，龙州江口水云隈。（右正使咏和）千里江程晓雪皑，兰舟稳泛蒻窗开。风飘水面烟飞散，日耀岩头露卷回。石脊涠矶拦水去，花魁寒树报春来。耐霜最爱村圩竹，犹似湛园篆竹隈。①

宁江风景　阮翘、阮宗窐

（右副使和）万里征程稳济河，摇摇彩斾映青罗（江也）。痴云酿朵缠绡壁，怪石培堆障绿波。蛮坞山深人警柝，戍楼驿远士催锣。风光似媚新诗眼，卷起湘帘逸兴多。临流不觉净尘襟，为是周流亿载今。倒浸青山波上面，低涵皓日水中心。横矶卷浪回回绿，断岸奔湍曲曲深。静里观澜俱是道，沧浪一曲借清吟。②

"右正使"即是阮翘，"右副使"即是阮宗窐。"老猿晴弄穿林去，少女凉飘拂树来""风飘水面烟飞散，日耀岩头露卷回。石脊涠矶拦水去，花魁寒树报春来"这些诗句使读者可想象到行舟明江之上时，看到江岸撩人的美景，亦如在诗序中阮宗窐所说"景色撩人，不能自已"。

同样是描写明江，不同诗人笔下色彩不同：

明江晓发　黎贵惇

雪案曾经雅肆三，幸克专介驾飞帆。濯缨不尽千江水，八笔无穷万岫岩。旗挂朝霞凝艳碧，棹穿晴浪散浮蓝。宾王有日邀天锡，引得祥风到海南。③

① 阮翘、阮宗窐：《乾隆甲子使华丛咏》，复旦大学文史研究院、越南汉喃研究院合编：《越南汉文燕行文献集成》第二册，上海：复旦大学出版社，2010年，第44-45页
② 阮翘、阮宗窐：《乾隆甲子使华丛咏》，复旦大学文史研究院、越南汉喃研究院合编：《越南汉文燕行文献集成》第二册，上海：复旦大学出版社，2010年，第45-46页
③ 黎贵惇：《桂堂诗汇选》，复旦大学文史研究院、越南汉喃研究院合编：《越南汉文燕行文献集成》第三册，上海：复旦大学出版社，2010年，第129页。

　　这里描绘的是黎贵惇泛舟于明江上，看到的"旗挂朝霞凝艳碧，棹穿晴浪散浮蓝"的景色，俨然一幅非常壮丽的早发明江图。黎贵惇，字允厚，号桂堂，为后黎朝景兴十三年（1752）进士，之后于景兴二十一年（1760）由翰林院侍读充作副使出使中国。在《越南汉文燕行文献集成》中收录了黎贵惇的《桂堂诗汇选》和《北使通录》两个诗文集。

　　潘辉注，字霖卿，号梅峰，于阮朝明命六年（清道光五年，1825）擢升为侍读，之后作为如清甲副使出使中国。他出使的诗集有《华轺吟录》《华程续吟》和《辙轩丛笔》等。

明江晚发　　潘辉注

（廿四抵宁明州，廿五开船顺流进发。两岸山势曲屈旋绕，奇物万状。）

　　早路初停辔，江干晚放舟。青山随岸绕，春水满塘流。倚棹看斜景，挥毫记胜游。怀吟飘荡处，芳草向汀州。[①]

　　潘辉注等人是傍晚时分登舟过明江的。沿途的青山绿水，满眼望去都是美好的春景，他们一边惬意地欣赏美景，一边挥毫写下记录此美景的诗作。

　　（2）挂榜山（榜山）。

　　黎申产《宁明州志》关于挂榜山的记载：

　　挂榜山，俗名丛珥囊，在州城东南二十余里安马村后。俗传昔有仙女降此，今其宫阙遗址尚存，然此特齐东野人语耳，大率昔人于此建立庙宇，久而毁圮，故其名。础砖瓦间有存者，山中古树轮囷，一水萦绕，山椒有洞素无居人，而黑夜望之如灯光然，所谓榜山光焰也。[②]

　　在《越南汉文燕行文献集成》中，出现关于挂榜山或者榜山的诗文很少，此处举出两例。

和谢恩正使大陪臣黄老爷（金焕）题挂榜山　　黄碧山

（太平府津次开船，由丽江七十余里。群山堆叠，石壁嵯峨。岸左石屏临流，正中题"榜山""龙虎榜""大魁"等字。对岸数里，是驮角塘。）

　　风拭悬崖净半屏，榜山山上揭山名。文章假我天长在，龙虎题中思易生。每对峻嶒岩顶字，更疑场屋洞中声。几回驮角扬帆过，学步吟翁兴得清。[③]

---

① 潘辉注：《华轺吟录》，复旦大学文史研究院、越南汉喃研究院合编：《越南汉文燕行文献集成》第十册，上海：复旦大学出版社，2010年，第196页。

② 黎申产：《宁明州志》卷上《山岭》，光绪九年原刊，1970年重刊本，第16页。

③ 黄碧山：《北游集》，复旦大学文史研究院、越南汉喃研究院合编：《越南汉文燕行文献集成》第十一册，上海：复旦大学出版社，2010年，第350页。

一句"风拭悬崖净半屏，榜山山上揭山名"将挂榜山的山势生动地展现在读者面前。

阮朝明命十二年（清道光十一年，1831），张好合以副使的身份出使清朝，在他的诗文集《梦梅亭诗草》中也提到了挂榜山。

丽江记见　张好合

八年弧矢一身抽，复向星槎问斗牛。草树影分江上翠，磺碑无入棹前流。挂云有榜开山色（丽江左岸有挂榜山，大书"罗天蕊榜、青山绿水、丽水长流、山下解明"等字；小书"青云路景"字、"魁"字），嘶月无声见马头（盘马石在江左岸，其形如群马放状，故以名之）。舟子不来青岸寂，数行青草卧沙鸥。①

这首诗歌主要记丽江沿岸风光，一句"挂云有榜开山色，嘶月无声见马头"就是描写丽江江畔的挂榜山的秀丽山色与盘马石的奇特造型。

（3）珠山。

珠山便是"宁明十景"中的"珠山晚泊"所在之处。黎申产的《宁明州志》中记载：

珠山，一名英山，在城东北十五里。其山壁立直临江水，上半凸出如龙额，下半正平如削。旧传渔者于黑夜时，见光影如灯往来闪烁，疑其珠也，因以为名。②

在越南使臣所作的诗文中，也可以看到"珠山塘"的名称，珠山塘即是位于珠山的渡口。越南使臣经过珠山塘所作的诗作很多。黎光定作为请封正使，于阮朝嘉隆元年十一月至次年十二月间（清嘉庆七年至八年，1802—1803），与黎正路、阮嘉吉一起出使清朝，请求清仁宗嘉庆皇帝承认阮朝的建国，并改国号。《华原诗草》和《华程诗集》分别是黎光定与阮嘉吉这次出使所作的诗文集。

珠山塘晚泊　黎光定

岸挂残红隐约明，沿流十里水波平。栀分树影归鸦散，灯照沙堆宿鹭惊。燠气渐开光使节，晴烟半台绕州城。一声号炮千岩寂，惊入珠山塘口兵。③

① 张好合：《梦梅亭诗草》，复旦大学文史研究院、越南汉喃研究院合编：《越南汉文燕行文献集成》第十二册，上海：复旦大学出版社，2010 年，第 137 – 138 页。

② 黎申产：《宁明州志》卷上《山岭》，光绪九年原刊，1970 年重刊本，第 15 页。

③ 黎光定：《华原诗草》，复旦大学文史研究院、越南汉喃研究院合编：《越南汉文燕行文献集成》第九册，上海：复旦大学出版社，2010 年，第 104 – 105 页。

珠山塘晚泊　阮嘉吉

（冬至后一日）

珠山塘口陲宁明，十里沙滩一望平。阳津乍吹波不动，残晖欲暝斗初横。镜含烟影薰明渚，炮引锣声到古城。惟有星槎槎上客，神驰爱慕把杯停。①

黎光定描绘了树影移动飞鸦散，船到沙洲惊起停歇的宿鹭这样恬静美好的珠山塘晚景。从阮嘉吉的诗句中可以看出船到珠山塘之时，水波平缓，残阳铺在水面上的落日美景。

此外潘辉注与黄碧山所作的两首诗，则描绘的是珠山塘的另一幅江景。

经珠山塘　潘辉注

（例每十五里或十里设一塘汛，有烟燉旗台设兵更守。）

况村三十里，水汛始珠山。棹影摇晴旭，锣声破晓寒。春光归牧笛，烟景上渔竿。处处堪图画，聊将记简端。②

珠山塘江景　黄碧山

（珠山两边石山悬崖，奇幻万状。数十里远，每一江曲，横临石头，足为胜览。）

一峰又见一峰头，一曲江随一曲钩。浮动春澜撞绝壁，横空磐石激情流。钓竿古意怀严吕，洞口何时忆阮刘。珠水珠山两奇胜，远情一伴托扁舟。③

从诗中所描绘的情况来看，珠山塘的临江胜景，处处都是一幅图画。

（4）杯玉泉。

杯玉泉，又称为"太子井""马泡泉"或"马跑泉"，是为"宁明十景"中的"玉井清冷"，在"宁明八景"中称为"太子清泉"。关于杯玉泉的记述，在《宁明州志》中曰：

杯玉泉，在明江延辅村前，旧名太子井……按旧志，元世祖十九年，安南叛，镇南王脱骧及右丞唆都太子讨之，军行至此，马跑地得泉，取饮之，味甚甘美。年远井废，今刺史西蜀牟公铨来权治中事，鸠工甃之，以其名不雅驯，易之曰：杯玉泉……④

---

① 阮嘉吉：《华程诗集》，复旦大学文史研究院、越南汉喃研究院合编：《越南汉文燕行文献集成》第九册，上海：复旦大学出版社，2010年，第158页。

② 黎贵惇：《桂堂诗汇选》，复旦大学文史研究院、越南汉喃研究院合编：《越南汉文燕行文献集成》第三册，上海：复旦大学出版社，2010年，第130页。

③ 黄碧山：《北游集》，复旦大学文史研究院、越南汉喃研究院合编：《越南汉文燕行文献集成》第十一册，上海：复旦大学出版社，2010年，第266页。

④ 黎申产：《宁明州志》卷上《水泉》，光绪九年原刊，1970年重刊本，第29-30页。

在《越南汉文燕行文献集成》中，杯玉泉多称为马泡泉或马跑泉，相关的诗文记录相对较少。黎贵惇回程途中驻宁明州时写下的《驻宁明州》中提到的马跑泉典故与《宁明州志》中记载的出入不大。

驻宁明州　黎贵惇

一分春色柳如烟，夹岸酿花恋小船。赏遍江淮河汉味，马跑重酌况村前［思明府太子井，一名马跑泉，甚甘美。昔元太子还至（自）思明府，军士渴乏，马跑地得泉，饮之，故名］。①

潘辉注《輶轩丛笔》则称：

宁明州，原思明府，清雍正十年改隶属于太平。州城处地尽平衍，城中屋舍稠密，人景稍华……城南有太子井，一名马跪泉，水极甘美。昔元太子脱骦回兵至此，军士渴乏，马跪地，掘得泉饮之，故名。②

潘辉注的叙述中对马跑泉的来历记录与上文中其他人所说的有一点不同，据说元太子脱骦回兵到这里，在马跪下的地方挖出泉水，取名为"马跪泉"。黎申产作《宁明州志》是在道光九年（1829），而潘辉注则是在道光五年（1825）出使清朝，其中相差几年的时间，有可能是潘辉注当时听到的典故有所不同。

2. 太平府文化景观

越南使臣的诗文中还有对太平府景观的描绘。

响湖　黎光定

响湖一派水溶溶，屏障高低两岸峰。急溜烟凌惊浴鸟，狂澜风引唤眠龙。帘横白练封山色，苔洗青衣露石容。太古琴声疑有调，近来无路觅前踪。③

响湖　武希苏

（自太平府城行七十里经处，江岸泉水飞瀑，色如喷雪，声如鸣雷。问之舟人，曰："响湖。"停舟登玩。其中有一大溪奔流，阻于石凸，注成小湖，宽约半亩，深丈余。倾斜入河，颇为奇览。其城东白云山岩，翠碧壁立，有悬石，

---

① 黎贵惇：《桂堂诗汇选》，复旦大学文史研究院、越南汉喃研究院合编：《越南汉文燕行文献集成》第三册，上海：复旦大学出版社，2010年，第255页。

② 潘辉注：《輶轩丛笔》，复旦大学文史研究院、越南汉喃研究院合编：《越南汉文燕行文献集成》第十一册，上海：复旦大学出版社，2010年，第10页。

③ 黎光定：《华原诗草》，复旦大学文史研究院、越南汉喃研究院合编：《越南汉文燕行文献集成》第九册，上海：复旦大学出版社，2010年，第108页。

叩之作钟声鼓声，名"石山""钟鼓山"。山之下有洞，俗传诸葛亮尝埋铜鼓在此。）

水声何处乱江皋，泉涌湾成半亩幻。湛若六花飞白雪，翻然终日滚鸿涛。钟山响亮应同调，鼓洞崚嶒未比高。停桡几回空促慨，随波何处谩滔滔。[1]

响湖，亦有使臣称其为响泉或者响水。武希苏在诗序中提到响湖"江岸泉水飞瀑，色如喷雪，声如鸣雷"，黎光定诗"响湖一派水溶溶，屏障高低两岸峰。急溜烟凌惊浴鸟，狂澜风引唤眠龙"和武希苏的"湛若六花飞白雪，翻然终日滚鸿涛"，都表现出响水泉飞瀑喷发的壮观景象。这里还有提到钟鼓山的传说，白云岩上"有悬石，叩之作钟声鼓声，名'石山''钟鼓山'"，传说诸葛亮曾经把铜鼓埋在这里。

龟龙塔亦称作"聚秀塔"，黄碧山在下面的诗序中提到相关传说，"古传蛟龙隐窟下，其常出为商船梗，州官建此塔镇之"，龟龙塔就是为了保护商船，镇压蛟龙的。阮朝黎光院，在清道光十三年（1833）作为副使出使清朝，写有文集《华程偶笔录》，他的诗中有一句"有客乘槎向星渚，江水悠悠消万虑"更是道出有了这座塔，过往的船才能平安无事，也消除了船上使臣的忧心。

聚秀塔　黄碧山

（原名龟龙塔。塔去府城七八里，山临江岸，江心突起石峦如龟龙形。古传蛟龙隐窟下，其常出为商船梗，州官建此塔镇之。）

江心踊出石山孤，偃蹇龟龙镇彼都。砖瓦五层临水国，烟云半壁簇浮屠。蛟长辞窟川钟秀，波不惊舟客可途。良牧是谁高此塔，九天别占一蓬壶。[2]

龟龙塔　黎光院

有客乘槎向星渚，江水悠悠消万虑。眼看天际挂残霞，不向蛟宫落何处。波光塔影淡欲无，此时此景对谁语。[3]

3. 新宁州文化景观

清乾隆八年《南宁府志》卷五记载的新宁州四景为：画山夕照、元洞朝霞、

① 武希苏：《华程学步集》，复旦大学文史研究院、越南汉喃研究院合编：《越南汉文燕行文献集成》第九册，上海：复旦大学出版社，2010年，第198－199页。

② 黄碧山：《北游集》，复旦大学文史研究院、越南汉喃研究院合编：《越南汉文燕行文献集成》第十一册，上海：复旦大学出版社，2010年，第269页。

③ 黎光院：《华程偶笔录》，复旦大学文史研究院、越南汉喃研究院合编：《越南汉文燕行文献集成》第十二册，上海：复旦大学出版社，2010年，第332页。

狮岩垂钓、笔嶂晴雷。① 光绪四年的《新宁州志》中有张粲奎所作的八景诗："为画山夕照、文水春波、龙湾帆影、鸡洞钟声、西塘秋月、北嶂晴岚、狮岩烟雨、凤岭云霞。"②

在《越南汉文燕行文献集成》中，越南使臣虽无直接题咏新宁州"八景"的相关记录，但是涉及新宁州八景之一"鸡洞钟声"即金鸡岩的诗歌亦有。

游金鸡洞　胡士栋

（新宁对岸）轻轻一棹泛清湾，指向金鸡绝磴攀。岚色乍收春雨霁，僧房深锁峒云闲。嚐吰石窟险深处，香霭慈宫隔岸间。未论智仁多少乐，心头名利也无关。③

金鸡岩，"在笔架峰腰，旧传有金鸡出入其间，岩内供奉花王暨金鸡娘娘，香火最盛"④。黎光定与阮嘉吉等人途经新宁州之时，一同登金鸡岩游玩，并写下两首对诗。这两首诗分别收录在这两人的诗文集中。

登金鸡岩　黎光定

（限三江韵，用每句一禽名。岩出江边，上有石洞，奉观音佛，极有清趣。）金鸡岩上观音洞，画鹝津头望宝幢。戏水雏鸥随客艇，避烟老鹤宿禅窗。鸭香有迹薰香座，兔履无踪渡苇江。何处佳人凭鹭岭，白衣相证翠眉双（时有一美人，淡妆、衣白，先在佛前行香。此亦诗料也）。⑤

登金鸡岩　阮嘉吉

（限三江韵，用一句一禽）危岩有意瞰兔江，古洞无情引鹩叽。鸟径深深丛石碣，鸭烟细细漏天窗。狎鸥滩阔朝霞烂，邀鹤巢幽昏雨轻。活现观音移鹭顶，鸿宾几欲涤尘腔。⑥

① 南宁古籍文献丛书编纂委员会编：《南宁府志》卷五《舆地志》，乾隆八年影印本．南宁：广西人民出版社，2008 年，第 252 页。

② （清）戴焕南修，张粲奎纂：《新宁州志》（二）卷六《艺文志》，台北：成文出版社，光绪四年影印本，1975 年，第 544－547 页。

③ 胡士栋：《花程遣兴》，复旦大学文史研究院、越南汉喃研究院合编：《越南汉文燕行文献集成》第六册，上海：复旦大学出版社，2010 年，第 8－9 页。

④ 戴焕南修，张粲奎纂：《新宁州志》（一）卷一，台北：成文出版社，清光绪四年影印本，1975 年，第 90 页。

⑤ 黎光定：《华原诗草》，复旦大学文史研究院、越南汉喃研究院合编：《越南汉文燕行文献集成》第九册，上海：复旦大学出版社，2010 年，第 108－109 页。

⑥ 阮嘉吉：《华程诗集》，复旦大学文史研究院、越南汉喃研究院合编：《越南汉文燕行文献集成》第九册，上海：复旦大学出版社，2010 年，第 159 页。

两首诗的每一句之中都加进一种禽鸟类，"戏水雏鸥随客艇，避烟老鹤宿禅窗""狎鸥滩阔朝霞烂，邀鹤巢幽昏雨轻"这几句诗，读起来既生动活泼，又对仗工整，同时也把金鸡岩周围的风景描绘得很有鲜活感。

4. 南宁文化景观

据《邕宁县志》记载，南宁府城"八景"为：退山远眺、青山松涛、仙坡怀古、罗峰晓霞、象岭烟峰、邕江春泛、弘仁晚钟、花洲夜月。[①]

越南使臣对于南宁府城的印象大多是铺舍蝉联，商船辐辏，人来人往，热闹非凡，俨然"小南京"。使臣们停驻南宁府城之时，上岸游玩，写下许多诗文，既有描绘当地热闹繁华盛况的，也有描写当地胜景古迹的。

黄碧山在《南宁府城》的序言中亦提到南宁府城的"八景"，与《邕宁县志》所记相差不大。

南宁府城　黄碧山

（亭台错落，舟楫辐辏，足称繁华。城中列肆，凡三十六街。兼有八景，云：罗峰晓霞、象岭烟岚、青岫松涛、邕江春泛、弘仁晚钟、沙洲夜月、马退远眺、仙坡闲玩。时南使入城参谒，他排设仪仗，旗鼓甲胄，弓刀兵马满路。）

临江百雉耸层城，箫管楼台夹岸生。卅六行街南窎府，五重荣戟将军营。烟笼象岭来空碧，春盎仙坡入玩清。月色松风如恋客，朝朝垂缆系江亭。[②]

其他诗文大多是描写南宁府城的其他景观，比如五花岭、昆仑关、阳明书院、马跑泉等。南宁府城宣化县的马跑泉据说是狄青破侬智高时留下的遗迹。

驻南宁　潘辉注

（南宁城在江左岸，城内有五花岭，诸公庙，院宇并联络，镇台兵卫严整；城外江次舟帆凑集，街铺屋舍华丽，人号为"小南京"……）

岭外冲繁地，膏腴此一州。花峰庭院秀，蓼渚舳舻稠。闻节严霜堞，人烟簇彩楼。江风吟眺夜，明月伴行舟。[③]

---

① 莫炳奎纂：《邕宁县志》，台湾：成文出版社，民国二十六年铅印本，1975 年。书中关于"八景"的记录比较分散，文中所列举的前五个景是在《卷二·地理志二》中有提及，后三个景则在《卷三·地理志三》中提及。

② 黄碧山：《北游集》，复旦大学文史研究院、越南汉喃研究院合编：《越南汉文燕行文献集成》第十一册，上海：复旦大学出版社，2010 年，第 270－271 页。

③ 潘辉注：《华轺吟录》，复旦大学文史研究院、越南汉喃研究院合编：《越南汉文燕行文献集成》第十册，上海：复旦大学出版社，2010 年，第 199 页。

南宁府城纪胜　张好合

（按：南宁府即《禹贡》扬州西南，秦属桂林，唐曰邕州、曰朗宁。守曰永境。天文翼轸分野，周粤地。曰邕城。江亦名浔江。街铺樯帆，秦人集，号以明南京。）

闻道南宁景最夸，柳荫系艇日光斜。归帆影蘸东西水，砌石衢通上下街。地与粤中分礼数，人从岭外识繁华。渡头况是春江好，弦管时闻隔岸歌。①

南宁　阮偍

（江号浔江，商客大聚。有昆仑山、马跑泉，此为狄青破侬智高处。城中有阳明书院，是文成公讲学处。城东又有逍遥山，俗传山上闻鼓乐声即其年丰。）

两次浔江驻使旌，繁花景物望中生。商船蚁聚遵沙渚，客铺蝉联倚石城。绩著战场传狄将，道留书院说文成。喜今正值三登会，何待山头鼓乐声？②

《驻南宁》是潘辉注北上之时所作诗篇，其中“岭外冲繁地，膏腴此一州”体现出南宁府城的繁华富庶。张好合“闻道南宁景最夸，柳荫系艇日光斜。归帆影蘸东西水，砌石衢通上下街”描绘出府城风光无限好。阮偍“商船蚁聚遵沙渚，客铺蝉联倚石城”表现出南宁府城江面上商船凑集，热闹非凡的景象。

南宁晚眺　潘辉注

绿水苍苔送去程，烟华重向小京京。东风帆辑春光秀，落日关河古意生。云外昆山思将列（昆仑山在城外二十里，即狄青破侬智高处），江头晴院仰文星（城中有阳明书院，明代王守仁讲学处）。临流已洗浮生念，喜见珪璋弭甲兵（南宁即宋邕州。宋熙宁间与李朝构隙，邕州为战争之冲。往事消磨，已八百余年矣）。③

此诗是潘辉注回程再过南宁时所作，此次他在阳明书院和昆仑山游玩，看到如此的景色“东风帆辑春光秀，落日关河古意生”，不禁写下这首古意浓厚的怀古诗，感叹往事消磨。

综上所述，越南使臣对南宁府城最直观的印象，就是类似南京城的繁华景象，从他们的诗文中不难发现当时的南宁经济繁盛，水上交通畅通，商船来往频繁，是为“岭外冲繁之地”。

---

① 张好合：《梦梅亭诗草》，复旦大学文史研究院、越南汉喃研究院合编：《越南汉文燕行文献集成》第十二册，上海：复旦大学出版社，2010年，第139－140页。

② 阮偍：《华程消遣后集》，复旦大学文史研究院、越南汉喃研究院合编：《越南汉文燕行文献集成》第八册，上海：复旦大学出版社，2010年，第186页。

③ 潘辉注：《华轺吟录》，复旦大学文史研究院、越南汉喃研究院合编：《越南汉文燕行文献集成》第十册，上海：复旦大学出版社，2010年，第338－339页。

（三）越南使臣笔下的马援铜柱与伏波庙

东汉时，伏波将军马援率军南下平定交趾之乱，并立下铜柱以为东汉疆界。广西当地民众为了纪念他的功勋立庙祭祀。伏波庙在广西地区分布甚广，主要分布在崇善县、龙州、凭祥土州、宁明州、左州、万承土州、土江州。宁明州（今宁明县）、万承土州（今大新县东北）和土江州（今崇左市县境）的伏波庙均在城内，但建成时间不详。①

1. 马援铜柱

雍正《广西通志》中称："铜柱，在州治东南接交趾界，汉伏波将军马援所立，又唐马总安南都护，复建二铜柱于汉故处，《西事珥》一在凭祥州，一在钦州分茅岭。有'铜柱折，交人灭'之语，至今往来垒石于下者不绝。"② 这即是说东汉时马援所立的铜柱已经不存在，唐朝时的安南都护马总在马援铜柱的旧址上新铸了两个铜柱，一个是在凭祥州，一个在钦州分茅岭。《太平府志》记载："凭祥州马伏波铜柱，在州南关外三十里，立为汉界。守陶弼诗：玺书行绝域，铜柱入中原。"③ 据此看出，马援铜柱的位置大概就在镇南关外三十里的地方。

越南使臣的诗文集中出现的马援铜柱所在位置多是说立在宁明州。阮辉僴《奉使燕京总歌并日记》："到松林塘，又十五里到宁明城。城旧名思明，近因忌其意义，改名宁明。地多土山，有摩天岭、马泡泉、伏波铜柱。"④ 李文馥《使程志略草》："宁明州，州城临江，西门前有铜柱，东有水月庵，南有太子井。屋舍颇稠，船艘亦聚集。自南关至此，可称为小小都会。"⑤ 两位越南使臣只是在途经宁明州之时，提到宁明州中有铜柱的存在，并未点明铜柱的具体位置。

越南使臣们除了提到铜柱的位置在宁明州之外，还有其他人的诗文中讨论到铜柱是否真的存在的问题。裴樻在他的诗文集《燕行曲》中，就对马援铜柱

---

① 参见滕兰花：《清代桂西南地区伏波庙文化探析》，《广西地方志》，2007 年第 4 期。还可参考此作者另两篇《边疆安全与伏波神崇拜的结盟——以清代广西左江流域伏波庙为视野》，《广西社会科学》，2009 年第 12 期；《清代广西伏波庙地理分布与伏波祭祀圈探析》，《广西民族学院学报（哲学社会科学版）》，2006 年第 4 期。

② （清）金鉷修，钱元昌、陆纶纂：《广西通志》卷四十五《古迹》，广西古籍丛书编辑委员会、广西地方志编纂委员会办公室整理影印本，南宁：广西人民出版社，2009 年，第 83 页。

③ （清）甘汝来纂修：《太平府志·关隘》，清雍正四年刻本，1957 年广西第二图书馆油印本，第 16 页。

④ 阮辉僴：《奉使燕京总歌并日记》，复旦大学文史研究院、越南汉喃研究院合编：《越南汉文燕行文献集成》第五册，上海：复旦大学出版社，2010 年，第 28—29 页。

⑤ 李文馥：《使程志略草》，复旦大学文史研究院、越南汉喃研究院合编：《越南汉文燕行文献集成》第十五册，上海：复旦大学出版社，2010 年，第 8 页。

是否真实存在进行过论述:"古楼贴浪今何处,前胡后莫污留史。铜柱茫茫无问津,百年何日申疆事(呜呼!铜柱之说,纷纭不一,当阙之,以俟博洽君子。方今南北修睦,关隘截然,固不可构开边衅。然我国文明日盛,风气日开,安知将来不有一番能申其事者,天岂故以南关限我哉)。"① 他一句"百年何日申疆事"表达对祖国疆界的维护,"铜柱之说,纷纭不一,当阙之",以表达他对铜柱是否存在过的怀疑,从其字里行间当中不难看出裴氏主张铜柱是不存在的,但是对于铜柱限界之说,他明确表示质疑,并借铜柱地理位置的争议来表达他对越南北疆的强烈主张。

武辉瑨《望铜柱感怀古风一首》:晓出明州城,寻访铜柱迹。土人遥指点,青青双堆石。嗟乎此铜柱,我邦旧址宅。在昔征王辰,伏波为中画。脂粉自英雄,万古犹碛碛。可怜染鼎夫,割献无顾惜。故疆遂沦没,于今年数百。烟雾共朝昏,徒然慨今昔。此旁有分茅,关为南北柝。久分终当合,岂虚此异迹。② 武辉瑨的这首怀古诗,和裴樻一样发出如此的感叹:"嗟乎此铜柱,我邦旧址宅"。武辉瑨和裴樻一样有着非常强烈的疆土意识。

2. 伏波庙

伏波庙就是奉祀伏波将军马援的祠庙,此庙在左江地区的分布也不少,南宁府宣化县左江西岸即有伏波庙。③ 而太平府城崇善县的伏波庙则位于府城东面。④ 另据《新宁州志》记载:"观音堂在西门外河岸,三官堂在观音堂左,伏波庙在观音堂右。"⑤

伏波庙同样反映在越南使臣的使程图中,如在裴樻撰、佚名绘的《燕台婴语》使程图中,绘有新宁州的伏波庙。⑥ 阮朝裴文禩等编绘《燕轺万里集》,绘有太平府府城崇善县伏波庙、新宁州伏波庙、南宁府城伏波庙。⑦

---

① 裴樻:《燕行曲》,复旦大学文史研究院、越南汉喃研究院合编:《越南汉文燕行文献集成》第十六册,上海:复旦大学出版社,2010年,第8-13页。

② 武辉瑨:《华程随步集》,复旦大学文史研究院、越南汉喃研究院合编:《越南汉文燕行文献集成》第六册,上海:复旦大学出版社,2010年,第304-305页。

③ (清)苏士俊修,何鲲增修:《南宁府志》卷九《舆地志》,清宣统元年重印道光本,第10-11页。

④ (清)和珅等纂修:《大清一统志》卷三百六十五《太平府》,光绪二十三年石印版。

⑤ (清)戴焕南修,张粲奎纂:《新宁州志》卷一《舆地志·山川》,台北:成文出版社,清光绪四年影印本,1975年,第157-158页。

⑥ 裴樻撰,佚名绘:《燕台婴语》,复旦大学文史研究院、越南汉喃研究院合编:《越南汉文燕行文献集成》第二十五册,上海:复旦大学出版社,2010年,第23-25页。

⑦ 裴文禩等编绘:《燕轺万里集》,复旦大学文史研究院、越南汉喃研究院合编:《越南汉文燕行文献集成》第二十五册,上海:复旦大学出版社,2010年,第152-153页。

越南使臣的诗文集中，多次提到的伏波庙。

潘辉注《伏波庙怀古》："已向中原静斗龙，重临边塞奋英风。七旬马甲威声远，五岭烟岚眼界宽。岂必云台藏画像，直将铜柱显良工。君菩永裕千秋庙，肝胆山川晚照红。"① 诗中对伏波将军英勇的形象描写，表达出作者对伏波将军的尊敬、景仰之情。

张好合《新宁州城即景》："（按：新宁州自明始置，其城左江。右岸水次，有一悬岸，上建观音佛寺；江左有三清殿、伏波庙）斜阳钓艇过偏隅，处处芦花集渚凫。……"② 诗中按语便介绍了伏波庙、观音堂和三清观的位置。

吴时任《伏波庙》："（在新宁州江岸。）崇祠业又瞰蛟宫，千载犹钦矍铄翁。马革不衰元老健，犀文岂怕潜人工。遨游气压层又嶂，顾盼威存凛又风。四七若添图绘手，丹青无力像精忠。"③ 这首诗也佐证了新宁州的伏波庙在江岸边上，诗中"四七若添图绘手，丹青无力像精忠"意在表达使臣对伏波将军的功绩和忠义的认同。

阮述《新宁舟次》："风吹细浪起行湾，茶鼎烟消客坐闲。暑盛昨宵才得雨，舟行半月未离山。禅关夕照荒碑碣，郡邑客丘冷市圜。咫尺伏波祠庙在，渡头好为镇狂澜（新宁县前津次，昔多水，崇自立祠后，其患始息，有碑记事）。"④ "咫尺伏波祠庙在，渡头好为镇狂澜"这句诗表明了，建立在江岸上的伏波庙在当地起着平息水患，保护过往船只的作用。

除了左江地区的伏波庙以外，在越南使臣的文集当中，被不断提及并有诗文记载的伏波庙当属南宁府横州的乌蛮滩上的伏波庙。对此，已经有相关的研究成果⑤，如滕兰花曾分析了超过半数的越南使臣题咏伏波庙的诗文作品是途经横州乌蛮滩伏波庙时所作的，认为从现有的使臣们的诗文当中可以看出越南使臣们均赞赏马援对国之忠诚，也认同其被民众所赋予的伏波安澜的水神功能。从以上所列之使臣题咏左江地区伏波庙诗文当中所反映出的马援形象，亦是如此。

---

① 潘辉注：《华程续吟》，复旦大学文史研究院、越南汉喃研究院合编：《越南汉文燕行文献集成》第十二册，上海：复旦大学出版社，2010 年，第 45 页。

② 张好合：《梦梅亭诗草》，复旦大学文史研究院、越南汉喃研究院合编：《越南汉文燕行文献集成》第十二册，上海：复旦大学出版社，2010 年，第 139 页。

③ 吴时任：《皇华图谱》，复旦大学文史研究院、越南汉喃研究院合编：《越南汉文燕行文献集成》第七册，上海：复旦大学出版社，2010 年，第 127 页。

④ 阮述：《每怀吟草》，复旦大学文史研究院、越南汉喃研究院合编：《越南汉文燕行文献集成》第二十三册，上海：复旦大学出版社，2010 年，第 24 页。

⑤ 滕兰花：《清代越南使臣眼中的伏波将军马援形象分析——以〈越南汉文燕行文献集成〉为视角》，《广西民族大学学报（哲学社会科学版）》，2013 年第 3 期。王丹：《清代来华越南使臣笔下的广西诗研究》，广西民族大学硕士学位论文，2019 年。

（四）越南使臣所记录的左江地区汛塘

汛塘，亦称塘汛。汛塘制，清代改土归流后实行的一种具有军屯性质的兵戍制度。汛塘驻兵多半携家属长期戍守山区，开垦山地自给，于是不少汛塘驻兵落户定居于汛塘驻所。①

汛塘是清朝实行的绿营兵制当中最小的组织单元。绿营制度是以城守分防各营，都分领汛地，"设立营汛墩堡以控制险要，令各分而守之"，"遇沿边、沿海、沿江处所及大道之旁皆按段置立墩堡，分驻弃兵"②。此即罗尔纲先生所称的防汛制度。秦树才先生认为清代的绿营分防驻扎的汛塘制早在明朝中后期已出现，"汛地"即分地守御之区，后来不断演化，最终形成在营或协之下设汛，汛下设塘的绿营分防级别。③清朝时期，全国各省均有绿营兵驻防，汛兵一部分驻扎在政治或经济文化中心城镇，一部分驻扎于各交通沿线或是军事要地，形成了塘。作为最小的军事据点单元的塘遍布各水陆要地。关于清朝时期左江地区所设的汛塘，雍正《广西通志》和嘉庆《广西通志》均有专门篇章记录其名称及位置。汛塘大致有两个作用：一是"司察盗贼"，二是"传递公文"。《横州志》记载："国朝康熙间有摆塘之置，于是铺多为塘，每塘拨兵数名，居守之，尚司察盗贼。仍各设铺，司主传递顾。"④据《南宁府志》中记载，南宁府内的塘分为水塘和旱塘，每塘拨兵四五名，塘内安置有哨船、快船、塘船等，主要职责便是巡防河道和传递书文。⑤分拨的塘兵驻守在塘里，日夜巡逻防范。

南宁府城、新宁州和太平府设置的汛塘，大致分为水路和陆路。笔者根据《南宁府志》和《太平府志》中关于汛塘的记载整理成表1。

---

① 高文德编著，蔡志纯等撰稿：《中国少数民族史大辞典》，长春：吉林教育出版社，1995年，第886页。

② 《钦定大清会典》卷三十八，沈云龙主编：《近代中国史料丛刊三编》第635册，台北：文海出版社，1992年，第1762页。

③ 秦树才：《清代云南绿营兵研究——以汛塘为中心》，昆明：云南教育出版社，2004年，第103页。

④ （清）谢钟龄撰：《横州志》卷三《铺邮》，乾隆十一年版，光绪己亥1899年重刻，第42页。

⑤ （清）苏士俊修，何鲲增修：《南宁府志》卷九《舆地志·驿站》，宣统元年重印道光本，第1—11页。

表 1　清代左江地区汛塘设置情况一览表

南宁府		
宣化县	西南往新宁州陆路（旱塘）	西岸塘、九莲塘、菴头塘、杨村塘、二塘、渌卢塘、三塘、那马塘、四塘、独山塘
	西往新宁州路（水塘）	三江口塘、九江塘、上白沙塘、十塘、杨美塘、十一塘、下楞腰塘、鱼映塘、十二塘、逍村塘
新宁州	东往宣化县陆路	那昕塘、独山塘
	东往宣化县水路	新湾塘、那宽塘、龙头塘、鸡佛塘、米长塘、逍村塘
	西往太平府崇善县水路	陇通塘、那勒塘、岜桑塘、陇谷塘、驮牙塘、渠旧塘、濑泸塘
太平府		
陆路		东关塘、崩坎塘、驮卢塘、驮朴塘、渠并塘、那陶塘、渠伦塘、独山塘、盘马塘、驮棉塘、杨额塘、邓勒塘、农村塘、江口塘
水路		橧黄塘、三北塘、崩坎塘、冲登塘、冲口塘、驮朴塘、驮徐塘、濑湍塘、叫程塘、八索塘、驮思塘、驮芦塘、花梨塘、驮丁塘

资料来源：苏士俊修，何鲲增修：《南宁府志》，宣统元年重印道光本；甘汝来纂修：《太平府志》，雍正四年刻本，广西第二图书馆油印本，1957 年。

越南使臣水陆兼程至北京朝贡，在他们的诗文集中有不少关于途经汛塘的记载。李文馥与裴樻先后于清道光二十一年、道光二十八年出使清朝。两人分别以日记和绘图的形式记下左江地区的汛塘。

如道光二十一年使清的李文馥《使程志略草》中记载：

初十日……是日，行关前隘塘……十一日，进行经卓治塘、凭祥铺、新添塘……（……内地塘法，每十里或十五里、二十里，设一塘或汛，许塘兵六七驻守。塘各设两柱为门，横书其塘等字。旁设火烟墩，以备盘警报。广西一辖，塘设火墩三，湖广河南以内，塘设火墩五。道光初，又增设上下汛，或五里或十里，加置卡兵驻守。每见使部与长送兵到，则塘兵或卡兵鸣锣发炮，跪于道旁候接。水陆程途皆然。）①

---

① 李文馥：《使程志略草》，复旦大学文史研究院、越南汉喃研究院合编：《越南汉文燕行文献集成》第十五册，上海：复旦大学出版社，2010 年，第 14－28 页。

李文馥的记录比较详细，塘里有立两柱为门，旁边有火烟墩，备于燃烧警报。《使程志略草》记录了使船经过的汛塘，笔者将这些汛塘摘录出来，共约105个，如表2所示。①

表2　道光二十一年闰三月李文馥使团经左江地区汛塘一览表

经过日期	汛塘名称
初十日	关前隘塘
十一日	卓治塘、凭祥铺、新添塘
十二日	白马塘、松林塘
十三日	珠山塘
十四日	瓜村塘、窑头塘、江口塘、罗村塘、邓勒塘
十五日	白雪塘、扬额塘、驮扬塘、驮觉塘、盘马塘、歌波塘、水口塘、壶关塘
十七日	陇黄塘、三泊塘、冰港塘、冲灯塘、冲口塘、驮村塘、驮珠塘、教城塘、徐峡塘、八索塘、驮峡塘、驮思塘、竹庐塘
十八日	梨花塘、安定塘、陇阜塘、摩窑塘、驮丁塘
十九日	那勒塘、陇椿塘、新湾塘、那欢塘、龙头塘、扼鸡塘
二十日	羊村塘、那正塘、羊尾塘、大滩塘、三江口塘、白沙塘、鱼鲤塘、老口塘、村子塘、托州塘、石阜塘、西乡塘、卡头塘、江西岸塘
二十一日	卡路塘、豹子塘、私盐塘、瓦窑塘、冷水塘、剪刀塘

资料来源：作者根据（阮朝）李文馥《使程志略草》中的第14-28页编制而成。

笔者另据裴横的《如清图》中的信息标注见图2。

---

① 此处仅摘出李文馥使团从凭祥州到南宁府城一路上所经过的塘汛。

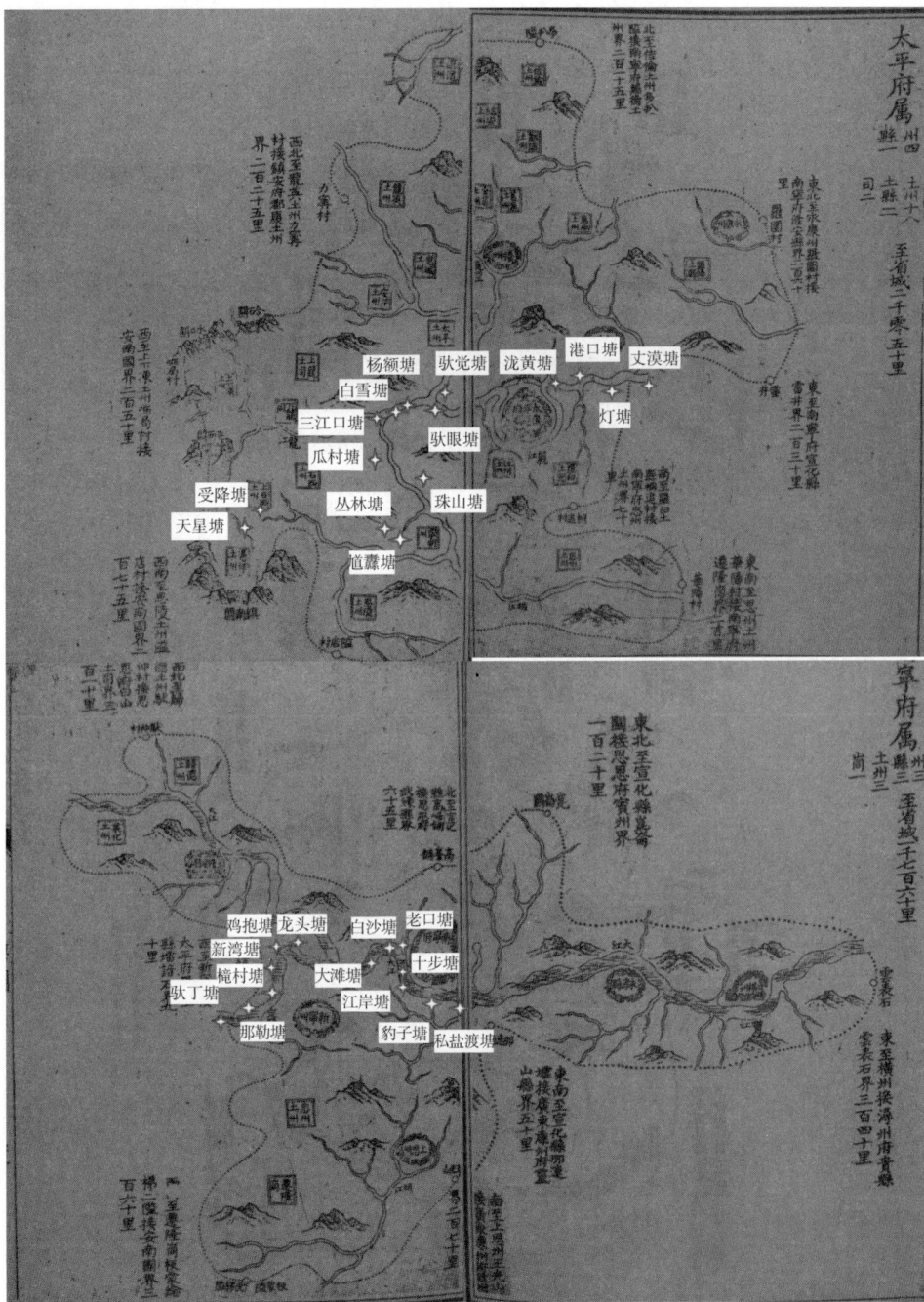

图2 裴樻等北使途经左江地区汛塘分布示意图

资料来源：笔者以雍正《广西通志》第一册第 65 页南宁府属和第 69 页的太平府属舆图为底图，根据（阮朝）裴樻撰，范文贮绘《如清图》中第 183 – 196 页的出使路线图标注。

图 2 中两幅图是裴樻使团途经左江地区的汛塘分布情况。由于上图的篇幅有限，笔者并未将裴樻使团经过的所有汛塘都标记上去。

左江地区汛塘的设置数量相对较多，汛塘内驻守的官兵除了完成盘诘奸匪、传递文书的任务之外，在遇到越南使臣北使和内地官员巡查时，则须夹道迎接，以护其安全。裴樻在《如清图》中标出了各个汛塘的具体位置，图上有小字注释，例如途经宁明州丛林塘有小字记录："使至州，州官给船由水程到广西换小舟以便过陡，又到全州又换大舟以便过湖。"图上方小字："宁明州古邕州城，西门有铜柱遗迹……"① 最难能可贵的是，裴樻的另一诗文集《燕行曲》记载："弓箭塘兵夹道迎。北地每十里或四五里，置一塘或汛卡，兵丁六七人守之，盘诘奸细，传递公文。凡护送使部，各挟弓带剑，发炮跪迎。舟行两岸亦然。"此处记载印证了塘兵之"司察盗贼""传递公文"职能。清朝后期，汛塘制度有所衰败。在阮思僴《燕轺笔录》中记载："自关抵州（凭祥州），一路荒山乱坡，土石相杂，土民多栽松，上山下涧，泥淖遍路，无异行谅山道中，兵火之后，到处残破，官房民舍以至诸塘汛，坏者未修，废者未复，殊觉满目荒凉。"② 阮思僴等人是在同治七年（1868）出使清朝的，这条记录就反映出当时左江地区经历兵火之后的社会景象，各处汛塘也遭到了破坏，百废待兴。

由上述可见，越南使臣在北使路上，记录下经过左江地区沿途的汛塘设置。不仅是记下左江地区的汛塘，更有他们一路北上所见到的汛塘。不仅在他们的文字记载中，他们绘制的使程图中也可以看到沿江设置的汛塘，甚至是府城周围的军营驻扎。使臣们以写实的手法记录下北使沿途的各种见闻，这种做法一方面可以理解为以供后来的使臣参阅。另一方面，从阮文超诗文集《如燕驿程奏章》中"如清使部等谨……奉敕是行，江山胜景概所至详记，回期进览"③可知，使臣们的出使经过、途中的所见所闻都要记录，以便回国后上报给越南国王，更何况是如此重要的内地汛塘设置。

① 裴樻撰，范文贮绘：《如清图》，复旦大学文史研究院、越南汉喃研究院合编：《越南汉文燕行文献集成》第二十四册，上海：复旦大学出版社，2010 年。其中第 183－196 页绘图为途经左江地区路线。

② 阮思僴：《燕轺笔录》，复旦大学文史研究院、越南汉喃研究院合编：《越南汉文燕行文献集成》第十二册，上海：复旦大学出版社，2010 年，第 68 页。

③ 阮文超：《如燕驿程奏章》，复旦大学文史研究院、越南汉喃研究院合编：《越南汉文燕行文献集成》第十七册，上海：复旦大学出版社，2010 年，第 5 页。

四、越南使臣在左江地区与中国官绅的文化交流及其心态分析

越南使臣在途经广西左江地区时，与中国官绅的文化交流形式主要是赠诗唱和。这些诗文记录了使臣们与左江地区各阶层的交往。唱和赠答的诗文展现了越南使臣的汉文化功底，从中也可以分析越南使臣的文化心态。

（一）越南使臣在左江地区与中国官绅的文化交流

越南使团入贡，不但路线上是有规定的，而且时限上也是有要求的。据道光十二年规定："外藩遣使进贡，入关后，即饬该使臣赶紧起程，并饬伴送官沿途照料，妥速行走，务于十二月二十日以前到京，以符定制。"① 在越南使团入境的往返行程内，清政府委派伴送官沿途照料。伴送官是中国朝廷为确保来朝贡的藩属国的使团出行平安而指派的文武护送官，伴全程者称为长送，只负责某地护送者即称为短送。越南使臣们进入中国境内后，接触最多的是清朝政府派来陪同的伴送官。在漫漫使途中，为消减旅途无聊之感，越南使臣与伴送官之间常赋诗作对。

1. 越南使臣与中方伴送官的交流

笔者以《越南汉文燕行文献集成》为中心，辑录越南使臣与伴送官唱和的诗文，这些诗文都是在途经左江地区创作的，这里所提到的中方伴送官多为广西籍或者是在广西为官的。越南使臣与伴送官之间主要是以赠诗唱答为主，以下以陶公正、阮文超、潘辉泳三人为个案进行分析。

后黎朝阳德二年（清康熙十二年，1673 年），陶公正任副使出使清朝，此次使团的正使为阮茂才和胡士扬，另两个副使为武公道、武维谐。《北使诗集》就是陶公正等人在使程中所作的诗文，其中记录了许多他们与伴送官们的唱和诗歌。现摘录部分如下。

（1）陶公正与周正龙、林有声的交流。

陶公正在新宁州时，得时任南宁府横州督粮官周正龙相伴，写有一诗相赠：

（天朝伴送委官周，行惟下生忝预陪介，幸接光仪。既赖重厘，载蒙厚雅，谨作诗首，主上用申敬意，望一笑而存。）自太平时接贵周，欣然患难弟兄无。性资侃侃中君子，相貌堂堂大丈夫。坤二事从加敬慎，有三公享茂撑扶。四朝

---

① （清）李鸿章等纂：《钦定大清会典事例》卷五百二《礼部二百十三》，光绪刊本。

道及观光始，自太平时接贵周。①

陶公正态度谦和，多对其相貌赞誉。周行龙对此"手复"称陶使臣学识渊博，为国王之倚重，表示要将其所赐之诗书写出来以纪念。陶公正即又写诗感谢，表示"诚云三生有幸，捧承手复之辞，花绣再之殊棠景仰"。在一应一和当中，不经意流露出越南使臣对汉文化的景仰之情。

陶公正等使团在廉州府得到了廉州参军林有声的迎接。林氏写诗来贺，陶氏写谢诗应和。林有声《贺陶公正诗》："遥从异域使神京，珍重来王纳款诚。御宴叠加恩更渥，纶言远布泽非轻。山川自是多佳丽，衣履随时佩瓒璜。携得天香归报国，殷勤幸勿负皇清。"林有声在诗中强调北使从异域不远万里到达北京"纳款诚"，清廷盛宴款待并有丰厚的回赠，希望使臣回国后能不负宗藩之义。对此，陶公正和曰："梯航万里达天京，幸预皇华奉重城。咫尺威颜龙陛近，八千回路马蹄轻。诸途事遇知音客，一字弥多礼引璜。尚论中华人物盛，几□官也又诗清。"②"中华人物盛"表达的是陶氏对中华文化的景仰，随后陶公正写了三首和诗，其中《贺林有声诗》更是直抒胸臆："才挺英奇学洞疏，三吴名下信无虚。文章机袖唐韩愈，道理渊源汉仲舒。清水平衡施设际，和风明月笑谈余。泰开会见阳亨运，君子何愁不得兴。"林有声和诗曰："华国文章试二疏，地灵人杰士无虚。知君有志宗陶令，愧我无能学仲舒。圣主重贤同一视，宏材大展惜三余。翰屏世守真堪美，喜起无须歌接舆。"林有声在回应时亦是为中华文化而自豪，在自谦自己才识疏浅之时，也不忘以"圣主重贤同一视"来勉励越南使臣，颇有大国之风。为此，陶公正再作诗两首应和："荣玷华途上预疏，均钟一气属清虚。南来旧仰仁恩布，北向新逢气象舒。聊愧我诗词抱拙，喜知君学力行余。相逢盛会何相勉，德一深惟敬作舆。""爵斯人至得荣疏，善本天修心本虚。鲁教大薰风爱厚，尧天共仰日还舒。仁规义矩道无外，和气春风乐有余。君我相为宾主美，一称吴会一南舆。"③陶氏在和诗当中表达了对宗主国的尊敬，特别是对中华文化的根基——儒家思想的景仰，在儒家思想的指引下，天下大治，宗主国与藩属国的君臣关系和美，这归功于"鲁教大薰风爱厚""仁规义矩道无外"。为此，从以上所举之越南使臣陶公正与中方伴送官之

① 陶公正等：《北使诗集》，复旦大学文史研究院、越南汉喃研究院合编：《越南汉文燕行文献集成》第一册，上海：复旦大学出版社，2010 年，第 220 页。

② 陶公正等：《北使诗集》，复旦大学文史研究院、越南汉喃研究院合编：《越南汉文燕行文献集成》第一册，上海：复旦大学出版社，2010 年，第 252 页。

③ 陶公正等：《北使诗集》，复旦大学文史研究院、越南汉喃研究院合编：《越南汉文燕行文献集成》第一册，上海：复旦大学出版社，2010 年，第 253 页。

间的诗文唱和来看，漫漫"八千里"的使华路程，使臣们的大半时间都是在船上或者马车上度过，离他们最近的就是中方的伴送官们，加之使臣们本身就是汉文化水平高的才子文人，就更愿意跟清朝的文人对诗，正如陶公正自己说的"诗词卓尔斗江上，礼节欣然背面间"这样的"斗诗"，不仅可以排解一路上的无聊心绪，更能显示出本国文人的汉文化水平之高。

（2）阮文超与哈问梅的交流。

阮朝嗣德二年（清道光二十九年，1849），礼部右侍郎潘靖为正使，枚德常、阮文超为甲乙副使赴清廷岁贡。阮文超写有《方亭万里集》，记录了此次出使所创作的诗文。长送为哈问梅，名忠阿，时任柳州府知府，两人之间的唱和诗颇多。

哈问梅在陪同阮文超使团上京路中，表露出对家中老母的思念之情。阮文超即写一首安慰哈问梅的《问梅于护使入燕奉老母还家来，程篇礼往复，多以为念，因致数韵相慰》："丹心白首答殷勤，万里华程扈绛云。居近蓬莱家有母，官当柳塞命惟君。行将召子天垂鉴，每为存年德足闻。日日南陔多补赋，好看铜柱立诗勋。"[①] 阮文超所写的诗，用词颇精简，如用"官当柳塞"来指代哈问梅在边陲为官，因母亲身有恙，经常书信探问，阮文超借用了"铜柱"来指代马援为国家马革裹尸的高尚情怀。哈问梅为此写了《谢答慰母元韵》以应和："拘迂那敢说忠勤，怕负慈帷梦入云（自注：母梦云入屋，生忠）。鸿雁先人归壮塞，杜鹃陪我哭东君。但行素位亲心慰，愿有贤声圣主闻。一路闲吟无好句，敲金字字待儒勋。"[②] 哈问梅谦虚地表示不敢自称"忠勤"，并借用鸿雁、杜鹃的典故来表达对亲人的思念，但是话锋一转，用"行素位"来表达忠于本职工作并努力做好应当做的事情的决心。阮氏对于这样的情操表示敬重，他在另一首赠别诗歌《宁明与长送柳州太守问梅赠别》中写道："关山万里重，诗囊相追从。天下一家士，人生旷世逢。洞庭吟后月，玄岳赏余峰。分手三春暮，同思雨露浓。"[③] 在此诗当中，阮氏认为虽然中越两国远隔万里关山，但是文字相通，文化同源，为此，同为天下一家，由此可知阮氏对中华文化的认同。而这种对中华文化的认同，并非孤例。在其他使臣的诗文集里不难找到例证。

---

① 阮文超：《方亭万里集》，复旦大学文史研究院、越南汉喃研究院合编：《越南汉文燕行文献集成》第十六册，上海：复旦大学出版社，2010年，第307页。

② 阮文超：《方亭万里集》，复旦大学文史研究院、越南汉喃研究院合编：《越南汉文燕行文献集成》第十六册，上海：复旦大学出版社，2010年，第309页。

③ 阮文超：《方亭万里集》，复旦大学文史研究院、越南汉喃研究院合编：《越南汉文燕行文献集成》第十六册，上海：复旦大学出版社，2010年，第303页。

（3）潘辉泳与周霁岚、吴澹园的交流。

阮朝嗣德六年至八年（清咸丰三年至五年，1853—1855），潘辉泳奉命出使中国。他在《駰程随笔》中记录他与文长送周霁岚之间的对诗。

周霁岚诗曰："嵩岳云归久，天台月照新。故园同伴迟，早拟洗征尘"，潘辉泳对曰："南北同文久，江山觅句新。识韩应很晚，谈麈拂清尘。"① 潘辉泳使团的长送官原先不是周霁岚，没想到周霁岚一来便把自己的文集给潘辉泳等人看，潘辉泳因此作诗回赠周霁岚，才有了这句"南北同文久，江山觅句新"。

吴澹园，名德征，字宣三，潘辉泳使团来华时任太平府知府。他与潘辉泳唱和的诗文记录在《駰程随笔》中。潘辉泳作《赓复太平府堂吴澹园二首》赠吴澹园，"伟绩尽堪铭砚岸，芳风早已度桄榔……（城外临江西岸有砚岸山，桄榔是谅山地名）"② 是赞美吴澹园的题扇诗句，另一方面也说明远在越南的他也曾听过中国文人的诗歌。潘辉泳诗集附录了吴澹园的几首诗歌，其中"……犀象远通瓯越国，珙球今盛汉家天。传闻贡道由梅岭，准备春盘荐韭筵。遮莫梯航经过处，椎牛款待留当年（此上年闻改道之信，即有斯作。可谅鄙怀）"③。吴澹园首先是欢迎潘辉注使团的到来，"珙球今盛汉家天"也说明当时的他觉得越南文化繁盛，人才辈出。

从以上摘选的唱和诗可以看出越南使臣有着很高的汉文化素养。越南使臣远赴中国进行朝贡事宜，他们代表的是越南国王，所以选拔出来的使臣多熟悉中国的历史文化，而且大多有精湛的汉文化修养和出色的汉诗赋等才能。④ 使臣一般都是由"从三品"官职以上的中高级官员充任正使，而副使或是科举出身，或是越南国中有学识的士人。⑤

清朝伴送官林有声与陶公正唱和，林有声用"异域"与"神京"来指代越南与中国，词意当中有着很明显的褒贬之意，而且还用"纳款诚"来表达了作为宗主国的尊贵地位，一句"携得天香归报国，殷勤幸勿负皇清"代表了清朝政府对越南维系好宗藩关系的期待。陶公正也很清晰地表达了对"中华人物盛"

---

① 潘辉泳：《駰程随笔》，复旦大学文史研究院、越南汉喃研究院合编：《越南汉文燕行文献集成》第十七册，上海：复旦大学出版社，2010 年，第 335 – 336 页。

② 潘辉泳：《駰程随笔》，复旦大学文史研究院、越南汉喃研究院合编：《越南汉文燕行文献集成》第十七册，上海：复旦大学出版社，2010 年，第 240 – 241 页。

③ 潘辉泳：《駰程随笔》，复旦大学文史研究院、越南汉喃研究院合编：《越南汉文燕行文献集成》第十七册，上海：复旦大学出版社，2010 年，第 242 – 243 页。

④ 彭茜：《朝贡关系与文学交流：清代越南来华使臣与广西研究》，广西民族大学硕士学位论文，2014 年。

⑤ 具体的关于越南使臣的选任，请参考刘晓聪：《清代越南使臣之"燕行"及其"诗文外交"研究——以〈越南汉文燕行文献集成〉为中心》，广西民族大学硕士学位论文，2013 年。

的仰慕之情。阮文超在赠别伴送官广西柳州太守哈问梅的诗中更是直接用"天下一家士""同思雨露浓"来表达对中越两国共享儒家文明的认同。潘辉泳的"南北同文久"也有浓浓的对中华文化的仰慕之情。这些诗字里行间透露出越南使臣的"中越一家"的思想。

此外，在诗歌中，也能看出越南士大夫阶层当中有不少人有着很强烈的国家民族的自豪感和较强的领土意识。吴时任于西山朝景盛元年（乾隆五十八年，1793）奉命北上出使清朝。所作诗《受降城》："路经幕府入凭祥，故受降城是故疆。山似谅山溪较少，石称下石里偏长。水车转轴雷喧岸，火号标台雪满塘。却说行成成甚事？令人千载骂宜阳。"① 他在诗中就明确说明受降城原来就是越南的"旧疆"。另外他的《莞尔吟五言古二十韵》："……必有开其先，不独中国右。廓然融我心，归吾语我友，幸哉生南邦，俨然佩绅绶。勿谓我不华，越裳有黄者……"② 话语间隐约可见吴氏对越南本国文化的自豪感。裴樻于阮朝嗣德元年（1848）奉命出使清朝。裴樻对马援铜柱地址之说进行了考辨，他认为："铜柱之说，纷纭不一，当阙之，以俟博洽君子。方今南北修睦，关隘截然，固不可构开边衅。然我国文明日盛，风气日开，安知将来不有一番能申其事者，天岂故以南关限我哉？"③ 虽然裴氏之话并非在与伴送官的交流中所说，但是由此也是可以看出越南使臣有着很强烈的国家民族意识。

2. 越南使臣与中国文人的交流

上文中提到，越南使臣们进京时间有规定，所以他们在出使路程中的交往也会受到一定限制，但是他们除了与伴送官互赠诗文之外，还与一些当地的文士进行诗歌交流。

（1）阮朝黎峻、阮思侗、范熙亮与黎申产的交流。

黎申产，字蠡庵，号嵩山，又号十万山人，广西宁明人，生于道光四年（1824），卒年无考。在《宁明耆旧诗辑》卷六记有黎氏小传曰："清道光丙午年（1846）科举人，任庆远府儒学训导。先生博览群书，诗才赡逸。致仕后任宁江书院山长二十年，以诗文诱掖后进，一时文风大盛。"他的著作有《菜根草堂吟稿》《妆台百咏》《宁明州志》等。④ 黎申产的《菜根草堂吟稿》中，收录

---

① 吴时任：《皇华图谱》，复旦大学文史研究院、越南汉喃研究院合编：《越南汉文燕行文献集成》第七册，上海：复旦大学出版社，2010 年，第 114 页。

② 吴时任：《皇华图谱》，复旦大学文史研究院、越南汉喃研究院合编：《越南汉文燕行文献集成》第七册，上海：复旦大学出版社，2010 年，第 120 – 121 页。

③ 裴樻：《燕行曲》，复旦大学文史研究院、越南汉喃研究院合编：《越南汉文燕行文献集成》第十六册，上海：复旦大学出版社，2010 年，第 8 – 13 页。

④ 黎申产：《菜根草堂吟稿》前言，南宁：广西人民出版社，1993 年，第 1 页。

他与越南使臣交往所作之诗歌《癸丑仲冬，偕越南贡使西旋途中感作，用老杜秋兴八首韵题壁》《别思行。送越南陪臣家莲湖峻、阮恂叔思僴入贡》《庚午十二月，越南使臣阮懦夫有立抵吾州，递到家莲湖问讯书一纸。先是，十月时，予到芒街问莲湖消息，或云已下世矣，不胜怆感。今得手札，知其尚存，喜可知也。赋诗四绝以志之，并寄莲湖》等。

黎峻，字叔嵩，号莲湖，在嗣德二十一年（清同治七年，1868）作为正使出使。阮思僴，字恂叔，为如清甲副使。阮思僴的两本诗文集《燕轺笔录》和《燕轺诗文集》都收录在《越南汉文燕行文献集成》当中，两本诗文集中，记录了当时他们与黎申产之间的诗文交往情况。

《燕轺笔录》记云：

有属州举人黎申产来相访舟中，自言本州盗起，避地钦州十余年，去战始归，家毁于盗，未有居所。……梧州被围之年，在围城中，与我使部郿川范公、阮唐武诸人周旋者久。为人稍文雅可爱，问以广东洋夷事，辞以远不及知，但闻其相安无事耳……船濒行，作长篇送正使黎莲湖，关及僴云，各答以诗。与之别，察其意似恋恋不舍也。[1]

《燕轺诗文集》便记下了他答和黎申产所作之诗文：

（昨日延坐舟中，挥翰对话，怀人感旧，情见乎辞，倾盖之雅，足令人心醉。无怪乎亡友范东轩东归之后，常流连寤寐于足下而不能自已。而郿川范公梧城唱和，亦有不能忘情处也。仆不才，滥叨轺车之副，此来深以观光上国，获与中朝士夫相酬答，发颐启陋，足慰平生。初见足下雅谈半日，即有尝一脔知镬味之想。夜深江寒，万籁俱寂，忽得送行长篇相示。挑灯朗读，不觉击节者久之。河梁握手，一往情深，乃知声同气同者，固不必地同也。仆昔因东轩闻足下名，今因莲湖得与足下谋面……伏枕头困倦，不能长歌酬别，又不能过门辞行，感愧而已，谅察幸幸，诗如左。）

秋风小泊左江舟，郑重怀人赋远游。
半日披襟佳客座，明朝回首读书楼。
衣裳我自朝天去，兵火君犹避地愁。
黄鹤白云燕蓟雪，同车安得写离忧。[2]

---

① 阮思僴：《燕轺笔录》，复旦大学文史研究院、越南汉喃研究院合编：《越南汉文燕行文献集成》第十九册，上海：复旦大学出版社，2010年，第69－70页。
② 阮思僴：《燕轺诗文集》，复旦大学文史研究院、越南汉喃研究院合编：《越南汉文燕行文献集成》第二十册，上海：复旦大学出版社，2010年，第26－28页。

离别之时，双方你来我往，相互赠诗留念。黎申产所作的长篇正是《别思行。送越南陪臣家莲湖峻、阮恂叔思偘入贡》，这首长篇诗文辑录在黎申产的诗文集《菜根草堂吟稿》中，现摘诗文如下：

一面之交偶然耳，何期别思从兹起。别思悠悠江水长，请君试听吾诗语：君家住在日南邦，我家住在思明江。……八月开关示定期。贡臣络绎南关出，行到吾州刚两日。网舆卸却又乘船，水程又比山程逸。江干散步往观之，贡使闻言姓是黎，系出高阳同远祖，试君才调投新诗。投诗未久和诗至，分明满纸珠玑字。……寒暄问询笔为舌，对答言谈字作喉。旁人不解作何语，相视莫逆惟我汝。……两番久坐人微倦，欲归尚觉情依恋。回思昔日在苍梧，唱和得与郇川俱。又思昔在襄阳府，顾曲得偕刘与武。刘武不作郇川危，如此遭逢亦可悲。今朝得见两驿使，潇洒风流真快意。快意无端手又分，骊歌一曲感离群。离群莫惜长途热，送君此去瞻天阙。山呼万岁接龙光，归来细把皇恩说。①

阮思偘在诗中感叹道："……获与中朝士夫相酬答，发颛启陋，足慰平生。"阮思偘通过与黎申产的对诗应答，深感黎申产"为人稍文雅可爱"，他俩就算是所处的国家不同，语言不通，依旧可以通过诗文传情。黎申产诗中说"投诗未久和诗至，分明满纸珠玑字"，充分显示出越南使臣的文采之好，不由得让黎申产钦佩不已；"寒暄问询笔为舌，对答言谈字作喉。旁人不解作何语，相视莫逆惟我汝"，生动地讲述当时黎申产与黎峻、阮思偘等人的笔谈情况，表达了他们之间相见恨晚之感。而阮思偘得到黎申产的送行长篇后"挑灯朗读，不觉击节者久之"，他们都在诗文应和中被对方的才气折服，才会在离别时感叹"河梁握手，一往情深，乃知声同气同者，固不必地同也""快意无端手又分，骊歌一曲感离群"，表达一种依依惜别的感情。

在《越南汉文燕行文献集成》中，仅收录黎峻的《如清日记》，这日记是他和阮思偘、黄并一同完成的。因此关于黎峻和黎申产的交往，可以从黎申产送给黎峻的赋诗，从阮思偘的诗文中寻见。黎峻托范熙亮等人千里送手札到黎申产手中，可知黎峻与黎申产虽是偶然的一面之交，但二者"声同气同"，又为彼此的气质、诗才吸引，而且都是黎姓，"系出高阳同远祖"，同是一家，因此黎申产称黎峻为"家莲湖"，对其倍感亲近，由此结下深厚友谊。

黎申产的《庚午十二月，越南使臣阮懦夫有立抵吾州，递到家莲湖问讯书一纸。先是，十月时，予到芒街问莲湖消息，或云已下世矣，不胜怆感。今得

① 黎申产：《菜根草堂吟稿》，南宁：广西人民出版社，1993年，第404－406页。

手札，知其尚存，喜可知也。赋诗四绝以志之，并寄莲湖》：

（一）送别星槎倏隔年，相思无路达鱼笺。当时留赠佳诗稿，一度吟哦一慨然。

（二）冬初访客海宁城，听说吾宗返玉京。不解误传何自起，伤心难禁泪盈盈。

（三）使星欣晤阮元瑜，五朵邺云远寄吾。知道故人无恙在，一时悲惨变欢愉。

（四）书来千里路迢迢，季札由来爱国侨。闻说边城扰扰攘，知君忧国恨难消。①

这四绝是黎申产托阮有立、范熙亮带回越南去给黎峻的。阮有立、范熙亮等人的使团于阮朝嗣德二十三年（清同治九年，1870）出使清朝，出使的正使为阮有立，副使由范熙亮担任。《越南汉文燕行文献集成》中未见收录阮有立的诗文集，在范熙亮诗集《北溟雏羽偶录》中，记录了两人之间的唱和诗文，范熙亮称阮有立为"儒夫""儒翁"。

上文所示，黎申产收到黎峻的一纸问讯书，便是黎峻托阮有立、范熙亮途经广西时，特地转交给他的。此前，黎申产到了越南芒街，向人打听黎峻的消息，没想到听到的是"或云已下世矣"，他"不解误传何自起，伤心难禁泪盈盈"，"不胜怆感"，当听到阮有立他们带来黎峻的一纸问讯书，"知道故人无恙在，一时悲惨变欢愉"，表现得非常高兴，故此可知黎申产和黎峻感情颇深。

黎申产到范熙亮等人的船上拜访，相互作诗留念。范熙亮所作的三首应和诗如下：

酬宁明黎崧山孝廉

（名申产，中选已二十余年，时与计谐。为人亦文雅。前使部诸君皆与之往来，抵使舟相笔谈，因投以诗，依韵酬之。）

一卧斤江二十年，伟才得自友人笺（行参黎莲湖有书寄）。旁观似恐憎多口，借笔为谈一粲然。每恨拘虚岭外城，英多今渐睹西京。望洋好豁奇观颜，记自明江一水盈。②

---

① 黎申产：《菜根草堂吟稿》，南宁：广西人民出版社，1993 年，第 443－444 页。

② 范熙亮：《北溟雏羽偶录》，复旦大学文史研究院、越南汉喃研究院合编：《越南汉文燕行文献集成》第二十一册，上海：复旦大学出版社，2010 年，第 18 页。

酬黎嵩山旅夜闻雁

岂怕寒更响或沉，嗈嗈空际转清音。霜侵窗纸悠然过，风薄江皋不可寻。岭北层峦残月影，衡阳旧浦五更心。经时莫作思乡思，好待光期到上林。①

嵩山分路北上酬赠

（自言出广东搭火车抵天津以及会试。时至南宁。）

春来飞鸿向北徂，山外相逢爱相结。扶摇而上云路分，嘤鸣相顾悲欲绝。客从远方驾周原，君适辞家应计牒。天涯一见乃相怜，遮莫旁观或饶舌……新相知兮骤相离，乐乐怒悲何泄泄。君先到此夺锦标，客亦接跰明堂列。尔时大锣奏钧天，谛视审听酬怡悦。羲驭和骖载驰驱，当补从前听啮缺。只今春色满江皋，嘹嘹鸿声一凄切。淡淡阳明院里风，溶溶昆岭楼头月。②

阮有立、范熙亮使团在黎申产陪同下一路到了南宁，之后分路北上。范熙亮称黎申产"为人亦文雅。前使部诸君皆与之往来，抵使舟相笔谈"，范熙亮"因投以诗"，诗曰："旁观似恐憎多口，借笔为谈一粲然。"待到分路北上之时，范熙亮的不舍之情表露在诗中："天涯一见乃相怜，遮莫旁观或饶舌……新相知兮骤相离，乐乐怒悲何泄泄。"这里也能看出他们相伴一段路程，留下了很深的记忆。

（2）裴文禩与农烜然的交流。

裴文禩，字殷年，号珠江、海农、逊庵，他于阮朝嗣德二十九年（清光绪二年，1876）以正使身份出使。裴文禩主要的诗文集有《万里行吟》《中州酬应集》等，还有与杨恩寿的唱和集《雉舟酬唱集》。

农烜然，字朗如，广西太平人，其著作不详，在裴文禩《中州应酬集》中收录了他的诗作四首，现抄录部分诗文如下：

《呈越南使节裴文禩》：

（一）吟情何处乍相酬，云水光净洗眸。万里客怀随北上，数联诗思寄东流。……人传翰苑无双品，客是蓬莱第一流。宦海乘槎饶泛迹，福星载道自消忧。功悬日月昭前代，好继家声并远留。

（俚句敬呈珠翁裴大陪臣大人吟坛钧政。桂山居士农烜然拙草。）

（二）闲游吟到水云边，忽喜瞻韩过贡船。雅范只因思引玉，狂吟自觉笑抛

---

① 范熙亮：《北溟雏羽偶录》，复旦大学文史研究院、越南汉喃研究院合编：《越南汉文燕行文献集成》第二十一册，上海：复旦大学出版社，2010年，第19页。

② 范熙亮：《北溟雏羽偶录》，复旦大学文史研究院、越南汉喃研究院合编：《越南汉文燕行文献集成》第二十一册，上海：复旦大学出版社，2010年，第21～23页。

转。南来星使声名重，北上皇都景象妍。此去定知邀宠眷，佳音指日听云旋。

（俚句敬呈殷年大陪臣大人吟坛钧政。朗如农烜然初学俚草。顷读佳章，殊深领益，偶成俚句，并呈青览。）

（三）藏拙年来懒唱酬，偶看佳句豁吟眸。掷传应作金声响，吐出浑如玉韵流。笔信有花堪解语，诗因观草亦忘忧。欣自盥诵归来后，尚觉余香齿颊留。

（朗如农烜然初学拙草。昨呈拙句，聊代闲谈。）

（四）自笑痴情太浪吟，天涯何处遇知音。消愁欲饮千杯酒，遣兴空弹数曲琴。作友共怜梅傲骨，为邻常爱竹虚心。空群有日增声价，一顾终邀伯乐寻。

（太平府贡生农烜然拙草。）①

另裴文禩的《万里行吟》中，记录他答和农烜然的诗作：

依韵答农朗如拔贡

（农朗如拔贡投赠诗三章，偶以事未及和答，使船将发，朗如遗书责之，中有读鄙作一章，即依韵答。）

片槎水月漫赓酬，误曲惭邀一颜眸。此地汉家同井界，逢人江左尽风流。爱君佳句再三至，笑我征怀千百忧。寒夜漓江孤棹急，诗情犹为半勾留。

农烜然是偶然间遇到越南使臣的船队，"闲游吟到水云边，忽喜瞻韩过贡船"，又听闻越南使臣裴文禩"人传翰苑无双品，客是蓬莱第一流"，因此作诗投赠，裴文禩也应情回赠诗歌一首，"寒夜漓江孤棹急，诗情犹为半勾留"，寒夜里使船赶着北上，但他们唱和留赠的"诗情"不断。

由以上记载可知，越南使节在出使途中，不仅结识了很多中国的官员，还结识了以"笔为舌，字作喉"、意气相投的文人墨客。

从这些唱和诗歌中，都体现出越南使臣的汉文化水平高，特别是诗歌文化的深厚积累，也说明越南与中国之间不断的文化交流。从这些交流中可以看出越南使臣们对清朝底层社会的关注，亦可从这些交流当中了解当时的社会状况。

综上所述，越南使臣们在广西的交游对象主要分为两个部分，一是广西的官员，官员当中以伴送官为主，二是文人雅士。他们的交往形式主要是赠诗唱和。诗文的交流，不仅展现出越南使臣的汉文化功底，也可以看出越南使臣与中国文人或是普通民众的对话、互动，表现出来的是中越之间官员及文人的文化心态的差别。

---

① 裴文禩：《中州酬应集》，复旦大学文史研究院、越南汉喃研究院合编：《越南汉文燕行文献集成》第二十二册，上海：复旦大学出版社，2010 年，第 109 – 113 页。

（二）越南使臣的文化心态探析

越南派往中国的使臣，绝大多数有着很高的汉文化水平，他们能用比较流畅的汉文作诗。《越南汉文燕行文献集成》中收录的作品有越南使臣燕行途中的见闻、对山川古迹的吟咏、使臣礼遇、中国社会变化及与中州士人笔谈、酬唱、问答方面的资料。对这些诗文材料的解读，一方面可以了解到越南使臣的汉文化水平，另一方面也可以分析越南使臣的文化心态。

1. 越南使臣北使途中的"国思乡愁"

（1）对国家疆界的讨论。

越南使臣对国家疆界的讨论，首先体现在马援铜柱上。前文也讨论到越南使臣们对马援铜柱的记录。他们对铜柱是否存在的怀疑，从另一方面反映出越南使臣们对疆土边界的关注。比如裴櫣《燕行曲》中，一句"百年何日申疆事"表达对疆界的维护、"铜柱之说，纷纭不一，当阙之"，表达他对铜柱的怀疑。武辉瑎和裴櫣一样发出类似的感叹，他的《望铜柱感怀古风一首》感叹道："嗟乎此铜柱，我邦旧址宅。"这可以看出武辉瑎和裴櫣一样有着一定的疆土意识。另一方面，从使臣们所作马援铜柱的怀古诗中，可知他们尽管遵循着朝贡的礼仪，不远千里北上，却又略显矛盾的心理。

说到马援铜柱，我们必定会想起伏波庙，这自然也体现出越南使臣们一种矛盾心态。"过者必祭"的伏波庙，在越南使臣心中的重要地位，是他们对伏波将军的敬仰，也是基于越南使臣们对当地文化的了解，进而接受伏波信仰文化。他们接受伏波庙的存在，却对铜柱的争议这么多，这是因为铜柱是国家疆界的标志。

另外，从国家分界的象征而言，镇南关当属越南使团入境的首关，使臣们对镇南关是充满了复杂情感的。越南阮朝景兴二十一年至二十二年（1760—1762），黎贵惇任如清岁贡副使，与正使陈辉宓等人出使中国。黎贵惇《驻镇南关》一诗，满是复杂的情感："远徼拱皇京，崎岖亦砥平。两山分半壁，一径列重城。秉礼通圭币，求章弥甲兵。陪臣惟敬顺，万里有前程。"[1] 越南阮朝景兴二十六年（清朝乾隆三十年，1765），阮辉僾任正使北行入岁贡。他在《奉使燕京总歌并日记》中详细描述了镇南关："正月二十三日，越（越南）母子岭……南关两边倚长山为城，因山脚石中通一条路，砌关门屋其上，外扁题'镇南关'，内扁题'柔怀南服'。此处有塘汛兵，名关南隘。前立三火炮，下至幕府

---

① 黎贵惇：《桂堂诗汇选》，复旦大学文史研究院、越南汉喃研究院合编：《越南汉文燕行文献集成》第三册，上海：复旦大学出版社，2010 年，第129 页。

二十里，幕府新造于乾隆十六年。前有大榕树扁题‘恩覃九有’。"① 依山而建的镇南关，外匾关名"镇南关"，内匾"柔怀南服"，可见其政治意义上的重要性。

清嘉庆十五年（1810），任如清乙副使的吴时位写有《镇南关》一诗："表里双台峙碧嵌，开时旌节闭烟岚。四年国例通朝一，万里边忧寄泽三。礼乐应教禽鸟习，山溪曾与马车谐。畏天自我供侯度，陋杀关名号镇南。"② 字里行间，既有对中华文化的景仰，亦有离故国万里的凄然之感。

镇南关在连接中越关系中有重要的地理位置。踏入镇南关，越南使臣的使命感继而增强。

过关遣怀　潘辉注

玉塞云关驾我骈，春风华毳共逶迤。三千礼乐曾专对，九万扶摇敢倦飞。客地重来添老鬓，故山回望隔斜晖。周星早慰离怀苦，带得天香满袖归。③

开关遣兴　黄碧山

风尘曾历万程间，昔入关门今出关。世味樽中醒旅梦，人情路上惯征颜。隔年踪迹他乡远，一点疏慵此度还。伫立台边催漫兴，鹧鸪声唱北南山。④

潘辉注的诗是在进入镇南关时写下的，黄碧山的诗是在回程开关回国之时写下的。潘辉注是在道光十一年（1831）出使清朝时写下的诗歌，他曾于道光五年（1825）第一次出使清朝，"客地重来添老鬓，故山回望隔斜晖。周星早慰离怀苦，带得天香满袖归"，这句诗表达潘辉注第二次出使的心境，希望"带得天香满袖归"。

黄碧山的"隔年踪迹他乡远，一点疏慵此度还。伫立台边催漫兴，鹧鸪声唱北南山"，这几句诗描述黄碧山伫立于镇南关前，回想使程一路的经历，不由地发出感叹。

其次体现在越南使臣们对清朝太平府受降城的争议。受降城位于凭祥州，受降之名取于偶然，却沿用至今。据《大清一统志》记载："受降城，在太平府上石西州北五里，是明朝成化间征交阯受降之处。"⑤

---

① 阮辉儆：《奉使燕京总歌并日记》，复旦大学文史研究院、越南汉喃研究院合编：《越南汉文燕行文献集成》第五册，上海：复旦大学出版社，2010年，第28-29页。

② 吴时位：《枚驿诹馀》，复旦大学文史研究院、越南汉喃研究院合编：《越南汉文燕行文献集成》第九册，上海：复旦大学出版社，2010年，第259页。

③ 潘辉注：《华程续吟》，复旦大学文史研究院、越南汉喃研究院合编：《越南汉文燕行文献集成》第十二册，上海：复旦大学出版社，2010年，第45页。

④ 黄碧山：《北游集》，复旦大学文史研究院、越南汉喃研究院合编：《越南汉文燕行文献集成》第十一册，上海：复旦大学出版社，2010年，第351页。

⑤ （清）和珅等纂修：《大清一统志》卷三百六十五《太平府》，光绪二十三年石印本。

受降城　吴时任

路经幕府入凭祥，故受降城是故疆。山似谅山溪较少，石称下石里偏长。水车转轴雷喧岸，火号标台雪满塘。却说行成成甚事？令人千载骂宜阳。①

受降城　阮偍

（是明朝受伪莫来降献纳三州之地处。一时命名，至今不改。）

斯城何事得斯名，莫氏穷途故向明。帝胄有天收旧物，伪渠无地赎残生。江山空抱当年恨，花草犹含昔日情。千古遗污终不泯，沧桑世局几曾更。②

受降城访古　黎光院

花程曾此驻吟鞭，访古将相赶暮烟。枫树老来城址没，莫家昔在土人传。国朝自不长根叶，尘事何须叹海田。千载口碑难泯处，何堪重忆旧黎编。③

在大多数越南使臣的意识中，受降城曾是他们国家的疆土，所以经过受降城的时候，他们都不由地抒发一种对故土的留恋之情，同时诗歌还表现出他们的领土意识。吴时任"路经幕府入凭祥，故受降城是故疆"，明确地表达出受降城是故疆的情感。阮偍"江山空抱当年恨，花草犹含昔日情。千古遗污终不泯，沧桑世局几曾更"和黎光院"千载口碑难泯处，何堪重忆旧黎编"，透露出对受降城复杂的情感。

（2）思乡之情。

走过镇南关之后，越南使臣们便开始了漫漫的北上之路，往返的过程大致耗时一年，更长的会有两年左右的时间。在这段漫长的旅途中，他们不免会产生浓重的思国思乡的情怀，乡心无以寄托，寄情于诗歌当中。《越南汉文燕行文献集成》中收录的诗文集中，有很多此类的抒情诗。

幕府即事　阮攸

彻夜锣声不暂停，孤烟相对到天明。经旬去国心如死，一路逢人面尽生。山麓积泥深没马，溪泉伏怪老成精。客情至此已无限，又是燕山万里行。④

① 吴时任：《皇华图谱》，复旦大学文史研究院、越南汉喃研究院合编：《越南汉文燕行文献集成》第七册，上海：复旦大学出版社，2010年，第114页。

② 阮偍：《华程消遣后集》，复旦大学文史研究院、越南汉喃研究院合编：《越南汉文燕行文献集成》第八册，上海：复旦大学出版社，2010年，第182页。

③ 黎光院：《华程偶笔录》，复旦大学文史研究院、越南汉喃研究院合编：《越南汉文燕行文献集成》第十二册，上海：复旦大学出版社，2010年，第332页。

④ 阮攸：《北行集录》，复旦大学文史研究院、越南汉喃研究院合编：《越南汉文燕行文献集成》第十册，上海：复旦大学出版社，2010年，第15页。

晚宿幕府　段浚

（过关二十里）南风吹瘴树阴清，小溪山塘歇使星。一去故乡成绝域，重来新馆含周星。猿啼洞口声悲怨，蟾上岩头影灭明。旅况乡情关不著，吴音戒晓听重扃。①

幕府营距离镇南关二十里左右。阮攸和段浚这两首诗是在幕府营写下的，诗中感叹"客情至此已无限，又是燕山万里行""旅况乡情关不著，吴音戒晓听重扃"，看到的人尽是不熟悉的，听到的口音也不是家乡的，隐隐地加深了他们的思乡情。

阮公沆在宁明登舟之后，船行江上之时，看着一路的江岸风景，耳边还传来了声声鹧鸪，想到自己已经远离了家乡，不由地回头看，却只见天边朵朵白云。

江行即事　阮公沆

江津棹桂泛清漪，壮气乘风直兴飞。船背雨敲惊午梦，山头鸟过弄斜晖。歌残欸乃翻红叶，声彻钩辀落翠微。回首家乡何处是，白云深处正依依（欸乃，音奥爱，渔歌也；钩辀，鹧鸪声也）。②

阮偍《重阳》："闷倚篷窗枕簟谅，暗思节候适重阳。故篱有菊谁共酒，客舸无茱莫佩囊。风雨凄凉撩客思，春秋荏苒逐年光。不知乡国吟花处，曾否怀吾在远方。"③该诗颇有王维"独在异乡为异客，每逢佳节倍思亲"之感。阮偍出使期间，恰逢重阳节，他独在异乡，引发了思乡情绪。

丁儒完《过乌蛮滩思国感作》："矶无渔艇巃无樵，五险前临力半娇。今日渡滩依古庙，何辰送客笔溪桥。迢迢千里邦乡月，嫋嫋三更旅舍箫。忠孝一丹能健我，令门早晚辇回轺。"④丁儒完经过乌蛮滩伏波庙，经历了五险滩之险，引发他的思国情怀，写下了这句"迢迢千里邦乡月，嫋嫋三更旅舍箫"。

阮宗窒出使回程到宁明州时，因为越南国内给使臣的官书还没有送达镇南

① 段浚：《海烟诗集》，复旦大学文史研究院、越南汉喃研究院合编：《越南汉文燕行文献集成》第七册，上海：复旦大学出版社，2010年，第12页。
② 阮公沆：《往北使诗》，复旦大学文史研究院、越南汉喃研究院合编：《越南汉文燕行文献集成》第二册，上海：复旦大学出版社，2010年，第10页。
③ 阮偍：《华程消遣后集》，复旦大学文史研究院、越南汉喃研究院合编：《越南汉文燕行文献集成》第八册，上海：复旦大学出版社，2010年，第185页。
④ 丁儒完：《默翁使集》，复旦大学文史研究院、越南汉喃研究院合编：《越南汉文燕行文献集成》第一册，上海：复旦大学出版社，2010年，第315页。

关而被迫停留在宁明州。在等待关书的时候，阮宗窒写下了二十四首诗作，也就是《旅中闲咏》，现仅摘抄诗的序言和其中的两首：

（乙丑仲春中浣，回宁明州。值我国使路颇硬，关书未报，仍移陆驻况村学舍。是处横院一连左右两廊，院后有魁星楼，并覆以瓦，缭以周墙，古木参差，禽鸟唱和。平岗回抱，人家及佛寺隐约于深林中，颇有幽致，因于闲中吟咏二十四首。）

其一：回鞭两度著春衣，咫尺南关兽锁扉。五夜钧天清梦绕，千山驿路报书稀。江村日暮寒烟重，客舍灯残晓角微。小立郊原辰一望，岭云深处塞鸿归。

二十二：伞圆山碧洱河清，一带榆关两处情。长拟葵葵倾日下，肯将孤矢负生平。乡情抛逐春三月，旅味吟残夏五更。夜夜欲眠眠未著，铎声敲送晓鸡声。①

序言中说明了滞留宁明的原因，交代了他们停驻在况村的学舍内。一个小村庄有学舍，其有一定的规模，学舍为横院两廊，而且院后还有魁星楼，可见当地重视文教之风。学舍环境幽静，古木参天，学舍之外有民房及佛寺，可见村落景观安排有序。在正史及官方史志当中绝不可能记录一个村落的文化景观。若无阮宗窒之记录，今人不可能知晓这一景象。此处的景观与越南颇似，故引发了使臣的思乡之情。虽然阮宗窒用"江村日暮寒烟重，客舍灯残晓角微。小立郊原辰一望，岭云深处塞鸿归"这两句诗描绘了他们住处的闲适之景象，但是近在家门前而不得入的焦虑心情，直接变成"乡情抛逐春三月，旅味吟残夏五更。夜夜欲眠眠未著，铎声敲送晓鸡声"的思乡之情。类似的出使途中表达思乡之情的诗文还有很多，在此不一一赘述。

2. "中越一家"心态的分析

越南使臣的诗文集中，往往表达出他们对中原汉文化的敬仰之情。此外越南使臣的诗文中也有表露他们想要彰显自己国家的文化水平的心理。

黎贵惇《饯阮探花辉僜北使》："切偲何幸得逢君，先后皇华两驾骊。我是东涂西抹客，君非车载斗量人。八千迢递才当瞬，九万扶摇会有因。好把文章增国势，黄枢翘足待经纶。"② 黎贵惇于后黎朝景兴二十一年（1760）出使清朝，阮辉僜于后黎朝景兴二十六年出使，这首诗应该就是在阮辉僜出使之前所作的。"好把文章增国势，黄枢翘足待经纶"这句诗就表明，黎贵惇认为出使清朝的重要

---

① 阮宗窒：《使华丛咏集》，复旦大学文史研究院、越南汉喃研究院合编：《越南汉文燕行文献集成》第二册，上海：复旦大学出版社，2010年，第273－282页。

② 黎贵惇：《桂堂诗汇选》，复旦大学文史研究院、越南汉喃研究院合编：《越南汉文燕行文献集成》第三册，上海：复旦大学出版社，2010年，第37－38页。

作用就是用文章来展现自己国家的实力。黎贵惇另写有《宿受降城答俭堂》，当中一句"捧得天章返，欢声动国城"也是明确地表达了这样的一种态度。①

黎贵惇《附录俭堂元诗》："洲前方驻马，客使卸装忙。回首黎云远，登舟春水长。弦歌多化域，人物异蛮荒。遍野晴光满，江干草木香。望望平河阔，斜阳散浅滩。桐花千树白，杜宇一声残。酬酢频敲句，殷勤屡问安。皇恩诚浩荡，岂作外臣看。"② 这是记录在黎贵惇的诗文集中的，诗的作者是当时太平府知府查礼，也就是诗题所记的"俭堂"。这首诗看似是一首写景的诗，但最后一句"酬酢频敲句，殷勤屡问安。皇恩诚浩荡，岂作外臣看"，则说明查礼认为当时的越南和清朝如同一家，也就是说越南是清朝朝贡体系中的一员。

吴时任的诗歌《莞尔吟五言古二十韵》中曰："夷夏阴阳分，此言太浅陋……音异声则同，见识一情窦。堂堂朱夫子，贤言甚推透。盛称西南番，文字多高手。必有开其先，不独中国右。廓然融我心，归吾语我友，幸哉生南邦，俨然佩绅绶。勿谓我不华，越裳有黄耇……"③ 这首诗从题名到内容都可以看出一种戏谑的味道，"必有开其先，不独中国右"，话语间透露着他对越南本国文化的自豪感。

上文提到的吴时任的诗集《皇华图谱》载有《过关留赠潘御史武工部吴协镇诸公》一诗，其中"中土堤封疆岭峤，本朝威德益区寰，荡平王道遵无侧，贞固臣心利克艰"④，体现出吴时任感觉到清朝的"威德"，自称"臣"。而在同一诗集的《莞尔吟五言古二十韵》中云："夷夏阴阳分，此言太浅陋""必有开其先，不独中国右""勿谓我不华，越裳有黄耇"透露出他对越南本国文化的自豪感，此外还有觉得"夷夏"的区分过于浅薄，他的矛盾、复杂的心态可见一斑。

有研究表明，越南崇尚儒家文化根基上的华夷秩序观念，越南承认朝贡关系的存在，目的是通过朝贡册封来巩固和提高自身的政权地位，获得经济实利。但又怀有一种复杂矛盾的心态。对中国虽供贡称藩，但对内自封为皇帝。⑤ 的确，从使臣诗文当中，也是可以窥探到这种对中华文化的复杂心态。

① 黎贵惇：《桂堂诗汇选》，复旦大学文史研究院、越南汉喃研究院合编：《越南汉文燕行文献集成》第三册，上海：复旦大学出版社，2010 年，第 47 页。

② 黎贵惇：《桂堂诗汇选》，复旦大学文史研究院、越南汉喃研究院合编：《越南汉文燕行文献集成》第三册，上海：复旦大学出版社，2010 年，第 49－50 页。

③ 吴时任：《皇华图谱》，复旦大学文史研究院、越南汉喃研究院合编：《越南汉文燕行文献集成》第七册，上海：复旦大学出版社，2010 年，第 120－121 页。

④ 吴时任：《皇华图谱》，复旦大学文史研究院、越南汉喃研究院合编：《越南汉文燕行文献集成》第七册，上海：复旦大学出版社，2010 年，第 112－113 页。

⑤ 梁志明、刘志强：《关于越南历史发展轨迹与特征的几点思考》，《东南亚研究》，2016 年第 5 期。

综上，由越南使臣的诗文记录，一方面可以了解到越南使臣的汉文化水平之高，对中国文化的接受程度很高，在北使过程中显示出自身的诗文功底。另一方面越南使臣们对马援铜柱、受降城这些景物的描写，表现出他们也有强烈的疆土意识。他们的使清维系着与清朝的朝贡关系，同时又觉得"夷夏阴阳分，此言太浅陋"，这又体现出他们对中国矛盾、复杂的心态。

参考文献

［1］（清）顾祖禹：《读史方舆纪要》，清光绪版。

［2］（清）昆冈等：《钦定大清会典》，光绪己亥刊本。

［3］（清）谢启昆修，胡虔纂：嘉庆《广西通志》，南宁：广西人民出版社，2016 年。

［4］（清）李鸿章等纂：《钦定大清会典事例》，光绪刊本。

［5］（清）金鉷修，钱元昌、陆纶纂：《广西通志》，广西古籍丛书编辑委员会、广西地方志编纂委员会办公室整理影印本，南宁：广西人民出版社，2009 年。

［6］（清）和珅等纂修：《大清一统志》，光绪二十三年石印版。

［7］（清）甘汝来纂修：《太平府志》，清雍正四年刻本，1957 年广西第二图书馆油印本。

［8］（清）谢钟龄撰：《横州志》，乾隆十一年版，光绪己亥 1899 年重刻。

［9］（民国）莫炳奎纂：《邕宁县志》，台湾：成文出版社，民国二十六年铅印本。

［10］宁明县志编纂委员会编：《宁明县志》，北京：中央民族学院出版社，1988 年。

［11］（清）黎申产：《宁明州志》，台北：成文出版社，清光绪九年原刊，1971 年重刊本。

［12］（清）戴焕南修，张粲奎纂：《新宁州志》，台北：成文出版有限公司，清光绪四年影印本，1975 年。

［13］（清）苏士俊修，何鲲增修：《南宁府志》，清宣统元年重印道光本。

［14］黎申产：《菜根草堂吟稿》，南宁：广西人民出版社，1993 年。

［15］中国社会科学院历史研究所编辑组编：《古代中越关系史资料选编》，上海：上海科学技术出版社，1982 年。

［16］复旦大学文史研究院、越南汉喃研究院合编：《越南汉文燕行文献集成》，上海：复旦大学出版社，2010 年。

［17］陈益源：《越南汉籍文献述论》，北京：中华书局，2011 年。

［18］复旦大学古籍整理研究所、章培恒先生学术基金编：《域外文献里的中国》，上海：上海文艺出版社，2014 年。

［19］葛兆光：《宅兹中国：重建有关"中国"的历史论述》，北京：中华书局，2011 年。

［20］黄权才辑：《古代越南使节旅桂诗文辑览》，桂林：广西师范大学出版社，2015 年。

［21］刘玉珺：《越南汉喃古籍的文献学研究》，北京：中华书局，2007 年。

［22］牛军凯：《王室后裔与叛乱者——越南莫氏家族与中越关系研究》，广州：世界图书出版公司，2012 年。

［23］孙宏年：《清代中越宗藩关系研究》，哈尔滨：黑龙江教育出版社，2006 年。

［24］广西壮族自治区地方志编纂委员会编：《广西通志》，南宁：广西人民出版社，2010 年。

［25］王恩涌：《文化地理学》，南京：江苏教育出版社，1995 年。

［26］高文德编著，蔡志纯等撰稿：《中国少数民族史大辞典》，长春：吉林教育出版社，1995 年。

［27］滕兰花：《清代广西伏波庙地理分布与伏波祭祀圈探析》，《广西民族学院学报（哲学社会科学版）》，2006 年第 4 期。

［28］滕兰花：《边疆安全与伏波神崇拜的结盟——以清代广西左江流域伏波庙为视野》，《广西社会科学》，2009 年第 12 期。

［29］滕兰花：《清代桂西南地区伏波庙文化探析》，《广西地方志》，2007 年第 4 期。

［30］葛兆光等：《从周边看中国》，《中华读书报》，2010 年 6 月。

［31］韩龙浩：《19 世纪〈燕行录〉中的中国形象研究——以三种〈燕行录〉为中心》，中央民族大学博士学位论文，2011 年。

［32］张京华：《从越南看湖南——〈越南汉文燕行文献集成〉湖南诗提要》，《湖南科技学院学报》，2011 年第 3 期。

［33］刘玉珺：《越南北使文献总说》，《华西语文学刊》，2012 年第 2 期。

［34］周亮：《清代越南燕行文献研究》，暨南大学硕士学位论文，2012 年。

［35］张京华：《三"夷"相会——以越南汉文燕行文献为中心》，《外国文学评论》，2012 年第 1 期。

［36］张茜：《清代越南燕行使者眼中的中国地理景观——以〈越南汉文燕行文献集成〉为中心》，复旦大学硕士学位论文，2012 年。

［37］陈国保：《越南使臣对晚清中国社会的观察与评论》，《史学月刊》，2013 年第 10 期。

［38］刘晓聪：《清代越南使臣之"燕行"及其"诗文外交"研究——以〈越南汉文燕行文献集成〉为中心》，广西民族大学硕士学位论文，2013 年。

［39］黄权才：《明清两朝来华使节的花山诗篇》，《广西师范学院学报（哲学社会科学版）》，2013 年第 2 期。

［40］刘玉珺：《晚清壮族诗人黎申产与中越文学交流》，《民族文学研究》，2013 年第 3 期。

［41］滕兰花：《清代越南使臣眼中的伏波将军马援形象分析——以〈越南汉文燕行文献集成〉为视角》，《广西民族大学学报（哲学社会科学版）》，2013 年第 3 期。

［42］彭茜：《朝贡关系与文学交流：清代越南来华使臣与广西研究》，广西民族大学硕士学位论文，2014 年。

［43］王晨光：《明清越南使节燕行档案中的中国风貌》，《浙江档案》，2014 年第 7 期。

［44］陈正宏：《越南燕行文献里的中国——陈正宏在上图讲座·章培恒讲座的讲演》，《文汇报》，2014 年 5 月 13 日。

［45］李小亭：《后黎朝时期安南使臣眼中的中国——以〈越南汉文燕行文献集成〉为中心》，暨南大学硕士学位论文，2015 年。

［46］曹双：《越南使臣所见乾隆时期的清代社会》，郑州大学硕士学位论文，2015 年。

［47］张惠鲜：《浅析越南阮攸的左江流域印象》，《东南亚纵横》，2015 年第 5 期。

［48］周琼：《"八景"文化的起源及其在边疆民族地区的发展——以云南"八景"文化为中心》，《清华大学学报（哲学社会科学版）》，2009 年第 1 期。

清代山西"八景"文化的历史考察

常　肖

一、绪论

（一）选题缘由及区域界定

我国地大物博，历史悠久，名胜古迹众多，以"八景"的形式反映当地的自然风光与人文景观，是方志中常见的一种形式。这种形式起始于北宋，到元、明、清时期发展为十、十二、十六、二十四景等，这些都统称为"八景"现象。而随"八景"发展的还有各地的"八景诗""八景图"等，甚至"八景诗"还成了一种文学体裁。比较著名的"八景"现象有描绘西湖地区美景的"西湖十景"、描绘老北京景色的"燕京八景"、描绘皇家园林的"圆明园四十景"等，都受到了学界的广泛关注。

选择山西作为研究的区域定位，缘于山西省独特的地域环境特色和浓郁的历史人文气息。

山西，历史悠久，文化源远流长，因地处太行山以西而得名。元代山西设行省，于是"山西"一名沿用至今。清代山西的"八景"现象得到了充分的发展，各州县修地方志必有"八景"收纳其中。而"八景"作为中国传统景观概念的重要范畴，包含着丰富的自然和人文生态内容，具有浓厚地方色彩，可以从侧面反映某一地方的风光面貌。

山西在明代时辖太原、平阳、汾州、潞安、大同五个府，泽州、沁州、辽州三个直隶州，另有十六个属州、七十九个县。

清袭明制，清代山西仍是府州县三级行政区划，清朝山西省的政区数量略有变化，共有九府——太原、平阳、潞安、汾州、大同、朔平、宁武、泽州、蒲州府；十个直隶州——辽州、沁州、平定州、忻州、代州、保德州、解州、绛州、吉州、隰州，并有总领六个散州、八十五个县、十二直隶厅。①

---

① 张纪仲：《山西历史政区地理》，太原：山西古籍出版社，2005年，第224页。

（二）研究目标及研究意义

"八景"现象从产生、传播、繁荣到其丰富的内涵和规律都是十分值得研究的内容，学术界对此也有一些研究，而对清代山西"八景"的整理与研究还不甚多。本文将运用历史地理学的研究方法，在清代山西方志基础上，通过介绍清代山西"八景"的分布状况，并归纳其分布特点，提炼出清代以来山西"八景"文化内涵中的地域特色文化，为当今山西的城乡建设提供宝贵的历史借鉴，以期促进山西经济的发展。

（三）学术史回顾

"八景"现象是我国特有的文化现象，非常值得研究。近年来国内外学者纷纷注意到这个问题并做了相应的研究，但总的来说研究还比较薄弱，主要集中在对某个地区"八景"现象的渊源、文化意义、史料价值等方面，大多一概而论，对"八景"现象的文化内涵分析不足。现将已有的"八景"现象的一些研究成果阐述如下：

1. 国内研究现状

（1）关于"八景"起源的研究。多数学者认为"八景"起源于北宋。谢柳青的《闲话"八景"》中谈到我国的"八景"历史可追溯到北宋时期。"八景"源于北宋画家宋迪描绘的《潇湘八景图》，书法家米芾为之题了诗序，宋宁宗赵扩为之御书八景诗，时人广为推崇。① 刘伯伦、孟宪君的《"八景"谈》、何林福的《论中国地方八景的起源、发展和旅游文化开发》等均认同此观点。② 另有学者持不同意见，如朱靖宇在《"八景"的源流》中认为"八景"起源于魏晋时期沈约所做的《八咏诗》。③ 周琼的《"八景"文化的起源及其在边疆民族地区的发展——以云南"八景"文化为中心》一文认为先秦时期才是"八景"的起源时期。④ 总之对"八景"的起源，学术界研究得比较充分，有较高的参考价值。

（2）关于"八景"文化与其史料价值的研究。"八景"出自古代文人之手，"八景"现象的研究更是与文化有着密切联系。因此诸多学者研究"八景"选择

---

① 谢柳青：《闲话"八景"》，《文史杂志》，1989 年第 2 期。

② 参见刘伯伦、孟宪君：《"八景"谈》，《沧桑》，2001 年第 S1 期；何林福：《论中国地方八景的起源、发展和旅游文化开发》，《地理学与国土研究》，1994 年第 2 期。

③ 朱靖宇：《"八景"的源流》，《北京观察》，1994 年第 8 期。

④ 周琼：《"八景"文化的起源及其在边疆民族地区的发展——以云南"八景"文化为中心》，《清华大学学报（哲学社会科学版）》，2009 年第 1 期。

从文化角度入手。卢传裔探讨"八景"的命名规则，认为"八景"的命名是套用成语的结构模式，采取四个音节的形式，称为"四字格"。①张廷银、赵夏也分别系统地研究了"八景"的命名规则，所持观点基本相同，都认为大多是四字的动宾短语。②张廷银的《地方志中"八景"的文化意义及史料价值》认为"八景"的文化内涵包含天人合一的观念、风水观念和对称的观念。③谢柳青的《诗心高下各千秋——"八景诗"文化价值浅估》则对八景诗的文化价值作了讨论。④"八景"现象历史悠久，深入研究会挖掘更丰富的文化内涵。

（3）分区域对"八景"现象的研究。较有代表性的专著有《燕京八景》，该书全面系统地介绍了燕京八景的起源成因、发展变迁、文化内涵、轶闻传说，是迄今为止介绍燕京八景最全面的著作。⑤《山西古代州县八景》中将山西地区内的古代八景现象做了详细的描绘，并分析了其在今天所发生的变化，但对"八景"现象的文化内涵分析不足。⑥在各地区的地方志中也有很多当地"八景"现象的辑录，因受限于篇幅，在此不一一列举。

肖华忠、苏道宏、胡文清在《江西"八景"的分布特色及成因》一文中对江西"八景"的分布及成因做了比较系统的阐述，但仍显单薄，对江西八景文化的渊源与其成因分析的力度不够。⑦张嘉盈的《宋代至今羊城八景演变的特点及其规律》、张廷银的《西北方志中的八景诗述论》、薛正昌的《"八景"文化在宁夏》、杨梅的《"玉林八景"古今考量》都对区域"八景"作了较深入的探讨，且各有所短，需要进一步深入研究加以完善。⑧

学位论文中对"八景"的研究也有很多。戴林利的《明清时期重庆"八景"分布及其文化研究》对明清时期的重庆地区内"八景"现象做了详细的分析，在概括八景的概念、历史发展过程、社会成因后，详细分析了明清时期重

① 卢传裔：《"八景""十景"话名胜》，《百科知识》，1997年第8期。
② 张廷银：《传统家谱中"八景"的文化意义》，《广州大学学报（社会科学版）》，2004年第4期；赵夏：《我国的"八景"传统及其文化意义》，《规划师》，2006年第12期。
③ 张廷银：《地方志中"八景"的文化意义及史料价值》，《文献季刊》，2003年第4期。
④ 谢柳青：《诗心高下各千秋——"八景诗"文化价值浅估》，《长沙水电师院学报（社会科学版）》，1989年第3期。
⑤ 高巍、孙建华等著：《燕京八景》，北京：学苑出版社，2002年。
⑥ 杨志忠编著：《山西古代州县八景》，太原：山西古籍出版社，2007年。
⑦ 肖华忠、苏道宏、胡文清：《江西"八景"的分布特色及成因》，《南方文物》，1990年第3期。
⑧ 张嘉盈：《宋代至今羊城八景演变的特点及其规律》，《广州大学学报（社会科学版）》，2003年第11期；张廷银：《西北方志中的八景诗述论》，《宁夏社会科学》，2005年第5期；薛正昌：《"八景"文化在宁夏》，《中共银川市委党校学报》，2005年第4期；杨梅：《"玉林八景"古今考量》，《玉林师范学院学报（哲学社会科学版）》，2008年第2期。

庆二十九个县城的八景分布及其成因、特点，并概括其文化内涵以及对现代城市建设的启示。① 杨宝军的《传统八景的地域特色与构建分析——以清代陕西凤翔府属八景为例》对潇湘八景与关中八景这两个典范"八景"现象进行了比较分析，继而引出了对清代凤翔府属的"八景"现象的阐述，着重以县为单位开始剖析，从而窥视其中的地域特色与构建要素机制，为现实社会提供了宝贵的借鉴意义。② 吴美霞的《四川古"八景"文化在当代景观规划设计中的应用研究》用统计法、图表法等数据分析方法对四川古"八景"中的各类景观进行景观与命名方面的剖析，最后总结"八景"现象在当代设计中的现实意义。③ 丁欢的《宋代以来江西"八景"与生态变迁》对宋代以来出现的江西"八景"现象做了详尽的研究，通过"八景"现象的发展变迁去探讨宋代以来各历史时期江西的生态环境变迁。④ 也有从文学角度出发，以"八景诗"为蓝本研究"八景"的。张龙成的《洛阳八景诗审美研究》与姚幸福的《河北地域八景诗研究》均是从文学角度来剖析区域"八景"，探讨了"八景"文化的文学价值与美学价值。⑤

山西方志当中也多有八景的记载，已有一些相关的研究成果。王日昶简要介绍了临汾的侯马八景。⑥ 王德庆在《论传统地方志中八景资料的史料价值——以山西地方志为例》一文中，以山西地方志为例，从八个方面分析了"八景"资料的史料价值。⑦ 赵凡奇、王克丽对明朝万历年间的《临汾八景图》的由来进行考证，认为画卷的作者是朱知鳌，作于 1596—1613 年，其八景依次为平湖飞絮、锦岸落花、姑射晴岚、西岩夜雨、涝水流云、渊泉荷艳、金龙涌液、玉洞藏仙，这是临汾目前已知的最早"八景"实物资料。⑧ 孙改芳以山西太原古代州县八景诗为研究对象，关注的是山西太原地区的八景诗对旅游开发的价值。⑨ 王

① 戴林利：《明清时期重庆"八景"分布及其文化研究》，西南大学硕士学位论文，2009 年。

② 杨宝军：《传统八景的地域特色与构建分析——以清代陕西凤翔府属八景为例》，陕西师范大学硕士学位论文，2010 年。

③ 吴美霞：《四川古"八景"文化在当代景观规划设计中的应用研究》，四川农业大学硕士学位论文，2009 年。

④ 丁欢：《宋代以来江西"八景"与生态变迁》，江西师范大学硕士学位论文，2011 年。

⑤ 张龙成：《洛阳八景诗审美研究》，云南师范大学硕士学位论文，2016 年；姚幸福：《河北地域八景诗研究》，河北大学博士学位论文，2013 年。

⑥ 王日昶：《侯马八景》，《山西档案》，1995 年第 3 期。

⑦ 王德庆：《论传统地方志中八景资料的史料价值——以山西地方志为例》，《中国地方志》，2007 年第 10 期。

⑧ 赵凡奇、王克丽：《〈临汾八景图〉考述》，《文物世界》，2013 年第 3 期。

⑨ 孙改芳：《八景诗对旅游文化创意的启示——以山西太原古代州县八景诗为例》，《中北大学学报（社会科学版）》，2014 年第 3 期。

璋、郭玮指出山西八景多是以一地一景的方式呈现，其中包含的自然景观、人文景观，是在人文关怀中构建出来的，是心灵慰藉的场所。① 李国文分析了明清时期晋北"八景"，认为晋北"八景"作为地方生态精品，其与区域自然生态环境有密切关系，"八景"及其相关记载不仅从一个侧面反映了明清晋北自然生态环境状况，其发展变迁也反映了生态环境的变迁状况，对明清晋北环境史研究有重要意义。② 王克丽分析了山西博物院所藏王岱绘制的山西祁县（明清时设昭馀县）《昭馀八景图》。③

从以上的研究成果来看，八景文化的成果并不少，而且有不少谈及山西各地的八景的历史由来，不过，从宏观的角度对某一个朝代山西省境内的八景进行梳理的成果仍很少，仍有研究的空间，以便推进八景文化景观的研究以及助推地方社会文化发展。

2. 国外研究现状

受汉文化圈的影响，历史时期的日本、朝鲜等国的书写系统、生活习俗等方面与中国颇为相似。"八景"文化景观也不例外，也传到了这些国家，如朝鲜有"平壤八景"，韩国、越南、新加坡也有"八景"现象。小峰和明写有《潇湘八景在东亚的展开》一文，认为潇湘八景传入东亚地区，成为各地地名、名胜风景意象的象征，并不断被再造，其载体有屏风、挂轴、画卷、画册、画帖、工艺扇面、褶册画、浮世绘、工艺品，琉球、高丽、朝鲜王朝、越南、日本均有八景的记录。④ 对于国外"八景"现象的研究，主要集中在潇湘八景对日本的影响方面。在日本，对宋迪的《潇湘八景图》及宋以后中国的潇湘八景对日本的影响有较多的研究成果。无论是绘画、造园，还是"八景"所表现出来的思想状态，日本文化界都将其作为深入的研究对象。从1941年岛田修二郎的《宋迪与潇湘八景》出版以来，陆续有研究潇湘八景的文章问世。汉文学研究专家堀川贵司的《潇湘八景——诗歌与绘画中展现的日本化形态》一书，将潇湘八景在日本的传播情况及对日本多个艺术领域产生的影响做了详细的阐述，主要分析了潇湘八景传入日本后表现出的日本特色。⑤ 堀川贵司在《潇湘八景在日本的受容与流变》中分析了潇湘八景传入日本的情况，并介绍了日本的博多八景、大慈八景、近江八景、金泽八景的形成以及现状，认为日本的八景是对潇湘八

① 王璋、郭玮：《山西"八景"的历史启示》，《山西日报》，2017年5月9日。

② 李国文：《明清时期晋北景观与区域生态变迁研究——以"八景"为中心》，青海民族大学硕士学位论文，2018年。

③ 王克丽：《王岱〈昭馀八景图〉略考》，《文物世界》，2020年第1期。

④ 小峰和明：《潇湘八景在东亚的展开》，《湖南科技学院学报》，2017年第5期。

⑤ 堀川贵司：《潇湘八景——诗歌与绘画中展现的日本化形态》，长沙：岳麓书社，2006年。

景的继承。①

中国学者也对八景文化外传到东亚各国的历史进行了研究。冉毅是目前成果最丰的，他研究了"潇湘八景"在日本的传播情况。他还将日本学界对潇湘八景的研究成果概括为五个方面：八景课题研究早，八景专题研究深，学者调研八景诗画统计全，文化名人对八景文化评价高，名家绘八景匠心独具。② 权宇、李美花和崔庆玉重在对日本八景诗与中国的潇湘八景的比较分析。③ 程茜以在日本中世纪的屏风绘为观察点，分析潇湘八景在日本演变的过程，认为潇湘八景在日本中世的吸收与变化，与幕府将军意图建设武家新文化的政治背景密不可分，是日本文化主体阶段性发挥作用的结果。④ 有关中国八景文化在朝鲜半岛的传播情况，有王国彪、张慧分别讨论潇湘八景对朝鲜古代文人诗画创作的影响。⑤ 崔雄权分析了潇湘八景传入朝鲜的历程，认为韩国文人在对中国潇湘八景诗画意蕴的继承的基础上，也形成了独具韩国文化特色的创作风格，呈现出某种历史和文化上的流变，也体现出在民族文化交流中"自我"与"他者"间的积极互动。⑥

二、"八景"文化概说

（一）"八景"的含义及起源

"八景"现象是我国极具特色的文化瑰宝，打开明清时期各地方志，在"景致""名胜"等相关名目下可以发现有不少关于当地"八景"的记载，或在"艺文"中能找到"八景诗"。何谓"八景"？宋代沈括《梦溪笔谈·书画》中

---

① 堀川贵司：《潇湘八景在日本的受容与流变》，《湖南科技学院学报》，2017 年第 3 期。
② 冉毅：《中日实地八景的形成及其赋诗意象分析》，《日语学习与研究》，2011 年第 5 期。冉毅：《日本的八景诗与潇湘八景》，《外国文学研究》，2012 年第 6 期。冉毅：《日本"潇湘八景"研究综述》，《湖南科技学院学报》，2017 年第 2 期。
③ 权宇、李美花：《试论八景诗日本化的形成模式与形态流变》，《东疆学刊》，2015 年第 3 期；崔庆玉：《中国的"潇湘八景"对日本"八景文化"的影响》，《艺术科技》，2018 年第 7 期。
④ 程茜：《"潇湘八景"在日本中世——以屏风绘为中心》，《东北师大学报（哲学社会科学版)》，2019 年第 6 期。
⑤ 王国彪：《潇湘八景图对朝鲜古代文人山水诗、画创作的影响》，《国画家》，2014 年第 6 期；张慧：《中韩"潇湘八景"汉诗比较研究》，南京师范大学硕士学位论文，2017 年。
⑥ 崔雄权：《归帆更想潇湘趣　孰于东韩汉水湄——从〈匪懈堂潇湘八景诗卷〉看"潇湘八景"在韩国的流变》，《吉林大学社会科学学报》，2015 年第 4 期。

的记载是:"度支员外郎宋迪工画,尤善为平远山水。其得意者有平沙雁落、远浦帆归、山市晴岚、江天暮雪、洞庭秋月、潇湘夜雨、烟寺晚钟、渔村落照,谓之'八景',好事者多传之。"① 可以看出,"八景"是一种风物景观,体现了浓厚的历史人文色彩。《辞源》《辞海》等书中关于"八景"的概述也都引用了宋代沈括的说法。当代学者李本达等主编的《汉语集称文化通解大典》将"八景"定义为一种集称文化,即"富于创造力的中国人,以自己传统的思维方式,将一定时期、一定条件、类别相同或相似的人物、风俗、物品、事件等,用'数字的集合称谓'将其精确、通俗地表达出来,形成所谓的'集称文化'"②,该书收录了 34 处地方的八景,并做或简略或详尽的描述。学界目前多认同"八景"就是风物景观的集称。"潇湘八景""燕京八景""羊城八景"便是"八景"中的佼佼者。

"八"在我国古代传统文化中有着特殊的意义,古代以八数为合称的现象有很多,上至天子乐舞用"八佾",祭祀用"八簋",用车需"八鸾",驭臣用"八柄",统率万民用"八统",治理国家用"八政"等。下至普通百姓出生要讲"八字",朋友相处有"八拜之交",传统饮食上有"八宝菜""八宝饭",婚俗嫁娶要坐"八抬大轿",等等。佛教中有许多关于"八"的合称,如"八苦""八难""天龙八部""八正道"等。"八"还有无限的意思,"八万劫""八十万劫"等都是佛典中常见的极限数字,表示佛法无边、泽被八方的教义。

总而言之,"八"表示大量、多数之意。"八景"的说法也符合了人们对事物圆满完美的追求。随着时代的变迁,后期出现了"十景""十二景""十六景"等,总体看来,仍是"八景"居多,所以,本文仍以"八景"来统称。

"八景"是自然景观与人文景观的有机结合。关于"八景"的起源,学界的大多数学者都认为"八景"源于宋迪的《潇湘八景图》。如前所述,《梦溪笔谈·书画》记载了画家宋迪《潇湘八景图》的故事。书法家米芾为《潇湘八景图》作诗写序,于是声名大振,加之宋宁宗赵扩为画作题了《潇湘八景图》组诗,一时间,各地纷纷效仿,打造"八景"。

不过,周琼认为,"八景"是汉文化与传统自然审美融合的产物,发源于先秦,萌芽于魏晋,成熟于两宋,繁荣于明清。③ 此观点有一定的道理。"八景"是自然风景名胜与历史人文艺术相结合的产物,其产生莫不与历史文人群体相关联。先秦时期,百家争鸣,时人初步感知山水形态。儒家经典《论语》中有

---

① (宋)沈括著,侯真平校点:《梦溪笔谈》,长沙:岳麓书社,2002 年,第 137 页。
② 李本达等主编:《汉语集称文化通解大典》前言,海口:南海出版公司,1992 年。
③ 周琼:《"八景"文化的起源及其在边疆民族地区的发展——以云南"八景"文化为中心》,《清华大学学报(哲学社会科学版)》,2009 年第 1 期。

"知者乐水，仁者乐山"之说，用山水来比拟人的道德精神之高尚。《楚辞》中描写山水生动细致，屈原作《离骚》大量运用了自然景物来烘托人物志向的美好。南北朝时期时局动荡，文人群体消极入世，畅谈玄学，寄情山水之间。南朝诗人沈约于扬州做官时，在当地起高楼，曰"玄畅楼"，时常登临远眺。兴起之余，以"秋月、春风、衰草、落桐、夜鹤、晓鸿、朝市、山东"八景为题材作"八咏诗"，刻于玄畅楼墙壁上，人皆称之，故此楼也叫"八咏楼"。① 唐代，诗人王维的山水田园诗，"诗中有画，画中有诗"，意境非凡。诗人柳宗元贬谪至永州时，意志消沉，寄情山水，所到之处都会作诗文聊以慰藉。他先后写了合称"永州八记"的《始得西山宴游记》《钴鉧潭记》《钴鉧潭西小丘记》《至小丘西小石潭记》《袁家渴记》《石渠记》《石涧记》《小石城山记》八篇文章，这八篇文章描写的是永州的八个景点，融情于景，情景交融，初具"八景"形态。结合学界的主要观点，本文认为，"八景"的源头并不是宋朝，而是早在先秦时期即已孕育，后萌芽于南北朝时期，经唐至宋，画家宋迪游览湖南，绘成《潇湘八景图》，书法家米芾为该图作诗写序，后又有宋宁宗赵扩为其作组诗，最终形成了"八景"之名。

（二）"八景"的发展及传播

自宋代出现潇湘八景后，由潇湘八景所带来的影响力和轰动效应，经过元代的发展，到明朝时，"八景"的发展攀上了一个高峰。文人群体的政治诉求得到了满足，其审美旨趣与人文诉求也愈发高涨，于是各地纷纷效仿潇湘八景选取自己家乡的美景，为其作诗写序，由此各地都有了"八景"。万历年间，朝廷征诏各地上报"八景"，从此"八景"得到了官方认证。② 受朝贡体系与汉字文化圈的影响，"八景"也出现在了朝鲜、韩国、越南、新加坡等地。13 世纪初，八景文化从朝鲜传入日本。日本针对潇湘八景展开了一系列的研究、鉴赏、绘图、评价，甚至仿造出了自己本土的"八景"，如"近江八景""博多八景"。有研究表明，从北海道至冲绳分布有 963 处"八景"。③

到了清代初期，"八景"的发展处于繁荣期。各地八景纷纷出现，如北京的燕京八景、大同的云中八景、洛阳八景、杭州的西湖八景、广州的羊城八景等。各地地方志中也多记录有"八景"和大量题咏"八景"的诗文，以至于"十里之邑，三里之城，五亩之园，以及琳宫梵宇，靡不有八景诗"。④ 清朝中后期，

---

① 朱靖宇：《"八景"的源流》，《北京观察》，1994 年第 8 期。

② 刘伯伦、孟宪君：《"八景"谈》，《沧桑》，2001 年 S1 期。

③ 冉毅：《日本的八景诗与潇湘八景》，《外国文学研究》，2012 年第 6 期。

④ （清）赵吉士：《寄园寄所寄》，上海：大达图书供应社，1935 年，第 121 页。

由于自然环境被破坏及人为干预，各地很多"八景"的神韵已不复存在，再加上"八景"数量盲目增多，出现泛滥化趋向，从而走向了衰落。

清末以来，长年战乱，各地八景景观破坏严重。改革开放以来，我国的经济发展日新月异，人民生活水平极大提高，旅游成为人们精神文化需求的一部分，传统的"八景"文化为文化旅游业的发展带来了新的生机，各地开始发掘沉睡已久的"八景"历史，恢复昔日的景观，有些地方还结合当代审美意识创造出新"八景"，同时也吸引了专家学者纷纷关注"八景"，相关研究成果不断问世。

从"八景"的历史发展过程中可以看出，"八景"作为我国的一种传统文化，是与先辈们的智慧分不开的，其中纵有泛滥倾向，但不能否认"八景"是值得我们珍视的文化遗产。

三、清代山西"八景"的空间分布及特点

山西地处黄土高原东部，东依太行山，西、南界黄河，北临长城，山环水绕，形似一个封口的布袋，相对封闭的环境，为独特的历史文化氛围提供了有利的发展空间。山西地形复杂奇特，所辖州县繁多，研究山西的文化需划分区域研究，在 20 世纪 80 年代，较常见的山西综合经济区划分，是分为晋北、晋中、晋南、晋东南四个经济区。① 刘影的《皇权旁的山西：集权政治与地域文化》一书根据山西特殊的政治地理特点，将山西全省划分为四个区域，即晋北地区（雁门关以北、忻州盆地），晋中地区（吕梁山区、汾水盆地、晋东山地），晋南地区（临汾、运城盆地），晋东南地区（长治、晋城盆地）。② 曾谦在研究近代山西城镇时，按区域划分为晋北（大同、宁武、朔平、忻州、代州、保德州），晋中（太原、汾州、平定州、霍州、辽州），晋西南（汾阳府、蒲州府、绛州、解州、隰州），晋东南（潞安府、泽州府、沁州）四个区域。③ 本文综合采纳以上划分，将清代山西分为晋北、晋中、晋南和晋东南四个区域，对区域内的八景文化进行梳理。鉴于清代山西编撰"八景"与全国其他地区一样蔚然成风，每州每县都有"八景"，数量颇巨，且篇幅有限，故在此仅剖析各府八景与各州八景，各县八景将不细致分析。

① 张维邦、陈敦义主编：《山西省经济地理》，北京：新华出版社，1987 年，第 383 页。
② 刘影：《皇权旁的山西：集权政治与地域文化》，北京：新星出版社，2007 年，第 12 页。
③ 曾谦：《近代山西城镇地理研究》，银川：宁夏人民出版社，2009 年，第 69 页。

（一）清代山西"八景"的空间分布

1. 晋北地区"八景"

清代晋北地区主要是指山西北境大同府、朔平府长城以南的区域，及代州、忻州、保德州、宁武府。晋北地区自古就是北方游牧民族的频繁活动区，也是中原王朝的屏藩地带。这里的"八景"景观独具地方特色。

（1）大同府八景。

大同府自古以来就是中原王朝与北方游牧民族利益争端的缓冲地带，内守中原安定，外御异族骚乱，具有非比寻常的地理位置。大同府的八景也颇具特色。大同古称云中，故大同八景，又叫云中八景。明中期李侃、胡谧纂修的成化《山西通志》卷七《景致》中收录了云中八景：

> 凤台晓月、魏陵烟雨、桑乾晚渡、御桥官柳、石窟寒泉、雷公夕照、采山积雪、宝塔凝烟。

凤台晓月：凤台是辽代的古迹，相传是辽萧太后的梳妆台，明代士人张徽途经此地，登凤台，留下了诗篇："世远人亡凤不来，妆台遗址半蒿莱。绿云无复金盆浴，皓月犹疑宝鉴开。风露气寒秋色暮，河山影淡曙光皑。鸡鸣几度登临处，恍若嫦娥笑共陪。"① 诗作借凤台景观衰亡，感慨物是人非，凤台犹在，志气难寻。根据道光《大同县志》记载："凤台，城内西北隅，左右二台，各高数丈。元大德十一年地震圮左，延祐间右台亦圮。今名凤台坊。"②

魏陵烟雨：魏陵是北魏皇家园林，位于今大同城北25公里处依山傍水的西寺儿梁山，环境优美，风景秀丽。南北朝时，北魏王朝为祭奠文明太后冯氏的丰功伟绩，为她营建了宏大的陵园，包含了永固陵、永固石室、思远佛寺、斋堂、石阙、灵泉殿、灵泉池、石窟寺、御路等作为陪陵。明代广灵王朱素庵为其题咏："魏陵兀兀倚郊圻，草树蓊森过客稀。疏雨淡烟春色里，清风明月夜阑时。两朝事业三更梦，百代兴亡一局棋。吊古漫劳回首处，不堪驻马读残碑。"③ 北魏冯太后陵墓经历了1 500多年，依然耸立在那里，如今，永固陵遗址是全国重点文物保护单位。

---

① （明）李侃、胡谧纂修：成化《山西通志》卷十六《集诗》，民国二十二年影印明成化十一年刻本，第281页。

② （清）黎中辅纂修：道光《大同县志》卷七《古迹》，《中国地方志集成·山西府县志辑》第5册，南京：凤凰出版社，2005年，第85页。

③ （明）李侃、胡谧纂修：成化《山西通志》卷十六《集诗》，民国二十二年影印明成化十一年刻本，第276页。

桑乾晚渡：桑乾是指桑乾河，也称桑干河，是海河的重要支流，也是晋北地区最大的河流。这条古老的河流滋润着两岸的肥沃土地，养育着两岸的人们。明代邵观有诗云："塞上洪河泻千里，旧说桑乾有原委。败芦萧瑟西风前，幽鸣飞鸣夕阳里。噫噫北地岁经兵，遇雨犹闻血气腥。于今太平无事日，渡头牵马任纵横。"① 诗作首联依稀可以看出昔日桑乾河水潮翻涌的壮丽画面。如今桑乾河面临河沙淤积，水流量减少的难题，正得到有效治理。

御桥官柳：御桥是大同的兴云桥，成化《山西通志》载："兴云桥在大同府城东门外，跨如浑河□建，国朝洪武十二年都指挥周立重修。"② 兴云桥，因是明政府修建，得名御桥，桥旁岸边杨柳青青，四五月间，煞是好看，如今已是桥毁景亡。时至今日，大同市政府实施市建工程时，于施工现场发掘出大量石质桥梁构件，"包括华表、栏板、望柱、涵洞，大量青石条、青石板等，石兽2头、铁兽3头、柱头圆雕残小石狮1个、刻神兽头部的石质构件1个"③，经过专家考证，这些出土文物是兴云桥遗物。这些遗物为古代桥梁研究提供了丰富的实物材料，也展现了古代桥梁技术的高超。

石窟寒泉：根据正德《大同府志》载："石窟寒泉在府城西三十五里石窟寺左。"④ 这里说的是云冈石窟北壁西侧的一股清泉，传说此水可治病，虽然传言不可信，但是泉水清冽，饮之清凉。炎炎夏日，掬寒泉入口，沁人心脾，定能一扫旅途中的郁闷。关于这方面记载的最早的诗云："云根小穴秋半泓，青丝百尺悬银罂。入口倾消炎暑气，透骨直将冰雪清。十年京路厌驰逐，胸次泥尘动盈掬。濯缨何日坐盘陀，临流细咏沧浪曲。"⑤

雷公夕照：雷公山位于今大同城西北10公里，山势巍峨，群峰矗立，平均海拔1 000米以上。据成化《山西通志》载，山上有雷公庙，是用来旱季求雨的，"旱祷辄应"⑥。雨后初晴，雷公山全貌显现于城北，当地老人认为是雷公显应，其实并非如此，只是一种折射成像，与海市蜃楼原理相似。昔日的雷公山郁郁葱葱，山清水秀，可惜的是，随着现代化进程的加快，今景已不符旧景。

---

① （明）李侃、胡谧纂修：成化《山西通志》卷十六《集诗》，民国二十二年影印明成化十一年刻本，第282页。

② （明）李侃、胡谧纂修：成化《山西通志》卷七《古迹》，民国二十二年影印明成化十一年刻本，第69页。

③ 李树云、白勇：《大同兴云桥考释》，《文物世界》，2006年第5期。

④ （明）张钦：正德《大同府志》卷一《山川》，两淮盐政采进本，第93页。

⑤ （明）李侃、胡谧纂修：成化《山西通志》卷十六《集诗》，民国二十二年影印明成化十一年刻本，第277页。

⑥ （明）李侃、胡谧纂修：成化《山西通志》卷二《山川》，民国二十二年影印明成化十一年刻本，第79页。

采山积雪：采凉山，旧称采掠山，因此此景又名采掠积雪。采凉山位于大同府城东北部，属阴山山脉一支，最高峰海拔 2 000 米以上，山上建有庙观，多产药草，是明代藩王墓的风水宝地。因其海拔高，山上常年积雪，异常寒冷。无名氏诗云："朔风凝寒阴气极，瑞木飞花委苍壁。千年灵药蕴深根，白术长镜锄不得。□生律吕何处问，广平脚底空阳春。小窗挂笏眼花冷，坐看玉山清照人。"①

宝塔凝烟：此处的宝塔位于南堂寺内，据成化《山西通志》记载："南堂寺在大同府治东南，又号永宁寺，后魏建。内有金玉像，高者一丈八尺，外有九级浮屠，高九十余丈，上刹复高十丈，铃铎声闻十里……元重修。"② 风吹铃动，风声与铃声齐鸣，十里之间，让人沉醉。

随着王朝的更迭与世间万物的变化无常，云中八景也随之变化。清代另有镇楼秋爽、柳巷泛舟、云冈佛阁三景见于道光《大同县志》③，替换了原来的桑乾晚渡、御桥官柳、石窟寒泉三景。

（2）朔平府八景。

朔平府建府于雍正年间，府治在右玉县，东邻大同府，北界长城，南接宁武府、代州，处于山西北部，守护中原王朝。雍正时期的朔平知府刘士铭以八景为题作《胜景八咏》④，此八景为：风台揽胜、混元流碧、兔渚回纹、贺兰插汉、石泉灵境、火鼎神榆、龙池夜月、桑乾冬暖。

风台揽胜：风台在府治所在地，今右玉县的城东门外东北许崇岗上，原来是护城楼，后又建文昌阁、关圣殿、风神祠。因其位于城东高岗上，清代时成为乡人登高胜地。雍正《朔平府志》记载："升高览远，山川城邑皆在望焉。云烟万状，雅俗共赏。"⑤ 很多慕名而来的文人登高远眺，题咏作诗。后来山上祠庙于战乱中破坏殆尽，今景不存。

混元流碧：混元峰在右玉城北 20 里樊家窑。旧时混元峰半山腰建有玉皇阁、元帝宫，庙宇层叠，沿着磴道盘旋而上，能望见塞外风光。山谷中有清泉

---

① （明）李侃、胡谧纂修：成化《山西通志》卷十六《集诗》，民国二十二年影印明成化十一年刻本，第 278 页。

② （明）李侃、胡谧纂修：成化《山西通志》卷五《寺观》，民国二十二年影印明成化十一年刻本，第 154 页。

③ （清）黎中辅纂修：道光《大同县志》卷二十《集诗》，《中国地方志集成·山西府县志辑》第 5 册，南京：凤凰出版社，2005 年，第 343 页。

④ （清）刘士铭修：雍正《朔平府志》卷十二《艺文诗》，《中国地方志集成·山西府县志辑》第 9 册，南京：凤凰出版社，2005 年，第 455 页。

⑤ （清）刘士铭修：雍正《朔平府志》卷三《山川》，《中国地方志集成·山西府县志辑》第 9 册，南京：凤凰出版社，2005 年，第 64 页。

流出，沿山谷徐徐流淌，滋养着田园。这一美景毁于抗日战争期间。

兔渚回纹：兔毛河，在朔平府城北 10 里，发源于骆驼山，汇入马营河，最后注入黄河。雍正《朔平府志》载："沙岸漫衍，平波漾洄。水面风来，恍似纹生皱縠；山光蘸影，犹如彩笔临池。"①

贺兰插汉：景在朔平府城外 30 里的贺兰山，此山又名大南山，山势高耸，雄伟异常。雍正《朔平府志》载："腰有元洞，中竖孝文碑记。夏生凉炎，冬涌温泉，上有显明三教寺。"② 如今山上庙宇已颓圮，唯留元洞。

石泉灵境：指的是云冈石窟的第二窟，也就是云中八景之一的石窟寒泉，原属大同府，自雍正年间设立朔平府后，改属朔平府，故又被列为朔平八景之一。

火鼎神榆：在今左云县城内玉虚宫。宫院内有一棵盘根错节的古榆树，其根部有一尊铁鼎，铁鼎上筑有佛像、飞天、花草异兽等图案，景致奇特。朔平知府刘士铭为其题诗："白榆天上久蟠根，移植人间鼎作盆。落荚如钱新铸出，苍柯似铁旧烧痕。纷拏虹影垂成盖，历乱龙文仰欲吞。象物羊城魑魅遁，萧萧大树玉虚存。"③

龙池夜月：在今朔州城西北方向的金龙池，环绕禅院，中有回廊曲榭。雍正《朔平府志》记载："每至夜月出东山，徘徊于斗牛之间，影落池中，光摇槛外，令人逸兴遄飞。"④ 因水源干涸，淤泥堵塞，水围寺至清末毁坏，景亦不存。

桑乾冬暖：此桑乾河与大同府八景之一"桑乾晚渡"之桑乾河为同一条河，古称浑河，桑乾河从神头泉自西向东 20 多里内，因地下泉水冬季温度也在 10℃ 左右，故寒冷冬季也不结冰。雍正《朔平府志》载："每当冬月暖气沸烝，烟雾蔽空，有如瑞云层层缭绕于郊原之内。"⑤

（3）忻州八景。

忻州地处山西中北部，南与太原为邻，北接大同、朔州，东西分别以太行山、黄河为界。境内有古长城外三关：雁门关、宁武关、偏头关，故有"晋北

---

① （清）刘士铭修：雍正《朔平府志》卷三《山川》，《中国地方志集成·山西府县志辑》第 9 册，南京：凤凰出版社，2005 年，第 64 页。

② （清）刘士铭修：雍正《朔平府志》卷三《山川》，《中国地方志集成·山西府县志辑》第 9 册，南京：凤凰出版社，2005 年，第 64 页。

③ （清）刘士铭修：雍正《朔平府志》卷十二《艺文诗》，《中国地方志集成·山西府县志辑》第 9 册，南京：凤凰出版社，2005 年，第 456 页。

④ （清）刘士铭修：雍正《朔平府志》卷三《山川》，《中国地方志集成·山西府县志辑》第 9 册，南京：凤凰出版社，2005 年，第 71 页。

⑤ （清）刘士铭修：雍正《朔平府志》卷三《山川》，《中国地方志集成·山西府县志辑》第 9 册，南京：凤凰出版社，2005 年，第 71 页。

锁钥"之称。成化《山西通志》收录了忻州八景：九龙连阜、牧马环城、金山六洞、钟峰双扎、青松伞盖、红叶杏泉、独担春游、陀罗避暑。① 到了清朝，忻州八景在内容、名称、顺序方面都发生了改变，形成了清代的忻州八景：独担高峰、系舟隐涌、东岩夜月、石岭晴岚、伞盖青松、九龙连阜、钟乳双山、金山绿洞。

独担高峰：在忻州西南 20 里的独担山，山势陡峭。相传山中产玉芝云母石，有一股云母洞穴的活水流经北边，俗称云母丹，后因讹传成独担。士人张作舟题诗曰："高峰何崛起，独立半撑天。世上多奇绝，谁会与共肩？"②

系舟隐涌：在州南 35 里的系舟山。系舟山是忻州与太原的界山，最高峰海拔 2 000 米以上。距五台山 120 里处南系舟山上有铜环铁轴，相传帝尧曾系舟于此。当地人认为系舟山得名于大禹治水系舟于此，山上有一块石头，形如环轴，称系舟嵬。山景幽静，林木茂密，光绪《忻州志》载："系舟山，僧徒谓之小五台，九月中时有景星，如佛光云。"③

东岩夜月：在州城东南的胡璋崖。相传南宋名士胡璋途经此地，突感疲乏，眠卧此地，睡梦中有神仙布雨下雹于东乡，胡璋拔光沟草覆盖东乡。梦醒后去东乡查看，境况果如梦境一般。此后，胡璋睡卧处得名胡璋岩。明代王治题诗云："先人游息地，临眺欲销魂。倚涧松犹在，书墙墨尚存。林邱自俯仰，岚霭变朝昏。回首霜天晚，寒灯出远村。"④

石岭晴岚：在忻州城南的石岭关。自唐至清末，石岭关都是军事要地，政府派兵驻守。光绪《忻州志》记载："唐宋戍石岭、赤塘二关，郡置防御团练使。"⑤ 明朝不设兵驻守石岭关，嘉靖二十九年（1550），俺答率兵叩开宁武诸关，一路平坦，直达大同，过了石岭、赤塘二关，直抵内省。俺答从此处大举进攻，再一次证明了驻守石岭关的重要性。

伞盖青松：在忻州城西南 34 里处的平安山里。伞盖寺建于后唐，建寺初，于附近山上种植了百余棵松树，经年历久，松树葱茏，景致优美。明朝学者王

① （明）李侃、胡谧纂修：成化《山西通志》卷七《景致》，民国二十二年影印明成化十一年刻本，第 84 页。

② （清）方戊昌：光绪《忻州志》卷三十八《艺文下》，《中国地方志集成·山西府县志辑》第 12 册，南京：凤凰出版社，2005 年，第 487 页。

③ （清）方戊昌：光绪《忻州志》卷六《山川》，《中国地方志集成·山西府县志辑》第 12 册，南京：凤凰出版社，2005 年，第 225 页。

④ （清）方戊昌：光绪《忻州志》卷三十八《艺文下》，《中国地方志集成·山西府县志辑》第 12 册，南京：凤凰出版社，2005 年，第 480 页。

⑤ （清）方戊昌：光绪《忻州志》卷十五《关隘》，《中国地方志集成·山西府县志辑》第 12 册，南京：凤凰出版社，2005 年，第 260 页。

治为其题诗云:"隐隐山间寺,青青涧畔松。团团拥大盖,郁郁当严冬。雪顶深栖鹘,寒枝怪伏龙。岩风朝暮激,雄籁旄霜钟。"①

九龙连阜:在州城西的九龙冈。因其有九仞,故名九龙,又名九原。山上建有白鹤观,相传是用来压制九龙,恐山上九龙离去的。杨维岳题诗曰:"连山夭矫走龙虬,远势平吞十二楼。赵晋流风销百战,程孙侠骨自千秋。霜寒榆柳人烟暝,春涨滹沱宇宙浮。翘首清凉看不尽,待骖白鹤过山头。"②诗中形象地描述了九龙冈的风光,山势蜿蜒,林木茂盛,美不胜收。

钟乳双山:在州西北40里的钟乳山。因其两阜对峙,又名双乳山。明代杨维岳有诗云:"青天忽落青珠玑,寒光相照摇烟霏。双星未罢灵鹊驭,三圆长服苍龙骍。乱岚浮石衲衣泾,空翠逐波环珮稀。深云万壑埋玉乳,落日千峰看翠微。"③杨维岳才情飞扬,用珠玑的圆润、双星的璀璨来比拟钟乳山,突出了钟乳山风景的灵秀气质。

金山绿洞:在州北40里的程侯山。半山腰有矿藏洞穴,可以采金,又名金山。旁有石绿洞,得名金山绿洞。金代诗人元好问题诗云:"攒青叠翠几何般,玉镜修眉十二环。常著一峰烟雨里,苦才多思是金山。"④诗人用"叠翠""修眉""苦才多思"几个简单词语勾勒出婀娜多情的金山形象,抒发了对家乡的一片热忱。

(4)代州八景。

代州,是今天的忻州市代县,境内雄踞着北岳恒山,并有雁门关,乃兵家必争之地。成化《山西通志》记录了代州八景:雁门紫塞、覆宿晴岚、凤山秋月、南楼夜雨、晋陵古柏、岩寺晚钟、滹水孤舟、古城残照。

雁门紫塞:雁门关,在代州北30里,山势高峻。成化《山西通志》载:"鸟飞不越;中有一缺,鸿雁往来惧其地;多鹰隼。"⑤可见雁门关乃极险之地。关东有雁塔,城中有雁楼。自秦汉始,至明清时,历代朝廷对此关非常重视,派重兵驻守于此。

① (清)方戊昌:光绪《忻州志》卷三十八《艺文下》,《中国地方志集成·山西府县志辑》第12册,南京:凤凰出版社,2005年,第481页。
② (清)方戊昌:光绪《忻州志》卷三十八《艺文下》,《中国地方志集成·山西府县志辑》第12册,南京:凤凰出版社,2005年,第482页。
③ (清)方戊昌:光绪《忻州志》卷三十八《艺文下》,《中国地方志集成·山西府县志辑》第12册,南京:凤凰出版社,2005年,第482页。
④ (清)方戊昌:光绪《忻州志》卷六《山川》,《中国地方志集成·山西府县志辑》第12册,南京:凤凰出版社,2005年,第225页。
⑤ (明)李侃、胡谧纂修:成化《山西通志》卷三《关隘》,民国二十二年影印明成化十一年刻本,第42页。

覆宿晴岚：覆宿山，在代州东北 30 里，形状为圆形，像星宿，因此得名，又名馒头山，是代州境内的主山。

凤山秋月：凤凰山，在州南 30 里。相传北魏太武帝时有凤凰于此，故得名。其山有天柱、玉女、玉案、会仙、养龙五峰。山上建有来仪观，观旁边有凤游池、洗参池、饮虎池等池，还有桃花洞、水帘洞、丹砂洞、藏剑洞。唐末朱自然，宋代刘海蟾、阚道宁都曾在此修道。

南楼夜雨：南楼，在南门外莲池中间。旧时南楼西边有看花台。诗人元好问有感于南楼，作南楼二首诗，其一："东洛西秦往复回，几番风雨与尘埃。家山最与南楼近，三十三年恰再来。"其二："汀树微茫岸草青，滹河四月水泠泠。凤山可是生来巧，堪与南楼做画屏。"① 第一首写诗人离家日久，重回故乡的忧伤感慨；第二首写故乡南楼的美，进而表达诗人对家乡的热爱。

晋陵古柏：晋陵，是五代晋王李克用的陵墓，位于州西南柏林寺东。金朝天眷中期，被柏林寺和尚所盗。元代驸马阔里吉思曾经置二十余家守墓，光绪《代州志》载："土人称为晋王陵。"②

岩寺晚钟：白仁岩在州西北 45 里，晋佛家慧远大师于此建寺。白仁岩上有石浮图，山峰上建有说法台、棋枰石、定心石。崖下有五口石井，其中两口井水时有时竭，另外三口井水清冽见底。光绪《代州志》载："山径盘曲，古松万株，梵宫琳宇，缥缈天际。"③ 今寺院已毁。

滹水孤舟：滹沱河，在州南二里，自繁峙县流入代州全境，沉沙见底，环绕代州全境。近几十年来，过度开发带来的后遗症显现出来，今天的滹沱河就是受害者，沿岸植被愈见稀少，生态环境日渐脆弱。为改善其生态环境，河北石家庄市于 2005 年启动了滹沱河人工湿地工程，望古老的滹沱河能焕发生机。

古城残照：古城即汉广武县古城，故治在今代县城 150 里。相传汉高祖刘邦械系刘敬于此地。今尚存部分土墙。

综上所述，清代晋北地区两府两州的八景数量共计三十二景。除却两府两州，晋北地区其他府、州、县也各有八景，杨志忠编著的《山西古代州县八景》中有收录。④ 因篇幅有限，难以一一将其有关史料全部列出，现仅将其中关于晋

① （清）俞廉三纂修：光绪《代州志》卷三《地理志》，《中国地方志集成·山西府县志辑》第 11 册，南京：凤凰出版社，2005 年，第 308 页。
② （清）俞廉三纂修：光绪《代州志》卷三《地理志》，《中国地方志集成·山西府县志辑》第 11 册，南京：凤凰出版社，2005 年，第 310 页。
③ （清）俞廉三纂修：光绪《代州志》卷三《地理志》，《中国地方志集成·山西府县志辑》第 11 册，南京：凤凰出版社，2005 年，第 298 页。
④ 杨志忠编著：《山西古代州县八景》，太原：山西古籍出版社，2007 年。

北地区府州县的"八景"整理如表 1 所示：

表 1　晋北地区八景情况一览表

州、县	名称	八景景观内容	文献来源
大同县	云中八景	镇楼秋爽、柳巷泛舟、魏陵烟雨、采掠积雪、白塔凝烟、雷公返照、凤台晓月、云冈佛阁	道光《大同县志》卷二十《艺文》
阳高县	阳高八景	重台耸秀、织锦飞花、北岫攒云、西岩积雪、白登遗迹、青龙惠水、神谷藏风、凿石通渠	雍正《阳高县志》卷二《山川》
天镇县	天镇八景	霜神春晓、风岫秋烟、盆麓唐松、龙泉汉寺、桑干夜月、桦岭朝云、笔峰留仙、双山积雪	《山西古代州县八景》
浑源州	浑源八景	磁峡烟雨、岳顶松风、龙山雾雪、玉泉寒溜、柏岩秋色、远峪晴云、夕阳返照、神溪夜月	顺治《浑源州志》下卷《艺文》
灵丘县	灵丘八景	塔井三奇、龙泉水钟、道源松影、柏岩夜明、月翻落照、白马跑泉、邓峰烟岚、太白云气	康熙《灵丘县志》卷一《景物》
广灵县	广灵八景	丰水夜月、社台朝雨、千福晓钟、斗山积雪、壶泉春柳、飞凤晴岚、圣泉松风、白羊暮霭	乾隆《广灵县志》卷三《山川》
左云县	左云八景	龙岩呈秀、雕峪回风、火鼎神榆、寒泉灵境、马头积雪、文台揽胜、南楼听雨、北涧清游	光绪《左云县志》卷二《景致》
朔州	朔州八景	林衙古刹、广福钟声、美女钓台、翠屏积雪、小峪藏春、丰王古墓、双化晚照、恢河伏流	雍正《朔州志》卷三《山川》
马邑县	马邑八景	洪涛雨雾、玉泉秋声、雁门耸秀、古寰落照、橹台远眺、龙池夜月、桑干冬暖、神坡古寺	民国《马邑县志》卷一《舆图志》
应州	应州八景	桑干烟雨、龙湾春色、边耀夕照、黄花秋风、南山晓云、凤井含辉、木塔玲珑、浑水夜月	乾隆《应州续志》卷九《艺文》
怀仁县	怀仁八景	清凉耸翠、桑干流碧、团崖先阴、海水灵应、玉龙神洞、鸡鸣古城、地钟应高、石鼓闻远	成化《山西通志》卷七《景致》
山阴县	山阴八景	佛宿云眠、寒潭石瓮、香山叠翠、悲岩晚悬、龙湾异卉、晓城楼橹、埔石征风、桑干竞渡	崇祯《山阴县志》卷二《山川》
右玉县	右玉十景	凤台揽胜、绿圃柔茵、雷峰占雨、混元流碧、圣泽蒸云、牛心孕璞、贺兰插汉、兔渚回纹、盘谷流觞、锦石呈文	雍正《朔平府志》卷三《风景》

（续上表）

州、县	名称	八景景观内容	文献来源
平鲁县	平鲁八景	固山巍焕、石壁龙迹、奎光映照、恒岳崝屏、宝塔凌霄、天门还翠、龙洞滴珠、众派汇流	雍正《朔平府志》卷三《风景》
忻州	忻州八景	独担高峰、系舟隐诵、东岩夜月、石岭晴岚、伞盖青松、九龙连阜、钟乳双山、金山绿洞	乾隆《忻州志》卷六《艺文》
崞县	崞县八景	崞山叠翠、朝元夜月、土圣晚钟、天涯石鼓、仙洞藏春、地角枕流、石神瀑布、阳武流金	光绪《续修崞县志》卷一《山川》
代州	代州八景	雁门紫塞、覆宿晴岚、凤山秋月、南楼夜雨、晋陵古柏、岩寺晚钟、滹水孤舟、古城残照	成化《山西通志》卷七《景致》
繁峙县	繁峙十景	滹沱落石、笔峰拱秀、圭峰古柏、岩山叠翠、峪口晴岚、台背冰岩、三泉涌冽、卤城现影、孤山晚照、峨岭秋红	道光《繁峙县志》卷二《景致》
五台县	五台八景	山城夜月、石窟跃鱼、阁道穿云、河边归雁、龙湾烟雨、茹湖落雁、槐荫春色、东冶秋禾	康熙《五台县志》卷二《八景》
定襄县	定襄八景	蒙山雨霁、沱水冰消、圣阜危楼、神山古刹、七岩晚照、三霍清泉、季庄春色、林木秋光	雍正《定襄县志》卷一《八景》
静乐县	静乐八景	天柱龙泉、神烟风洞、石峡温泉、巾岩濑雨、白岭仙葩、龙禾晚照、弥莲异水、天池映月	《山西古代州县八景》
岢岚县	岢岚八景	龙壁松风、岩洞旅雨、雪山积素、云际晚霞、温泉漱玉、道院凌霄、荷坪挺秀、芦岭流芳	康熙《岢岚州志》卷一《景略》
保德州	保德八景	莲山耸翠、带水泛黄、峡口天桥、水心底柱、峻岭飞烟、温泉腾雾、龙翔遗迹、燕孕奇踪	乾隆《保德州志》卷二《形胜》
河曲县	河曲八景	火山明焰、河涯禹迹、阳沔封冰、龙口雷声、朝阳洞烟、沿流钟鼓、云际耸翠、天桥灵雨	同治《河曲县志》卷三《形胜》
偏关县	偏关八景	玉清真境、文笔凌霄、偏河曲流、金河沙伏、驼洞斗蝶、石沼兴龙、暖泉冬草、溪洞流山	道光《偏关志》卷一《八景图》
宁武县	宁武八景	天池霞映、汾源灵沼、芦芽叠翠、恢河伏流、鸾桥烟虹、支锅奇石、染峪流虾、禅房夕照	《山西古代州县八景》

从表 1 可以看出，晋北地区以"八"景数量居多，间或有"十"景，前文两府两州"八景"多为未经雕琢的自然生态景观，即山川地貌景观，历史人文

气息不是很浓郁。其原因不难找，历史上晋北地区地处北疆边陲，一直是中原王朝的防御屏障，再加上这里天然的气候条件，温差大，风沙也大，生产方式半牧半耕，因此保留了较为粗放、原始的自然社会形态。纵观晋北地区"八景"，虽有泛滥之嫌，却很全面地展示了晋北地区的边塞风光之美，给现代人一种身临其境的体验。

2. 晋中地区"八景"

晋中地区左有太行山之雄，右有黄河之险，正是有着这样的地理优势，北齐、唐、五代等都是以晋中地区作为大本营而建立起新政权，古人谓之雄藩巨镇。晋中地区在清代，主要是指太原府、汾州府、辽州及平定州，即今天太原、阳泉、晋中、吕梁四个城市。

（1）太原府八景。

太原府，古称晋阳。太原府八景，也称晋阳八景。道光《阳曲县志》认为八景之名多半是附会，所以"削去不留题咏，严志例也"，但仍将旧志当中的八景名称列于卷一《舆地图》后，晋阳八景为：烈石寒泉、天门积雪、崛围红叶、汾河晚渡、土堂怪柏、双塔凌霄、巽水烟波、西山叠翠。①

烈石寒泉：烈石泉在阳曲县西北40里，发源于烈石山，向南流三里注入汾河，水量极大，使得汾河势如汹涌。因水温较低，夏天人在水中，触感冰凉，故得名烈石寒泉。有李频诗为证："泉分石洞千条碧，人在冰壶六月寒。"②

天门积雪：在县西北60里，是太原通往山西西北部的重要交通要道。天门关两岸壁立千仞，耸入云霄，冬雪凝冰，晶莹剔透。明代诗人张颐有诗云："天门雪花大于手，岁岁阴崖俨如旧。素屏矗矗插晴空，白云点点藏岩岫。朝来眺望阑干西，寒光灿灿青天低。凭谁散去洗炎瘴，坐令六月风凄凄。"③

崛围红叶：崛围山在太原市西北40里处，山上有多福寺，山坡陡峭，层峦叠翠，每到秋天，落叶铺满山，秋意浓浓，是登山赏景的美好去处。道光《阳曲县志》载："暮秋霜降，满山树叶，凝成朱紫。"④

汾河晚渡：汾河，是山西的母亲河，发源于管涔山，纵贯山西省中部，最

① （清）李培谦监修：道光《阳曲县志》卷一《舆地图上》，《中国地方志集成·山西府县志辑》第2册，南京：凤凰出版社，2005年，第151页。

② （清）沈之燮、沈树声、虞礼宝修：乾隆《太原府志》卷九《山川》，《中国地方志集成·山西府县志辑》第1册，南京：凤凰出版社，2005年，第62页。

③ （明）李侃、胡谧纂修：成化《山西通志》卷十六《集诗》，民国二十二年影印明成化十一年刻本，第262页。

④ （清）李培谦监修：道光《阳曲县志》卷一《舆地图上》，《中国地方志集成·山西府县志辑》第2册，南京：凤凰出版社，2005年，第151页。

后注入黄河。道光《阳曲县志》载："汾水为东西往来要津，当日薄西山时，河底沙土凝结，轮蹄步担，临流竞渡，平稳无恙。"①

土堂怪柏：土堂寺山，在县西北40里，依山傍水，沙鸟出没，旧时院旁翠柏丛生，枝干虬劲，长相古怪，故称土堂怪柏。道光《阳曲县志》载："从烈石西望，山场中有庙曰土堂，内供石佛，相传像自土崖中塌出。有柏丛生庙后，遍覆殿宇，俗称怪柏，盖以其神也。"②

双塔凌霄：双塔落座于省城东南郝庄村。双塔均建于明万历年间，均为八角十三层，为砖砌楼阁式仿木结构建筑。两塔遥遥相望，塔高五十余米，其高度为全国之最。塔内皆有阶梯踏道，登顶远望，太原风光尽收眼底。

巽水烟波：乾隆《太原府志》卷九记载："古水口疏通导水入汾，民获安址。裴通政因密迩文场，更名为文瀛湖，增八景，有巽水烟波，即此。"③ 文瀛湖，在城东南方向，八卦方位中，东南方位为巽方，因此得名。相传科举年间水势大盛，中举者很多，郡守经常于此放生。④

西山叠翠：西山，即太原城西之山，山连山，层峦叠嶂。旧志称"晨霞夕晕，暮雨朝烟，翠色如流，皱纹可辨"⑤。

除此之外，道光《太原县志》卷一前有"八景图"，依次是五峰聚秀、八洞环青、清潭写翠、古塔凌苍、蒙山晓月、汾水秋波、白龙时雨、卧虎晴岚⑥。此志所列之八景，在同志卷二《山川》里有专门的内容"附八景"，其名称排序与"八景图"相同。此志还称旧志所列八景当中有广惠灵泉、浮图瑞霭、玉井停骖、仙岩避暑，因已经列入"古迹"，所以将其更换。

太原府周边还有一些很有特点的八景。晋祠位于悬翁山麓，是祭祀春秋时期晋国的开国诸侯唐叔虞的祠庙，山青水秀，庙宇宏伟，包含内八景与外八景。《晋祠志》记载的院内八景为：望川晴晓、仙阁云梯、石洞茶烟、莲池映月、古

---

① （清）李培谦监修：道光《阳曲县志》卷一《舆地图上》，《中国地方志集成·山西府县志辑》第2册，南京：凤凰出版社，2005年，第151页。

② （清）李培谦监修：道光《阳曲县志》卷一《舆地图上》，《中国地方志集成·山西府县志辑》第2册，南京：凤凰出版社，2005年，第151页。

③ 乾隆《太原府志》（一）卷九，《中国地方志集成·山西府县志辑》第1册，南京：凤凰出版社，2005年，第63页。

④ （清）李培谦监修：道光《阳曲县志》卷一《舆地图上》，《中国地方志集成·山西府县志辑》第2册，南京：凤凰出版社，2005年，第151页。

⑤ （清）李培谦、华典修：道光《阳曲县志》卷一《舆地图上》，《中国地方志集成·山西府县志辑》第2册，南京：凤凰出版社，2005年，第151页。

⑥ 道光《太原县志》，《中国地方志集成·山西府县志辑》第2册，南京：凤凰出版社，2005年，第474－477页。

柏齐年、胜瀛四照、难老泉声、双桥挂雪；院外八景为：悬瓮晴岚、文峰鼎峙、宝塔披霞、谷口双堤、山城烟堞、四水清畴、大寺荷风、桃源春雨。① 晋祠西边20里处的天龙山，山势奇伟，草木茂盛，其中还有石窟、佛像，亦有八景，道光《太原县志》卷十八《杂志》称："天龙山另有八景，一崇山环翠，二佛阁停云，三鼎峰独峙，四虬柏蟠空，五龙池灵泽，六石洞栈道，七高欢暑宫，八柳子旗石。"② 从晋祠与天龙山的"八景"能看出昔日太原府城的秀丽风光。

（2）汾州府八景。

汾州府，府治在汾阳，故汾州府八景也叫汾阳八景。光绪《汾阳县志》记载其八景为：卜山书院、汾水行宫、马跑神泉、鹤鸣古洞、烟笼贤阁、雨渍仙碑、文湖渔唱、彪岭樵歌。

卜山书院：书院在汾州北20里大相村。元代樊宗英世代居于子夏山，在山脚下创建了卜山书院。现仅留大厅、东西厢房及一座石碑。

汾水行宫：临汾宫，又称汾阳宫，旧志载，汾阳宫在汾州东20里，是隋炀帝巡幸于此，贪恋汾水之滨，凉爽异常，遂起常住之意，在此营建避暑行宫，故名汾水行宫。③

马跑神泉：在白彪岭山谷中。光绪《汾阳县志》载："原公水，出县西北白彪山麓。"④ 传说北魏时期贺鲁将军驻扎在此，其坐骑刨地刨出了泉水，今名为峪道河水，全长34里。

鹤鸣古洞：在县城西10里北协和堡东北崖长春观，今已成废墟。相传为张真人羽化之所，后人遂建长春观。琳宫梵宇，草木葱茏，可给过往行人提供栖息之所。在洞中击掌，如鹤声嘶鸣，故得名。

烟笼贤阁：在县城东。旧有三贤祠，祭祀的是卜子夏、田子方、段干木三贤，三贤皆以贤明著称。相传三贤祠建有阁楼，烟云缭绕。古人题咏曰："杰阁嵯峨亦壮哉，三贤精爽几时回。可怜千载名常在，日日烟笼拨不开。"⑤

雨渍仙碑：关于仙碑，说法有三：一说在原县城东关三贤祠内；一说在东

① （清）刘大鹏遗著，慕湘、吕文幸点校：《晋祠志》，山西：山西人民出版社，2002年，第16-17页。

② 道光《太原县志》，《中国地方志集成·山西府县志辑》第2册，凤凰出版社，2005年，第707页。

③ （明）李侃、胡谧纂修：成化《山西通志》卷四《宫室》，民国二十二年影印明成化十一年刻本，第122页。

④ （清）方家驹等修：光绪《汾阳县志》卷二《山川》，《中国地方志集成·山西府县志辑》第26册，南京：凤凰出版社，2005年，第52页。

⑤ （清）方家驹等修：光绪《汾阳县志》卷十四《艺文》，《中国地方志集成·山西府县志辑》第26册，南京：凤凰出版社，2005年，第445页。

郭圣母庙中；一说在潞城文湖庙中。相传雨前，碑石上会显现水珠，预告降雨，自成一景。

文湖渔唱：文湖在县城东 10 里。文湖在历史上几经坎坷，时而蓄水成湖，时而废湖造田，后治理成为灌溉区。旧志称其"菰蒲藏舟，莲菱映水，汪洋浩渺，气象郁葱。乡之民，渔者，耕者，咸赖以育其生，为县名胜"。①

彪岭樵歌：在县西北 25 里的白彪山岭，相传远古神兽驺虞于此出现过，故得名白彪山。岭上白石起伏，奇峰突起，古树参天，灌木丛生，旧时山上常闻樵歌阵阵。有诗为证："彪岭歌传得未会，丁丁伐木快先登。欲惭我亦汾人氏，欲谢樵夫笑可能。"②

（3）辽州十一景。

辽州，位于山西中部，与今榆社、和顺、左权三地范围一致。雍正《辽州志》载辽州十一景为：罕山春色、千亩灵泉、石佛松涛、高欢云洞、北郭晴岚、西楼返照、漳水秋波、箕山积雪、许洞清风、五指圣迹、太子莲池。③

罕山春色：罕山在辽州城外西三里处。旧志载："地居向阳，春色先到，隆冬亦含生意。"④ 旧时山上有昭懿圣母庙，相传供奉的是孟子七世孙女。左右两边分别有牡丹、芍药园，西边有昭懿泉，为辽州城中游览胜地。

千亩灵泉：千亩泉，又名千亩原，在州南 30 里，此处悬崖侧壁上泉水流出形成瀑布，形如白练，声如雷吼。石窟中有龙洞，祷雨则应。古人题咏曰："瀑布悬崖白练飞，泉声潺潺影晖晖。诚求可作苍生雨，涤尽年来旱魃威。"⑤ 从诗中可以看出当年盛景。

石佛松涛：在州七里店南山上的石佛寺。石窟开凿于两晋时期，一排两洞，镌刻大小佛浮雕数百龛。旧志载："松涛万株，幽雅绝俗。"⑥ 石佛寺于清雍正十年（1732）为僧人祖瑛重修。寺枕高冈，绕清涧，山中苍松清香袭人。

① （清）方家驹等修：光绪《汾阳县志》卷二《山川》，《中国地方志集成·山西府县志辑》第 26 册，南京：凤凰出版社，2005 年，第 53 页。

② （清）方家驹等修：光绪《汾阳县志》卷十四《艺文》，《中国地方志集成·山西府县志辑》第 26 册，南京：凤凰出版社，2005 年，第 445 页。

③ （清）徐三俊纂修：雍正《辽州志》卷四《古迹》，《中国地方志集成·山西府县志辑》第 18 册，南京：凤凰出版社，2005 年，第 177 页。（下同引此书，仅列书名、卷数及页码。）

④ （清）徐三俊纂修：雍正《辽州志》卷四《古迹》，《中国地方志集成·山西府县志辑》第 18 册，南京：凤凰出版社，2005 年，第 177 页。

⑤ （清）徐三俊纂修：雍正《辽州志》卷八《艺文》，《中国地方志集成·山西府县志辑》第 18 册，南京：凤凰出版社，2005 年，第 266 页。

⑥ （清）徐三俊纂修：雍正《辽州志》卷四《寺观》，《中国地方志集成·山西府县志辑》第 18 册，南京：凤凰出版社，2005 年，第 178 页。

高欢云洞：又名高观堂，位于申家峧村北四里石崖上。壁开石室，镂柱雕梁，门庭富丽，相传东魏高欢曾避暑于此，因而得名。石洞有数十个，主洞两侧石洞排列有序，鳞次栉比，现保存完好。古人题咏曰："芳草为茵石作床，到来六月顿生凉。英雄割据今何在，惟有浮云宿栋梁。"①

北郭晴岚：在辽州城北，每天早晨有雾霭流霞横亘天际，绚烂多彩，煞是好看。古人题咏曰："荒城何处破丹青，北郭山光望眼醒。翠色欲流非为雨，碧霞初映转如屏。天飘宝篆诸峰合，地拥苍精百雉扃。最是火龙高卧处，颓垣隐隐自瑓桯。"② 此诗将晨曦天边流霞的绚丽多姿描绘得栩栩如生。

西楼返照：在辽州城西关通晋桥头的西楼，日落西山，霞光满天。古人题咏曰："萧寺遥临漳水流，水波倒影夕阳秋。眼前一幅王维画，笑对西风赵倚楼。"③ 诗人引用王维画来衬托"西楼返照"景观的美妙绝伦。

漳水秋波：境内东清漳河流长 60 里，西清漳河流长 120 里，东、西清漳河会合后南流 50 里入黎城县。清漳河沿途历经深山峡谷，两岸山势嵯峨，屏障壁立，山水掩映，风景秀丽。旧志称："逢秋潦尽水清，风涛澎湃，音韵铿然。"④

箕山积雪：箕山在州东 60 里。每逢盛夏酷暑时节，山之阴仍有积雪。古人题咏曰："怪底青山也白头，长空积雪眩双眸。玉人忽着胭脂色，旭日曈曈峰际浮。"⑤ 此诗描绘了一幅箕山旭日映照积雪的画面，唯美动人。

许洞清风：许洞在箕山上，相传尧帝时高士许由不愿为官，隐居于此。许洞石壁内镌刻有蝌蚪文字，应该是先古时期通行的文字。许洞下边有洗耳泉。古人题咏曰："唐帝山河几劫灰，清风习习洞中来。好奇千古龙门笔，凭吊空山土一杯。"诗中把洞中石壁上的蝌蚪文字视为龙门笔法，凭吊了先人许由高风亮节的高尚品格。

五指圣迹：五指山在州东 70 里，山形笔直，一峰插天，因半山腰有仙人掌迹，故名五指山。古人题咏曰："闻道中条擘巨灵，辽阳胜迹峙亭亭。支撑天柱

---

① （清）徐三俊纂修：雍正《辽州志》卷八《艺文》，《中国地方志集成·山西府县志辑》第 18 册，南京：凤凰出版社，2005 年，第 266 页。

② （清）徐三俊纂修：雍正《辽州志》卷八《艺文》，《中国地方志集成·山西府县志辑》第 18 册，南京：凤凰出版社，2005 年，第 258 页。

③ （清）徐三俊纂修：雍正《辽州志》卷八《艺文》，《中国地方志集成·山西府县志辑》第 18 册，南京：凤凰出版社，2005 年，第 266 页。

④ （清）徐三俊纂修：雍正《辽州志》卷四《古迹》，《中国地方志集成·山西府县志辑》第 18 册，南京：凤凰出版社，2005 年，第 177 页。

⑤ （清）徐三俊纂修：雍正《辽州志》卷八《艺文》，《中国地方志集成·山西府县志辑》第 18 册，南京：凤凰出版社，2005 年，第 266 页。

无今古，五指缘知胜五丁。"①

太子莲池：旧时州城南有罗睺圣母庙，庙前有泉溢出，起甃为池，相传梵王太子在此浴后，佛莲涌出。明代诗人钟武瑞题咏曰："山城何日凿斯池，见说金莲属大悲。解语有花空是色，洗心无垢即犹离。晶光但许波罗浴，清浸应令火宅移。却忆恒河沙万里，可须勺水蘸牟尼。"惜今景不存。

（4）平定州八景。

平定州处于山西中东部，包含今寿阳、乐平、盂县等地，境内有娘子关、冠山、开河寺、固关长城等人文景观。据光绪《平定州志》记载，平定州八景为：红楼晚照、白岸秋霜、阳泉春色、清泉浸月、五渡平波、双林古寺、帽石烟凝、冠山雨过。

红楼晚照：平定城始建于宋，为大城中复套小城的上下两重城。上城月城门上原有明建天衢阁，亦称红楼，夕阳返照，是当时城中胜景。清乾隆年间遭火毁，景已不在。古人题咏曰："孤楼低晚照，万井欲黄昏。残影连汾水，余晖隔雁门。关城悲鼓角，风物暗川原。隐约桑榆外，归鸦趁晚村。"②

白岸秋霜：景在今平定县锁簧镇西白岸村，因处在川河下游南畔，秋霜之后丛林一片白色，蔚为奇观，故旧志称白岸秋霜。古人题咏曰："榆关八月雁来秋，肃气棱棱暑气收。夜合苍旻银絮乱，晓凝碧岸玉花浮。色添枫叶红如锦，寒逼芙蓉醉若羞。更喜农家禾稼熟，涤场开酒乐优游。"③ 此诗中色彩对比鲜明，红枫对白霜，让人仿佛身临其境。

阳泉春色：景在州西15里。清光绪《平定州志》载："泉源有五：一在村南涧中，俗名饮马坑；一在村西野子沟，皆夏秋有水，冬春则涸；一在村北寺沟，相去丈余，水盈盈常不涸；一在张氏山庄问渠亭右侧，深广丈余，石甃为池，土人常祷雨于此；或曰今村中上港井，亦泉也。今有石槽尚存，后填以巨石，因以为井，皆自平地涌出。本名漾泉，讹为阳云。"④ 阳泉，五个泉源串联起方圆几个村庄，灌溉了一方水土，滋养了一方生灵。

清泉浸月：清泉池，在州西30里蒙村山谷间，山上建有龙母祠。古人题咏

① （清）徐三俊纂修：雍正《辽州志》卷八《艺文》，《中国地方志集成·山西府县志辑》第18册，南京：凤凰出版社，2005年，第266页。

② （清）张彬修：光绪《平定州志》卷二《山川》，《中国地方志集成·山西府县志辑》第21册，南京：凤凰出版社，2005年，第50页。

③ （清）张彬修：光绪《平定州志》卷二《山川》，《中国地方志集成·山西府县志辑》第21册，南京：凤凰出版社，2005年，第50页。

④ （清）张彬修：光绪《平定州志》卷二《山川》，《中国地方志集成·山西府县志辑》第21册，南京：凤凰出版社，2005年，第46页。

曰:"荡漾关山月,寻源只滥觞。素蛾微有影,银阙迥含光。浴鹤还松盖,沉云映石床。烟华连上党,风色似沧浪。"①

五渡平波:五渡河,在州北 15 里平定境,为桃河支流。五渡河有三个源头,其一出自四角山,其二出自黄沙堰,其三出自鹿泉山,向南而流。因有五个渡口,水流此处水面无波,故称五渡平波。古人题诗咏曰:"渺渺桃江下,东流直且纡。平波分渡口,曲岸转山隅。芳草停嘶马,斜阳艳浴凫。通津何处急,沧海也应浮。"② 此诗便是明证。

双林古寺:双林寺,在州西南 70 里松曲村含龙山。唐时称普济院,宋时大中祥符年间赐牒。有一石碑尺余高,光可鉴人。古人题咏曰:"双柏风烟古,群山花木幽。地兼南北胜,寺历汉唐秋。石径深红积,雕栏远翠浮。禅心共流水,潇洒白云游。"③ 诗中言明了双林寺历史悠久,寺中建筑雕梁画栋,禅意悠远。

帽石烟凝:此景在州西 25 里的狮子山,因山形似狮而得名。山势巍峨,超出群山,形似巨人头上的冠帽,故此山又称帽石。古人题咏曰:"有石如山翠且高,无端烟霭四时包。晚云似练笼梳髻,夜月如纱映绿袍。淡抹远山青缕缕,寒分五渡水漕漕。今朝喜得攀跻乐,骐马归来胜驾鳌。"④ 此诗形象地描绘了狮子山的形神兼备。

冠山雨过:冠山,在州西南八里,因山形似冠而名。冠山山势嵯峨,挺拔秀丽,有省级重点文物保护单位冠山书院及资福寺、槐音书院、仰止亭、吕祖洞、文昌阁、夫子洞等遗址,为境内著名旅游胜地,雨后景色尤为迷人。古人题咏曰:"四面稍盘屈,中危却似冠。野云滋鸟道,时雨下鸿磐。花覆崖心溜,人喧渡口湍。翠微青石黛,畦圃腻罗纨。"⑤ 此诗便是雨后冠山景色迤逦的明证。

晋中地区除两府两州三十五景具有代表性外,晋中地区各州县也都有"八景",根据山西各地方志整理见表2:

---

① (清) 张彬修:光绪《平定州志》卷二《山川》,《中国地方志集成·山西府县志辑》第 21 册,南京:凤凰出版社,2005 年,第 50 页。

② (清) 张彬修:光绪《平定州志》卷二《山川》,《中国地方志集成·山西府县志辑》第 21 册,南京:凤凰出版社,2005 年,第 50 页。

③ (清) 张彬修:光绪《平定州志》卷二《山川》,《中国地方志集成·山西府县志辑》第 21 册,南京:凤凰出版社,2005 年,第 50 页。

④ (清) 张彬修:光绪《平定州志》卷二《山川》,《中国地方志集成·山西府县志辑》第 21 册,南京:凤凰出版社,2005 年,第 50 页。

⑤ (清) 张彬修:光绪《平定州志》卷二《山川》,《中国地方志集成·山西府县志辑》第 21 册,南京:凤凰出版社,2005 年,第 50 页。

表2　晋中地区八景一览表

州、县	名称	八景景观内容	文献来源
阳曲县	晋阳八景	烈石寒泉、天门积雪、崛围红叶、汾河晚渡、土堂怪柏、双塔凌霄、巽水烟波、西山叠翠	道光《阳曲县志》卷一《舆地图》
太原县	太原八景	五峰聚秀、八洞环青、清潭写翠、古塔凌苍、蒙山晓月、汾水秋波、白龙时雨、卧虎晴岚	道光《太原县志》卷二《山川》
清源县	清源八景	陶唐古迹、汾河晚渡、东湖夜月、西岭香岩、平泉流碧、中隐环青、青堆烟草、白石云松	光绪《清源乡志》卷首《八景》
徐沟县	徐沟八景	花县晓钟、谯楼晚照、金水春澜、泮宫台阁、层云叠翠、池柳环烟、甘泉平涌、白龙古凳	康熙《徐沟县志》卷一《八景图》
平定州	平定州八景	红楼晚照、白岸秋霜、阳泉春色、清泉浸月、五渡平波、双林古寺、帽石烟凝、冠山雨过	光绪《平定州志》卷二《山川》
盂县	盂县十景	藏山晚照、伏洞仙踪、细水回澜、孤山耸翠、北台仙月、西野云禾、鹿洞泉鸣、龙潭草暖、乌川绕玉、马水溅珠	光绪《盂县志》卷六《名胜》
榆次县	榆次八景	罕山时雨、涂水洪涛、龙门晚照、源池荷花、榆城烟柳、井峪寒泉、神林积雪、蔺郊无霜	同治《榆次县志》卷十四《艺文下》
榆社县	榆社八景	荆山晚照、漳水浮清、秀容叠翠、龙祠古岭、岳庙齐云、塔寺晓钟、北寺清泉、禅山云影	光绪《榆社县志》卷一《山川》
辽州	辽州十一景	崋山春色、千亩灵泉、石佛松涛、高欢云洞、北郭晴岚、西楼返照、漳水秋波、箕山积雪、许洞清风、五指圣迹、太子莲池	雍正《辽州志》卷首《八景图》
和顺县	和顺十景	黄榆古戍、风挝石鼓、八赋晚霞、松子香风、合山奇泉、凤台异彩、九京新月、西溪灵井、雨洗麻衣、漳水环带	民国《重修和顺县志》卷一《图考》
乐平县	乐平八景	蒙山烟雨、松峰积雪、石马寒云、皋落奇峰、界都花木、古寺园林、沾岭拖兰、洪水池塘	民国《昔阳县志》卷一《形胜》
寿阳县	寿阳八景	寿水清波、芹泉晓月、双凤朝阳、石门禹迹、方山云雾、羊头积雪、建公蛇穴、故城返照	光绪《寿阳县志》卷十二《艺文下》

（续上表）

州、县	名称	八景景观内容	文献来源
太谷县	太谷十景	凤山春色、象水秋波、龙冈烟雨、马陵积雪、古城芳草、吴塚斜阳、松岭晴岚、酎泉春水、磨窥云树、雪峰夕照	乾隆《太古县志》卷一《图考》
祁县	祁县八景	麓台龙洞、昌源春水、帻山晚照、龙州夜月、高山积雪、故县龙槐、双井古柏、沙城断碑	光绪《祁县志》卷一《舆图·八景图》
平遥县	平遥八景	市楼金井、贺兰仙桥、凤鸟栖台、河桥野望、源池泉涌、麓台叠翠、瀴溪晚照、超山晓月	光绪《平遥县志》卷首《图考》
介休县	介休十景	绵山叠翠、汾曲秋风、回銮香刹、虹桥望月、胜水春膏、抱腹慈云、牛泓应雨、狮岭霞光、兔引仙桥、乳滴蜂房	乾隆《介休县志》卷十三《诗》
灵石县	灵石八景	冷泉烟雨、翠峰耸秀、汾水鸣湍、介庙松涛、夏门春晓、苏溪夜月、两渡秋晴、霍山雪霁	嘉庆《灵石县志》图考《八景图》
永宁州	永宁州十景	凤山仙迹、玉亭古迹、离石闲云、白马仙洞、孟门洪涛、灵泉寒玉、吕梁禹迹、卢城晚照、山寺牡丹、黄河晚照	康熙《永宁州志》卷一《图》
孝义县	孝义十景	玄都春色、柏山烟雨、双桥秋水、魏冢寒云、薛颉晚照、龙隐晓钟、六壁斜阳、胜水清波、上殿晴岚、神坟暮雪	乾隆《孝义县志》卷四《艺文》
兴县	兴县古十景	峨嵋晓烟、石楼晚照、栖霞叠翠、通惠留香、查山积雪、紫荆吐云、浩旻飞蹬、龙岭天桥、仙洞澄渊、莲风石墪	乾隆《兴县志》卷十六《形胜》
石楼县	石楼县十二景	翠金高峰、屈产龙泉、水帘深洞、双流合璧、黄云霁雪、团山叠霞、东庄秋别、北岭春游、月映冰塔、风吹石鼓、飞龙古柏、河带束寺	雍正《石楼县志》卷一《舆图》
岚县	岚县八景	秀荣古堞、圣窟仙洞、铜鼓高峰、大万灵龙、双松并秀、绿水漾环、饮马神池、神宵仙鹤	详见山西古籍出版社《山西古代州县八景》

（续上表）

州、县	名称	八景景观内容	文献来源
临县	临县八景	紫金瑞云、黄河古渡、慈云镜碑、普化神钟、东林春色、凤岭朝阳、湫川烟雨、甘泉漱玉	详见山西古籍出版社《山西古代州县八景》
宁乡县	宁乡八景	凤翼翠晨、虎头横晚、林泉昏雾、殿柏苍烟、南雩早夏、东观深秋、屏山过雨、川溜惊风	康熙《宁乡县志》卷二《八景》
交城县	交城十景	锦屏春色、石壁秋容、王山宝塔、卦岳夌峰、汾阳晚照、定慧晨钟、北祠灵井、西社龙门、却月晴波、卧虹烟柳	光绪《交城县志》卷十《艺文》
文水县	文水十景	商山叠翠、石门浪雪、悬崖瀑布、平陵晚照、谷口秋风、隐泉春水、寿宁怪柏、石峡藏书、沁水名碑、郝岭长栝	康熙《文水县志》卷二《山川》
汾阳县	汾州八景	卜山书院、汾水行宫、马跑神泉、鹤鸣古洞、烟笼贤阁、雨渍仙碑、文湖渔唱、彪岭樵歌	光绪《汾阳县志》卷首《图》

3. 晋南地区"八景"

晋南地区地处山西西南部，依傍黄河，古称河东。汾河经此注入黄河，地形平坦，气候温和，优良的自然环境为华夏文明的孕育做好了准备。清时设平阳、蒲州两府及四个直隶州，其覆盖范围相当于今天的临汾市、运城市。

（1）平阳府八景。

平阳府，即现今山西临汾市、运城市北部辖区，地处汾河之畔，故得名临汾。西与古秦地隔黄河相望，北边毗邻晋中、吕梁，东临长治、晋城市，南接运城市，地理位置十分优越。临汾是华夏文明发源地之一，古称尧都，乃帝尧故乡，有着悠久的历史文化风韵。优越的自然地理环境与源远流长的历史文化碰撞出平阳府八景。

据研究，明朝万历年间的朱知整的《临汾八景图》（作于1596—1613年之间）所记录的八景依次为平湖飞絮、锦岸落花、姑射晴岚、西岩夜雨、涝水流云、渊泉荷艳、金龙涌液、玉洞藏仙，这是临汾目前已知的最早"八景"实物资料。[①]

清代平阳府亦有八景，据2007年出版的《山西古代州县八景》一书记载，

---

① 赵凡奇、王克丽：《〈临汾八景图〉考述》，《文物世界》，2013年第3期。

即是陶唐春色、汾水秋风、广胜晴岚、姑山晚照、锦滩荷花、平湖飞絮、西岩夜雨、晋桥梅月。

陶唐春色：景在霍州东 30 里的陶安谷。相传帝尧曾经巡幸此地，谷中有一泉水向西流，周山环绕，山林阴翳，美景如画。道光《直隶霍州志》载："群峰四合，孤泉独喷，丛薆茂林，绣错疏状。"①

汾水秋风：汾河自北向西南方向注入黄河，流经临汾市境内十多个县，汾河流域各州县评选八景必有汾河作为其中一景。

广胜晴岚：景在赵城县东南 40 里霍山南麓的广胜寺。广胜寺分上、下两寺，形成高低错落之美，依山连水，寺院建有飞虹塔、应王庙，夜间由山脚仰望飞虹塔，月光缭绕，景色怡然。道光《赵城县志》载："春夏间夜，有光如火自塔尖出，朗朗照人然，不常见也。"②

姑山晚照：景在直隶绛州西北 40 里的姑射山。夕阳西下，山势雄伟，山光旖旎，景色宜人，犹如人间仙境。与绛州十景之一的"姑射晴岚"同景异名。

锦滩荷花：景在直隶绛州南五里的浍河，沿岸滩头遍植青莲，花开时节，立于浍河岸边，一阵清风吹来，波光粼粼，荷香袭人。

平湖飞絮：据雍正《平阳府志》载："平水出城西南平山下，东流至城西五里名平湖。"③ 平湖岸边种植柳树，阳春三月满天飞絮，在湖光的映衬下，颇为好看。

西岩夜雨：景不详。

晋桥梅月：晋桥，因在襄陵县城北门外晋水上，故得名。宋朝嘉祐六年（1061）建桥，明朝万历年间晋水发，冲毁桥面，后历代都重修过。1938 年晋桥被日军损毁，后得以重修。根据雍正《平阳府志》载："相传仙客过饮桥畔，题梅月于壁。"④ 是故得名晋桥梅月。

（2）蒲州府八景。

蒲州府，即今永济市，位于山西、陕西、河南三省交界处，地处黄河岸边，依傍中条山，古称蒲坂。雍正年间设蒲州府，府治所在为永济县。其府八景为：

---

① （清）崔允昭纂：道光《直隶霍州志》卷四《山川》，《中国地方志集成·山西府县志辑》第 54 册，南京：凤凰出版社，2005 年，第 36 页。

② （清）杨延亮修：道光《赵城县志》卷二十七《寺观》，《中国地方志集成·山西府县志辑》第 52 册，南京：凤凰出版社，2005 年，第 110 页。

③ （清）章廷珪纂修：雍正《平阳府志》卷五《山川》，《中国地方志集成·山西府县志辑》第 44 册，南京：凤凰出版社，2005 年，第 179 页。

④ （清）章廷珪纂修：雍正《平阳府志》卷五《山川》，《中国地方志集成·山西府县志辑》第 44 册，南京：凤凰出版社，2005 年，第 182 页。

蒲津晚渡、虞坂晓行、舜殿薰风、首阳晴雪、东林夜雨、西岩叠嶂、姤汭夕阳、王官飞瀑。

蒲津晚渡：景在今永济市城西 30 里处的黄河东岸。古代这里建有浮桥，因黄河天堑，波涛汹涌，时建时废。光绪《永济县志》载："开元十二年，于黄河两岸开东西门，各造铁牛四，并前后柱十六，其牛下并铁柱连腹入地丈余。"① 1989 年出土了四尊铁牛、铁人、铁柱及铁山全部文物。今天蒲津渡建有现代化的机船摆渡。

虞坂晓行：景在蒲州府东南方的虞都古城。元代陈赓题诗云："五更风露正清冥，马首残蟾分外明。好句堕前俄失去，微吟倏过古虞城。"②

舜殿薰风：薰风楼在蒲州古城街中。唐代广明年间，河中节度使王仲荣攻打黄巢，在此作战前动员，誓破黄巢。大败黄巢后，建楼庆功，名曰克复楼。宋真宗于大中祥符四年（1011），巡幸至此地，感慨克复楼之克复，不过是一时之事，于是克复楼更名为薰风楼。元末毁，后历经复建又毁。当地人称其旧址为薰风台。古人题咏云："岩廊鸣五弦，薰兮南风来。风去徽音绝，瑠井生莓苔。"③

首阳晴雪：首阳山在蒲州南 45 里，因"首阳，即雷首之南阜"④ 得名。相传伯夷、叔齐两位有闲之士，为商亡守节，拒吃西周的粟米而饿死。旧时山上建有纪念二人的二贤祠。

东林夜雨：东林寺在深山茂林里，每当寺里下起萧瑟寒雨，大殿回廊夜晚寒气弥漫四起。元代诗人王恽为其题诗云："潇潇风雨暗秋山，声满疏林万佩环。拂晓开门看晴霁，白云依旧伴僧闲。"⑤

西岩叠嶂：栖岩寺在今永济市区西南 40 里的中条山北侧。北周建德年间建灵居寺，而后更名为栖岩寺。唐名士青睐此地，来此览胜，吟诗啸歌。该寺由三部分构成，山脚栖岩寺，寺旁泉水泠泠；在山腰栖岩寺，被山势巍峨环抱之；

① （清）杜崧年编纂：光绪《永济县志》卷三《山川》，《中国地方志集成·山西府县志辑》第 67 册，南京：凤凰出版社，2005 年，第 67 页。

② （清）杜崧年编纂：光绪《永济县志》卷二十二《艺文诗》，《中国地方志集成·山西府县志辑》第 67 册，南京：凤凰出版社，2005 年，第 626 页。

③ （清）杜崧年编纂：光绪《永济县志》卷二十二《艺文诗》，《中国地方志集成·山西府县志辑》第 67 册，南京：凤凰出版社，2005 年，第 623 页。

④ （清）杜崧年编纂：光绪《永济县志》卷三《山川》，《中国地方志集成·山西府县志辑》第 67 册，南京：凤凰出版社，2005 年，第 56 页。

⑤ （清）杜崧年编纂：光绪《永济县志》卷二十二《艺文诗》，《中国地方志集成·山西府县志辑》第 67 册，南京：凤凰出版社，2005 年，第 626 页。

山顶栖岩寺，俯瞰蒲州胜景。旧志载："栖岩为河中诸寺胜景之最。"[①] 日军侵占期间，寺院被毁，仅留残垣断壁。

妫汭夕阳：妫汭，在今永济市南。一说是两水名，光绪《永济县志》载："历山有舜井，妫、汭二水出焉，南曰妫，北曰汭。"[②] 另说是地名，"妫汭虞地之名，而非其水"。又说妫、汭实为一水，"汭为内云，居妫水之内"。说法颇多。

王官飞瀑：王官谷，位于永济县东南 20 里处。中有二水，一为贻溪，旧时溪水中没有鱼；一为石窦泉，鱼很多。深谷幽静，山石嶙峋，林木葱茏，溪水泠泠，如桃园胜景。

（3）解州八景。

解州，古称解梁，是华夏发源地，物宝风华，人杰地灵，是历史上诸多名人的故乡。三国时期名将关羽，就是解州人。解州八景为：龙潭春雨、硝池烟柳、横岭飞云、石岩喷雪、峨嵋绕翠、静林晚照、仙洞桃花、汉宫桧柏。

龙潭春雨：龙潭洞在州东白家庄。龙潭洞洞口形似银锭，仅容一人，石墙参差不齐，当地人持火烛入内祷雨，往里走，穿过尖石门，越入里越宽敞，洞内墙壁上"棱水由石罅散下如春雨"[③]，遂成龙潭春雨一景。

硝池烟柳：硝池位于解州西北隅，面积 130 平方公里。硝池与运城盐池本为一个连接的整体，后逐渐分离，明清时曾为游览佳处。古人题咏曰："湖光潋滟明，一叶恣独逞。岸垒春山色，波翻官柳影。莺声佐酒杯，晚唱识渔艇。快意信夷犹，波心月已耿。"[④] 此诗可以看出诗人游览硝池时恣意盎然的心情。

横岭飞云：横岭，位于今运城市盐湖区西姚村南，海拔 1 350.3 米。山峰突兀，直入云霄，云雾从岭东西两面散开，故名横岭飞云。山顶古建筑飞云寺遗址尚存。岭西有峡谷，称风谷洞，形似半开，投叶即飞。仲夏应候风出，其声隆隆，直奔盐池，一夕成盐，相传舜帝曾弹奏《南风歌》以赞。古人题咏曰："中条一岭横，竦立分云内。疑从巨灵掌，劈开突兀态。重重虎豹姿，片片蛟龙

---

① （清）杜崧年编纂：光绪《永济县志》卷二十《寺观》，《中国地方志集成·山西府县志辑》第 67 册，南京：凤凰出版社，2005 年，第 261 页。

② （清）杜崧年编纂：光绪《永济县志》卷三《山川》，《中国地方志集成·山西府县志辑》第 67 册，南京：凤凰出版社，2005 年，第 62 页。

③ （清）马丕瑶、魏象乾修：光绪《解州志》卷二《山川》，《中国地方志集成·山西府县志辑》第 56 册，南京：凤凰出版社，2005 年，第 395 页。

④ （清）马丕瑶、魏象乾修：光绪《解州志》卷十七《艺文》，《中国地方志集成·山西府县志辑》第 56 册，南京：凤凰出版社，2005 年，第 628 页。

队。大地愿成霖，障空勿作碍。"①

石岩喷雪：景在州直南五里处的石岩，岩水束峡于其中，峡中崖悬光溜如喷雪，故称喷雪岩。古人题咏曰："六花片片飞，翻自层崖上。山月照还空，海鸥溶一状。移时神骨清，当暑烦嚣丧。信可结茅亭，岂徒暂欲傍。"②

峨嵋绕翠：峨嵋岭，又称峨嵋塬、峨嵋台地，横卧解州北，苍翠秀美。古人题咏曰："峨嵋翠欲流，乃在有无际。逼视已成空，回头渺未逝。蜃楼仿像识，海市空濛闭。真幻有何常，达观自一例。"③

静林晚照：又称静林晓景。静林寺在州西20里中条山谷，唐乾宁年间赐名妙觉寺，宋太平兴国三年易名为静林山天宁寺。红脸沟泉自寺东流向北，四周皆古柏苍松，夕阳入林，霞光映射如画。古人题咏："高峰网夕阳，古刹余残照。鸟外孤烟飞，龛中白叶妙。暮钟已乱鸣，红叶还添烧。漠漠未须愁，东林光已耀。"④

仙洞桃花：桃花洞在州西南的红脸沟东15里。旧志载："昔人十月中行中条岩下，桃花片片远浮涧水而至，缘涧迹之杳然，莫穷其际。"⑤ 遂名桃花洞。山涧落花流水，尤其吸引文人骚客慕名前来。

汉宫桧柏：又称寿亭古柏，在解州城西北关帝庙内，距今已有千余年。解州关帝庙为全国规模最大的关羽祖庙，始建于隋开皇九年（589），历经数十次扩建、重建、修建。整个庙宇由主庙和东西两宫及结义园、御花园4部分组成，占地面积240余亩，系全国重点文物保护单位。另说解州城东20里常平村关帝家庙也有古柏十余株，尤以龙柏、虎柏生长神奇，恰如其名。古人题咏曰："古柏虬龙形，荣枯吁可怪。千载饱风霜，一枝存耿介。炎精有歇绝，神物无摧败。故老识遗踪，时时犹下拜。"⑥ 解州关帝庙，自古就是游览胜地，也是全国最大的祭扫关帝的场所，游人信士络绎不绝，香火旺盛。

---

① （清）马丕瑶、魏象乾修：光绪《解州志》卷十七《艺文》，《中国地方志集成·山西府县志辑》第56册，南京：凤凰出版社，2005年，第628页。

② （清）马丕瑶、魏象乾修：光绪《解州志》卷十七《艺文》，《中国地方志集成·山西府县志辑》第56册，南京：凤凰出版社，2005年，第628页。

③ （清）马丕瑶、魏象乾修：光绪《解州志》卷十七《艺文》，《中国地方志集成·山西府县志辑》第56册，南京：凤凰出版社，2005年，第628页。

④ （清）马丕瑶、魏象乾修：光绪《解州志》卷十七《艺文》，《中国地方志集成·山西府县志辑》第56册，南京：凤凰出版社，2005年，第628页。

⑤ （清）马丕瑶、魏象乾修：光绪《解州志》卷二《山川》，《中国地方志集成·山西府县志辑》第56册，南京：凤凰出版社，2005年，第394页。

⑥ （清）马丕瑶、魏象乾修：光绪《解州志》卷十七《艺文》，《中国地方志集成·山西府县志辑》第56册，南京：凤凰出版社，2005年，第628页。

（4）绛州十景。

绛州，雍正二年（1724）升直隶州，即如今山西运城市新绛县，是我国的国家级历史文化名城之一。绛州十景为：金台夜月、乱锦飞鸿、佛窟晨钟、龙兴古柏、仙楼叠翠、三林春晓、石鼓神泓、玉璧秋风、姑射晴岚、紫金积雪。

金台夜月：景在州南里许汾河滩头。金哀宗正大六年（1229）此处曾建金台，为中书省驿站。驿站倚城傍河，设于高台，夜静皓月当空，浮云、流水、垂柳，最富诗情画意。古人题咏曰："谁筑高台傍碧浔，烟萝无复见黄金。夜深未有寒蟾皎，照见汾河千载心。"① 惜此景今已不存。

乱锦飞鸿：境内横桥乡汾河、浍河交汇处，旧时雁群常留栖河边小憩，起落在金波粼粼的两河滩头。今雁不复来，旧景亦不存。

佛窟晨钟：佛窟寺又名佛宝寺，位于州南十里今横桥乡三家店村南。始建于宋朝嘉祐年间，历经多次修葺。寺东南角有万斤以上大钟，其声洪亮，远闻十里之外。明邑人陶滋有诗为证："山寺晨光动，疏钟数杵连。松巢惊鹤梦，竹院搅僧眠。敲落千峰月，声残万壑烟。却思金阙下，环佩正朝天。"② 日军侵华期间寺院被毁。

龙兴古柏：龙兴寺位于州城北，是全国重点文物保护单位。始建于唐初，原名碧落观，唐咸亨元年改称龙兴宫。后因宋太祖赵匡胤曾寓此，又改名龙兴寺。现仅存塔、寺院部分。龙兴寺宝塔俗称绛塔、唐塔，创建于唐，因塌圮，清乾隆年间重建。另说店头乡龙香村南曾建龙香寺，寺中古柏参天，枝擎如盖，根结如莲，原为"龙香古柏"，后称"龙兴古柏"。古人题咏曰："老柏挺苍干，离奇梵宇前。托根应得地，阅世不知年。风清和磬籁，云破现龙缠。莫辞霜雪苦，拟结岁寒缘。"③ 今寺废树毁。

仙楼叠翠：仙楼即会仙楼，位于今城关镇段家庄村东北。"晋天福年间建，嘉靖四十年重修。"④ 楼呈三节，飞檐挑角，描梁画栋，金碧辉煌。另有侧楼四座和一廊、二榭等辅助建筑。院基重重叠叠，间植翠竹古柏。仙楼居高临下，可远眺峨嵋，近瞻汾河、浍水。民国年间，阎锡山军队为防汾南太岳部队袭击，

① （清）李焕扬修：光绪《直隶绛州志》卷十八《艺文》，《中国地方志集成·山西府县志辑》第 59 册，南京：凤凰出版社，2005 年，第 347 页。

② （清）李焕扬修：光绪《直隶绛州志》卷十八《艺文》，《中国地方志集成·山西府县志辑》第 59 册，南京：凤凰出版社，2005 年，第 344 页。

③ （清）李焕扬修：光绪《直隶绛州志》卷十八《艺文》，《中国地方志集成·山西府县志辑》第 59 册，南京：凤凰出版社，2005 年，第 344 页。

④ （清）李焕扬修：光绪《直隶绛州志》卷二《古迹》，《中国地方志集成·山西府县志辑》第 59 册，南京：凤凰出版社，2005 年，第 31 页。

修筑炮楼，将会仙楼强行拆毁。

三林春晓：景在城西南段家庄至桥东村、桥西村一带。段家庄古称上林，桥西、桥东古称下林，上、下林之间古称中林，合称三林。此地上为台地，下为河谷，鼓水南流，河道弯弯，渠流淙淙，藕田鱼跃，素有绛州小江南之称。春来朝霞碧波，烟云飘缈，桃李争艳，杨柳拂面，美不胜收。明邑人陶滋题诗为证："芳草桥西路，寻春二月时。人家依绿水，村馆漾青旗。花柳团行幄，光莹照饮卮。何时成小隐，此处结茅茨。"①

石鼓神泓：鼓山在州西南 25 里九原山西侧，"周围四里，高五丈，穹窿而圆，形如覆釜，人马践履有声，四周脊石磴，下有泉池"②，泉名鼓堆泉，又称天河、神泓，泉群由龙王泉、琵琶泉等 29 个泉组成，今每秒流量 0.7 立方米左右。旧时鼓堆上建有圣母祠、神泓阁，阁南刻有石鼓，此即石鼓神泓。日军侵占古堆时拆庙毁祠毁鼓。

玉璧秋风：景在城西北角，"高十丈，有奇盘踞三里，所谓玉璧秋风也"③。距此不远古有武平关，地势险要。关右有泉，关前有滩，路从山涧来，水由城下过。秋风徐起，金染山野。今关隘已废。离这里不远处为玉璧大战的战场，故此景也成为稷山县十景之一。

姑射晴岚：姑射山位于州西北 40 里，峰峦起伏，山势雄伟，黛色浓抹，岚光飘浮。传说"藐姑射之山，有神人居焉"。古人题咏曰："大谷名传姑射山，琼宫仙宇隔尘寰。澄潭淰沉蛟龙窟，秀岭逶迤虎豹关。树色晴连山色好，鸟声幽并水声间。坐来苍翠侵人骨，思向山灵共解颜。"④

紫金积雪：紫金山位于境东南与侯马、闻喜交界处。境内一段坡陡壑深，山势雄伟险要，历来为兵家必争之地。隆冬季节，漫山积雪如银蛇起舞。明邑人陶滋题诗为证："故绛山多丽，东南控碧岑。孤峰真倚剑，列岫欲堆金。残雪凝春旭，狂飙作昼阴。昔人曾此霸，入望白云深。"⑤

除了以上所列的晋南两府两州的三十四景外，晋南地区各县的清代方志当中

---

① （清）李焕扬修：光绪《直隶绛州志》卷十八《艺文》，《中国地方志集成·山西府县志辑》第 59 册，南京：凤凰出版社，2005 年，第 344 页。

② （清）李焕扬修：光绪《直隶绛州志》卷二《山川》，《中国地方志集成·山西府县志辑》第 59 册，南京：凤凰出版社，2005 年，第 26 页。

③ （清）李焕扬修：光绪《直隶绛州志》卷二《山川》，《中国地方志集成·山西府县志辑》第 59 册，南京：凤凰出版社，2005 年，第 27 页。

④ （清）李焕扬修：光绪《直隶绛州志》卷十八《艺文》，《中国地方志集成·山西府县志辑》第 59 册，南京：凤凰出版社，2005 年，第 347 页。

⑤ （清）李焕扬修：光绪《直隶绛州志》卷十八《艺文》，《中国地方志集成·山西府县志辑》第 59 册，南京：凤凰出版社，2005 年，第 344 页。

均有"八景"的记载，有着极其浓郁的地方特色，也印证了古代文人士大夫讲求"天人合一"的精神诉求。现据方志将晋南地区各州县"八景"均列于表3：

表3　晋南地区八景一览表

州、县	名称	八景景观内容	文献来源
平阳府	平阳八景	陶唐春色、汾水秋风、广胜晴岚、姑山晚照、锦滩荷花、平湖飞絮、西岩夜雨、晋桥梅月	成化《山西通志》卷七《景致》
霍州	霍州十景	霍岳堆云、汾川漾月、玉泉圣迹、崼谷仙游、艮阜龙湫、方池鱼跃、观堆灵应、寒溪胜概、西山社火、东岭夕晖	《山西古代州县八景》
隰州	隰州八景	谷城佳砌、蒲隐高峰、鹿屏耸翠、马涧流清、灵岩晴晓、碧洞幽云、龙湫翻浪、石月澄波	康熙《隰州志》卷五《山川》
汾西县	汾西八景	青山堆云、碧汾漾月、仙居乐府、圣水林峦、龙涧翻浪、凤池浴影、北沟活水、东阁灵泉	光绪《汾西县志》卷一《山川》
永和县	永和八景	灵液清波、双山雾雪、兴化晨钟、南楼夕照、官庄送客、芝河钓艇、莲池晚眺、乌龙翠柏	民国《永和县志》卷首《八景图》
岳阳县	岳阳八景	楼阁风生、活水龙吟、云外天现、松风水月、凤岩仙洞、沁湾塔影、泉石云流、花鸟浴水	民国《岳阳县志》卷一《八景图》
洪洞县	洪洞八景	霍岳朝晖、汾川晚映、洪崖斩壁、古洞连云、玉峰耸翠、靳柏堆青、韩仙白鹤、华池苍龙	民国《洪洞县志》卷七《疆域》
赵城县	赵城八景	霍峰叠翠、汾水拖蓝、娲陵古柏、广胜流泉、伏牛土台、出佛石峡、简子故城、豫让断桥	成化《山西通志》卷七《景致》
翼城县	翼城八景	翔山晚照、香云夜雨、花谷香风、滦池秋月、故城春色、浍水横桥、佛窟钟声、玄门积雪	光绪《翼城县志》卷首《八景图》
浮山县	浮山八景	尧山龙井、秦岭晴岚、黑水清波、二峰夕照、天圣古柏、玉兔祥槐、龙洞珍奇、悬泉鸣珮	同治《浮山县志》卷六《八景》
曲沃县	曲沃十景	沃国春光、新田秋色、景明瀑布、星海温泉、济溪印月、汾隰流云、绛山晚照、桥岳晴岚、晋殿悬冰、神陂落雁	乾隆《新修曲沃县志》卷五《形胜》
襄陵县	襄陵十景	晋桥梅月、平水拖蓝、三礄云峰、飞虹雨霁、龙澍双阙、卧龙灵应、龟山晴雪、汾流晚渡、巢溪春涨、十里荷香	民国《襄陵县志》卷二十四《诗》

（续上表）

州、县	名称	八景景观内容	文献来源
太平县	太平十六景	姑射晴岚、汾水烟波、义祠寒云、文洞墨香、灵泉春色、孝坰秋风、层台夜月、仙游古柏、晋城霸基、汾阴岩障、益乡黛树、原礓绿芊、马首雷霭、龙门崖崿、一峰望照、九汧层流	道光《太平县志》卷首《八景图》
吉州	吉州八景	孟门夜月、壶口秋风、锦屏叠翠、石孔飞泉、小桥流水、古洞瑶桃、佛阁晴岚、寿山夕照	光绪《吉州全志》卷八《艺文·诗》
乡宁县	乡宁八景	鄂城晚照、寿圣晨钟、昭远清泉、荀山堆翠、石洞生云、悬崖滴水、岱岳层峦、禹门汲浪	乾隆《乡宁县志》卷十五《艺文》
大宁县	大宁八景	翠山屏峙、昕水练漾、黄河襟带、古寨连城、圣泉漱玉、孔壁穿轮、笔峰蘸雪、龙窝飞踪	光绪《大宁县志》卷一《景致》
蒲县	蒲县八景	屏山拱翠、带河环清、东岱晴岚、南涧清湫、栖云古阁、云峰旧刹、龙母灵崖、岁寒幽亭	乾隆《蒲县志》卷一《八景》
解州	解州八景	龙潭春雨、硝池烟柳、横岭飞云、石岩喷雪、峨嵋绕翠、静林晚照、仙洞桃花、汉宫桧柏	光绪《解州志》卷十七《艺文》
安邑县	安邑八景	魏城春霁、市桥官柳、鸣条落照、盐池浮霭、南楼夜月、北塔秋风、西园葡萄、条山晓雪	成化《山西通志》卷七《景致》
永济县	永济八景	蒲津晚渡、虞坂晓行、舜殿薰风、首阳晴雪、东林夜雨、西岩叠巘、妫汭夕阳、王官飞瀑	光绪《永济县志》卷三《古迹》
虞乡县	虞乡八景	灵峰皓月、王官瀑布、伍姓渔舟、涑水横桥、百梯红叶、方山积雪、五老夕晖、石钟晓鸣	光绪《虞乡县志》卷一《八景》
河津县	河津八景	禹门叠浪、汾水澄波、红蓼春妍、午芹秋霁、云中烟寺、峪口清泉、疏属晴岚、平原夕照	光绪《河津县志》卷一《形胜》
临晋县	临晋八景	峨嵋春雨、伍姓渔舟、古城落雁、涑水横桥、星台朗月、云楼晓钟、双巘对峙、五渡同流	光绪《续修临晋县志》卷一《疆域》
猗氏县	猗氏十景	峨嵋晓耕、涑水春涨、古垒秋风、龙岩夜月、双塔斜影、对泽晚牧、东原早行、孤峰晴雪、长堤柳浪、南涧荷香	雍正《猗氏县志》卷八《艺文》

（续上表）

州、县	名称	八景景观内容	文献来源
万泉县	万泉八景	孤峰拥翠、双泉流碧、唐寨秋风、柏林晚照、桃花春晴、雕岩霁雪、法云远眺、范台夜月	民国《万泉县志》卷八《艺文》
荣河县	荣河八景	汾脽古祠、汉武秋风、汤陵夕照、岭首耕云、峪口洪波、峨嵋晓月、野渡归帆、河滨柳色	乾隆《荣河县志》卷十二《艺文》
稷山县	稷山十景	稷峰叠翠、姑射晴岚、文洞飞云、仙掌擎月、甘泉春色、玉壁秋风、汾水孤舟、羲陵晚照、悬崖溅玉、大善古柏	同治《稷山县志》卷一《图考》
绛州	绛州十景	金台夜月、乱锦飞鸿、佛窟晨钟、龙兴古柏、仙楼叠翠、三林春晓、石鼓神泓、玉壁秋风、姑射晴岚、紫金积雪	光绪《直隶绛州志》卷一《形胜》
绛县	绛县十景	华山晚照、沸水潋波、石洞飞云、柏林积雪、浍滩落雁、湫池舒光、古刹灵泉、绛山晓日、凤岗叠翠、龙涧春早	乾隆《绛县志》卷一《形胜》
垣曲县	垣曲八景	黛眉晴岚、阳壶返照、亳城春水、洪庆晚钟、天坛秋晓、葛寨春耕、柳庄烟雨、平原桑柘	光绪《垣曲县志》卷一《形胜》
闻喜县	闻喜八景	黉宫古柏、董泽荷香、涑水环清、鹤楼晚照、香山远眺、杨园隐秀、白土桃烟、北塬秋柿	乾隆《闻喜县志》卷首《图考》
夏县	夏县八景	瑶台秋月、禹城朝雨、堆云晚钟、巫谷晚晴、长堤烟景、涑水横桥、温公古墓、莲池碧照	乾隆《解州夏县志》卷十五《艺文》
平陆县	平陆十一景	金鸡夜月、吴庙秋风、傅岩霁雪、三门砥柱、箕山夕照、虞芮闲田、茅津晚渡、竹林晓钟、条山积雪、虞城暮雨、沙涧桃林	光绪《平陆县志续》卷之下《艺文》
芮城县	芮城八景	条山叠翠、黄河翻雪、魏城春色、塔寺晨钟、杨林暮雨、水谷秋声、段庐夜月、卜馆春风	民国《芮城县志》卷十六《艺文》

4. 晋东南地区"八景"

晋东南地区，指山西省东南部，东傍太行山，西依太岳山，南邻王屋山，形成一个闭合的盆地地形，古称上党。晋东南地区包含潞安府、泽州府、沁州，即今长治、晋城两市。

（1）潞安府八景。

潞安府，即今长治市，意为长治久安，地处河北、河南、山西三省交界。境内山川壮美，林木茂盛，风景怡人。其府八景为五龙松色、百谷寒泉、雄山叠翠、漳水拖蓝、天台无影、瑞阁余馨、云封壶口、月印龙潭。

五龙松色：五龙山，在长治县东南 25 里。相传西燕慕容永在位时，有五色云气盘于天空，疑为五龙施雨，故得名五龙山。山上建有五龙庙，乾隆《潞安府志》载："西下有石佛洼，东北小松洼，枕冈踞阜，三面绝壑，北为云梯，环山皆茂松。"① 该庙毁于日军侵华时。

百谷寒泉：景在长治县东北 13 里的百谷山上，又名柏谷山，因山建寺，名柏谷寺。层峦耸翠，石子河流于山谷之中，山色映于泉上，山水相容，景色迷人。乾隆《潞安府志》载："昔神农尝百谷于此，因名，山建庙。"② 今百谷山与老顶山连为一脉，被开辟为东山森林公园，山上建有炎帝像。

雄山叠翠：雄山在长治县东南 60 里处，山上有三峰，主峰为上党第一高峰，三峰对立，重峦叠嶂，气势雄阔，山上古迹甚多。旧志载："此山视诸山特为雄壮。"③

漳水拖蓝：浊漳河发源于长治县西南方向的鹿谷山，是潞安府境内最大的河流，流经全府诸多县，境内流长十多公里，属海河支流水系。上游支流有三条，俗称南源、北源及西源，后合流于襄垣县，称浊漳河。

天台无影：景在长治县西南 20 里处，高六十九丈。山峰平地凸起，形状如馒头，一年四季，日升月落，都没有影子。相传这是女娲补天处，又名望儿台。

瑞阁余馨：圣瑞阁在上党故宫，即飞龙宫西。相传唐玄宗李隆基为潞州别驾的时候，城中出现十九瑞，为纪念而建圣瑞阁。后圣瑞阁废，无重修，仅留一土堆，余馨袅袅。

云封壶口：景在长治县东边七里处的壶口山。乾隆《潞安府志》载："（壶口山）南连小石山，三里两峰夹峙，而中卢形似壶口。"④ 故名之。山上建有平顶寺，相传唐中宗李显曾与百官在此登山，时有紫气光彩映照于天空，故此景又名壶口祥云。

① （清）张淑渠、姚学瑛编：乾隆《潞安府志》卷四《山川》，《中国地方志集成·山西府县志辑》第 30 册，南京：凤凰出版社，2005 年，第 37 页。

② （清）张淑渠、姚学瑛编：乾隆《潞安府志》卷四《山川》，《中国地方志集成·山西府县志辑》第 30 册，南京：凤凰出版社，2005 年，第 37 页。

③ （明）马敦纂辑：《潞州志》卷一《山川志》，北京：中华书局，1995 年，第 6 页。

④ （清）张淑渠、姚学瑛编：乾隆《潞安府志》卷四《山川》，《中国地方志集成·山西府县志辑》第 30 册，南京：凤凰出版社，2005 年，第 37 页。

月印龙潭：景在潞安府城西五里处的黑龙潭。黑龙潭既小且深，"时见有黑龙起伏"①，故得名。据旧志载，潭中有五色鱼，触碰之即病，时人以为是神灵居此，不敢戏弄。旱季求雨很是灵应。月圆之夜，天上月，地中潭，月潭交融，景致怡人。

（2）泽州府八景。

泽州府，即今山西东南部晋城市地区，于雍正年间升为泽州府。晋城历史悠久，先秦时乃兵家必争之地，著名的长平之战遗址就在这里，境内的皇城相府是保留较好的清初建筑，有着很丰富的历史文化资源。泽州八景为碧落卧云、硖山吐月、锦溪落花、松岭积雪、浙山爽气、白水秋波、龙潭看雨、洞灵流杯。

碧落卧云：景在晋城西北 15 里的碧落山。碧落山，苍山叠翠，每至阴天，云层浮动，云影卧于山上，犹如山随影浮动，故名卧云山。山下建有碧落寺，雍正《泽州府志》载："唐建，复岭层松，有石佛阁，有磨崖碑。"② 惜毁于抗日战争时期。

硖山吐月：景在晋城市东南 35 里外的硖石山。硖石山上两石相对，状如门洞，山上建有青莲寺，山下丹水径流而过。雍正《泽州府志》载："有嵌崖豪丈余，广倍之暴雨骤发，中罅有雷鸣，西有掷笔台。"③ 相传隋代慧远法师在此涅槃经成。

锦溪落花：景在晋城城北冈头村落花寺附近。两岸溪水缓缓而流，孟夏时节，落花纷飞，落入溪中，斑斑点点，煞是好看。古人题诗云："东风何事姑韶华，吹落残红点洞涯。鹿苑弃脂疑不远，龙池铺锦想犹奢。杏沾细浪浮春色，影遂轻萍散晚霞。好仙武陵溪上路，溶溶流出涧中花。"④

松岭积雪：景在晋城西南松岭山。山上建有松林寺，又称灵岩寺、法轮禅寺，建于隋朝。松林寺附近岩石发白，远远望去像铺了一层白雪，因得名松岭积雪。该寺毁于日军侵华时。

浙山爽气：景致所在地不详。只留无名氏题诗云："爽气朝来满析城，苍松

① （清）张淑渠、姚学瑛编：乾隆《潞安府志》卷四《山川》，《中国地方志集成·山西府县志辑》第 30 册，南京：凤凰出版社，2005 年，第 55 页。

② （清）朱樟编纂：雍正《泽州府志》卷二十一《寺观》，《中国地方志集成·山西府县志辑》第 32 册，南京：凤凰出版社，2005 年，第 143 页。

③ （清）朱樟编纂：雍正《泽州府志》卷六《山川》，《中国地方志集成·山西府县志辑》第 32 册，南京：凤凰出版社，2005 年，第 38 页。

④ （明）李侃、胡谧纂修：成化《山西通志》卷十六《集诗》，民国二十二年影印明成化十一年刻本，第 285 页。

翠竹变阴晴。依微不向风前断，葱菁还从雨后生。凉逼琴尊成赏趣，冷浸屏凡溢吟情。凭栏镇日殊堪掬，天与诗人一段清。"①

白水秋波：白水，发源于凤台县西北部的伊侯山，最后注入丹河。"细流一线，昼夜不舍。"

龙潭看雨：龙潭，即黑龙潭。据雍正《泽州府州》记载："黑龙潭，东北十里的司马山下，祷雨以石投之。"② 黑龙潭遗址在今晋城西牛头村东北，已是旅游景点。

洞灵流杯：景在晋城西南五里处的洞灵泉。因旁边有流杯寺，又名流杯泉。旧时文人聚集在此，饮酒助兴，感兴作诗，异趣横生。前人有诗为证："怪石奇岩入洞幽，石渠曲曲引清流。香凝玉湫玻璃滑，花扑金卮沉潆浮。诗与兴俱何用稿，酒随人转不须阄。醉来自有风雨趣，却忆兰亭在越州。"③

（3）沁州八景。

沁州，即今山西中南部的沁源、武乡、沁县等地。沁州得名于沁河，全境居于大山深处，沁河流经其中，是钟灵毓秀之地。这里春秋时属铜鞮，故沁州八景，又称铜鞮八景，即华峰叠翠、漳源泻玉、牛山积雪、龟滩落雁、乱柳啼莺、柳泉荷风、石室松涛、万安秋水。

华峰叠翠：华山，在州北 35 里处。因山势陡峻，古称滑山，明时知州俞汝为改为花山，景又称花峰叠翠，后人又改为华山。山上旧有真武庙、老君堂等庙宇，山下有泉，清澈甘美。旧志载："有峰削立，孤峰亭亭，云表遥望，若芙蕖蘸水，妩媚秀丽。"④ 因位于陕西华山东边，当地人又称之为东华山。

漳源泻玉：景在州西北 35 里处。这是浊漳河西源干流，俗称漳河。水量颇大，上建有漳河神庙。山幽水清，风景优美。古人题咏之曰："石罅涌灵泉，清漳纪别派。奔流初出山，昼夜声滂湃。雷雨起灵湫，良田资灌溉。坐视清人心，飒飒闻天籁。"⑤ 此诗可以看出漳河有灌溉良田的作用。

牛山积雪：景在州西 30 里处的伏牛山，因传说有神牛隐于此而得名。满山

① （明）李侃、胡谧纂修：成化《山西通志》卷十六《集诗》，民国二十二年影印明成化十一年刻本，第 285 页。

② （清）朱樟编纂：雍正《泽州府志》卷六《山川》，《中国地方志集成·山西府县志辑》第 32 册，南京：凤凰出版社，2005 年，第 41 页。

③ （明）李侃、胡谧纂修：成化《山西通志》卷十六《集诗》，民国二十二年影印明成化十一年刻本，第 285 页。

④ （清）叶士宽原本，姚学瑛续修：乾隆《沁州志》卷一《山川》，《中国地方志集成·山西府县志辑》第 39 册，南京：凤凰出版社，2005 年，第 36 页。

⑤ （清）吴承恩修：光绪《沁州复续志》卷四《艺文》，《中国地方志集成·山西府县志辑》第 39 册，南京：凤凰出版社，2005 年，第 463 页。

古松参天，明清时山之阳建有龙泉神庙，部分建筑尚存。山势巍峨，苍松郁茂，望之苍翠可爱，冬日雪景更佳。清朝王省山题诗曰："西山高插天，积雪埋群峭。射眼浩茫茫，乾坤成玉照。林峦同一色，撑空涌仙峤。拄杖小桥边，忍寒纵清眺。"① 此诗描绘的是伏牛山山间白茫茫，犹如人间仙境的冬日雪景。

龟滩落雁：龟山，在州城外西北二里多处，独峰秀丽，下临漳水，合成龟蛇之形，因此得名龟山。旧时山下河滩是雁群栖息地，风景宜人。清人王省山题诗曰："翩翩南征雁，翔集漳河干。饮啄各有偶，一一刷羽翰。警夜凭雁奴，安稳宿沙滩。行人偶惊起，飞过蓼花湾。"② 诗人王省山就是沁州人，夜宿此地，雁群为之警戒，颇有一番况味。

乱柳啼莺：景在沁州城外五里处。漳河由北向南绕沁州城而过，旧时漳河流量大，为防漳河水淹城，曾修筑长堤，堤岸遍植杨柳，微风习习，杨柳依依，遂成一景。王省山题诗曰："出郭五六里，遥望绿云平。万柳绕长堤，处处闻啼莺。隔溪声相和，绵蛮如有情。何当携斗酒，来此林下听。"③ 能看出诗人优雅闲适的生活情调很高。

柳泉荷风：柳泉，在沁州北城外二里处。旧志载："有泉从石窦出，汇为方地池，冬夏不竭。岸上垂柳合抱，中植莲藕。"④ 四周皆建有庙宇，霜神庙、圣母祠居于此，融为一景。

石室松涛：景在沁州南40里的铜鞮山。此山又名紫金山，相传隋末文中子曾读书于此，上有文中子祠，遗址石室尚存。后人王省山题诗曰："苍苔环石室，昔贤有遗址。天风飒然来，谡谡涛声起。披襟乘晚凉，满径落松子。夕阳人下山，清音犹在耳。"⑤

万安秋水：景在沁州南40里的万安山。因旧时建有冲叔、冲惠二仙庙，故又称二神庙。旧志载："山势森秀，逦迤西峙，南北支龙，委婉东垂。"⑥ 半山腰

---

① （清）吴承恩修：光绪《沁州复续志》卷四《艺文》，《中国地方志集成·山西府县志辑》第39册，南京：凤凰出版社，2005年，第463页。

② （清）吴承恩修：光绪《沁州复续志》卷四《艺文》，《中国地方志集成·山西府县志辑》第39册，南京：凤凰出版社，2005年，第463页。

③ （清）吴承恩修：光绪《沁州复续志》卷四《艺文》，《中国地方志集成·山西府县志辑》第39册，南京：凤凰出版社，2005年，第463页。

④ （清）叶士宽原本，姚学瑛续修：乾隆《沁州志》卷一《山川》，《中国地方志集成·山西府县志辑》第39册，南京：凤凰出版社，2005年，第37页。

⑤ （清）吴承恩修：光绪《沁州复续志》卷四《艺文》，《中国地方志集成·山西府县志辑》第39册，南京：凤凰出版社，2005年，第463页。

⑥ （清）叶士宽原本，姚学瑛续修：乾隆《沁州志》卷一《山川》，《中国地方志集成·山西府县志辑》第39册，南京：凤凰出版社，2005年，第35页。

有灵泉，前边建有灵泉寺。山下为境内诸水系交汇之处，形成山水环抱之势。

晋东南地区的两府一州二十四景中自然风物景观较多，人文建筑实体类景观较少，这从侧面反映了晋东南地区景观的淳朴性，景在人心，也印证了晋东南人朴实的性格特点。根据晋东南各地方志整理出的晋东南"八景"，如表4所示：

表4 晋东南八景一览表

州、县	名称	八景景观内容	文献来源
长治县	潞州八景	五龙松色、百谷寒泉、雄山叠翠、漳水拖蓝、天台无影、瑞阁余馨、云封壶口、月印龙潭	乾隆《长治县志》卷首《绘图》
潞城县	潞城八景	神头烟树、葛井寒泉、西流晚渡、天冢凤鸣、卢医叠翠、无影丘冈、伏山卧牛、微子清风	《山西古代州县八景》
襄垣县	襄垣八景	韩山独秀、漳江春渡、仙堂旧隐、市桥怀古、狮山晚照、凉楼胜观、宝峰晴雪、甘泉漱玉	成化《山西通志》卷七《景致》
屯留县	屯留八景	三峻烟雨、八泉飞瀑、疑山卧龙、绛河春涨、龙潭夜月、开壁晴岚、宝峰碑影、玉溪晚翠	光绪《屯留县志》卷八《艺文》
平顺县	平顺八景	青羊卧月、彩凤仪春、赤壁悬流、龙门奋蛰、虹梯接汉、玉峡通天、梵宇神灯、琳宫仙笔	详见山西古籍出版社《山西古代州县八景》
黎城县	黎城八景	岚山夜雨、萧寺晨钟、壶口故关、黎侯古郭、白岩晓烟、金牙晚照、玉泉漱石、田溪洌水	康熙《黎城县志》卷一《地理志·八景图》
壶关县	壶关十景	团峰倚秀、乌泉夕照、燕池浮碧、翠微仙洞、琳宫仙笔、北极灵迹、风穴秋音、佛耳摩云、玉峡通天、梵宇金灯	道光《壶关县志》卷二《形胜》
长子县	长子八景	熨台春晓、漳源泻碧、紫岫晴云、岚水长虹、莲塘烟雨、月坞环清、丹岭西风、慈林晚照	明《潞州志》卷六《长子县·诗》
武乡县	武乡十景	鞞山耸翠、漳水回澜、南亭烟雨、北漳夜月、东沼风荷、南山锦浪、龙洞灵漱、皋狼牧雨、崇城岩险、故城都会	乾隆《武乡县志》，《图考》
沁州	沁州八景	华峰叠翠、漳源泻玉、牛山积雪、龟滩落雁、乱柳啼莺、柳泉荷风、石室松涛、万安秋水	光绪《沁州复续志》卷四《艺文》

（续上表）

州、县	名称	八景景观内容	文献来源
沁源县	沁源八景	琴山晚照、沁水秋声、青果寒泉、石台夜月、灵空滴翠、太清飞雨、绵山积雪、雁落龟滩。	乾隆《沁州志》卷十《艺文》
泽州	泽州八景	碧落卧云、硖山吐月、锦溪落花、松岭积雪、浙山爽气、白水秋波、龙潭看雨、洞灵流杯	成化《山西通志》卷七《景致》
高平县	高平八景	金峰夜月、丹水秋波、粮山积雪、鸠山暮雨、游仙晓钟、石室朝霞、横涧虹霓、羊头夕照	乾隆《高平县志》卷二《图谱》
阳城县	阳城八景	修真古洞、析城乔木、九女仙台、灵泉松月、沁渡扁舟、海会龙湫、盘亭列嶂、莽山孤峰	同治《阳城县志》卷首《图考》
陵川县	陵川八景	黄围灵湫、西溪春色、仙台胜概、秦岭卧云、灵泉瀑布、熊山吐月、龙门晚照、锦屏朝霞	乾隆《陵川县志》卷首《图谱》
沁水县	沁水十景	杏谷朝霞、莲塘时雨、刘曲飞廉、石楼精舍、碧峰耸翠、沁渡秋风、乌岭堆云、鹿台积雪、榼山夜月、空仓晚照	光绪《沁水县志》卷二《十景》

（二）清代山西"八景"成因及分布特点

1. 山西"八景"成因

"八景"是一种文化现象，它的出现必然有一定的历史背景，跟当时的社会时局、文化导向有很大的关系。山西"八景"的产生可从两方面分析：客观因素与主观因素。

山西"八景"产生的客观因素有两个。其一是自然因素，也就是山西的自然生态环境。山西地处黄土高原，地势东北高西南低，形似一个平行四边形。地貌复杂多样，有山地、丘陵、台地、平原、盆地，多为山地丘陵。主要山脉东边太行山纵贯南北，中部有中条山、五台山、太岳山，北边横亘着北岳恒山，西边是吕梁山。河流主要是黄河水系与海河水系，以季节性河流为主，第一大河为汾河。山西气候是温带大陆性气候，四季分明，冬季寒冷，夏季炎热。正是这样表里山河的自然生态环境给山西"八景"的产生提供了必备的自然景观要素。

其二是社会历史因素。山西历史悠久，其独具特色的三晋文化源远流长。山西古迹繁多，文物名胜数不胜数。北魏至唐代，山西佛教盛行，开凿了大量的石窟，云冈石窟、龙山石窟最为著名，成就了五岳之一恒山和四大佛教名山之首五台山，山中古刹林立。山西具有相当多的古代建筑，"已知的宋、辽、金时期以前的木结构古建筑共 146 座，山西境内即有 106 座，占全国同期现存总数的 70% 以上。而元、明、清时期的建筑，山西也有许多珍品"①。著名的有晋祠、华严寺、应县木塔、永乐宫等。遗址有尧陵、侯马晋国遗址、北魏宫垣、辽金宫垣。正是这样灿烂夺目的历史文化给山西"八景"的产生提供了必备的历史人文景观要素。

山西"八景"产生的主观因素是指古人的主观能动性作用。其一，文人群体的活动是"八景"形成的重要助推力。明清时期山西教育环境优越，书院不断增多，"就有关山西的各种地方志统计，山西历史上共有书院 218 所，其中宋建 1 所，辽建 1 所，金建 1 所，元建 14 所，明建 59 所，清建 142 所"②。书院孕育了大批文化精英人才，滋养了三晋文化的蓬勃发展。除了本地的文化人才，全国各地因官职变动、游览名胜、走亲访友而带来的人员流动亦为山西留下诗文作品。古代文人在全国各地的仕考、官位的变迁、感怀古今的郊游、谈古论今的聚会，都会激发他们的创作欲，这些文字随着他们的活动而四处传播，产生了大批量的"八景诗"，有力推动了"八景"文化的形成与传播。

其二，古人浓厚的乡土意识、积淀的审美文化在"八景"的形成过程中有着至关重要的作用。山西"八景"的创作一般由乡绅耆老担任，选景、绘图、写序、题诗，从而宣传自己的家乡美。他们评选"八景"不只是文人骚客的附庸风雅，而是对家乡文化的热爱与认同，这种浓厚的家乡情结促使他们爱护家乡的山水。他们借"八景"宣传本土的文化，同时本着"经世致用"的责任心，为家乡作贡献，将居住环境的优美和有益教化的事物化成文字、图画，传之后世，让后人学会感恩，受到教化，激起心底对家乡土地的热爱之情。"八景"成了在外游子思乡的情感依托。

其三是地方志的推波助澜。明清时期，山西各地修地方志中都有"八景"，明成化年间的《山西通志》里就辑录了全省各州县的八景，清代山西地方志纂修都延续了这种传统。这极大地助力了"八景"的形成与传播。

总而言之，正是文人群体的助推、官方的诏令施行，再结合山西独特的自然生态环境与悠久的历史文化传统，才形成了山西非常普遍的"八景"文化。

2. 山西"八景"分布特点

山西"八景"均在各地方志中可以找到，这与古代地方志的书写方式是有

---

① 中华文化通志委员会编：《中华文化通志·地域文化·晋文化志》，上海：上海人民出版社，1998 年，第 311 页。

② 中华文化通志委员会编：《中华文化通志·地域文化·晋文化志》，上海：上海人民出版社，1998 年，第 467 页。

一定关系的。古代地方志都是由当地的父母官主导，领导一班科举之士、文人名士进行撰写，再者各地"八景"的选景、命名也是有他们来完成的，这些文人雅士的亲身见闻与活动范围，决定了当地八景的特点。

首先，从空间布局来看，山西"八景"呈点状分布。山西各府、州、县均有八景分布，各地八景一般以府治、州治、县治所在地为中心，向周边延展。如乾隆《保德州志》中载：

> 马头山，在州东二十里。
> 鹰窝山，在州东六十里。
> 窝弓山，在州东六十里。
> 毡帽山，在州东六十里窑圪台。山半有石洞，可容百十余人。
> 狮子山，在州东南二十里下流碛。
> 孤山，在州东南三十里全家坪。
> 郝家岭，在州东南三十里。
> 刘家山，在州东南五十里。
> 黄龙山、倒座山，俱在州东南六十里。①

由此可以看出，这些山是以州治为中心排列书写的，不只是山川，包括古迹、城池等的地理空间分布均是如此。保德州八景中除"燕孕奇踪"在州南80里，距州治较远外，其余七景均分布在距州治较近的区域。这样的书写方式从省志到州县地方志，一以贯之。当地士绅在休闲之时，走亲访友，登高览胜，结伴成群，出现在风景名胜之地，或抒发情志，或缅怀先古，最后题诗作赋，兴尽而归。总而言之，山西"八景"的这种以点及面的二级扩散式特点，反映的是封建士大夫的休闲生活的情志与意趣。

其次，山西"八景"多取材于当地的自然风貌，分布在山河谷地、林木茂盛地带。山西地形复杂，有山地、丘陵、盆地、平原，境内约80%都是山脉，只有20%的平坦之地；汾河水系是山西的主要河流群，流域面积广，水量大，此外还有属于海河流域的桑干河水系、彰河水系，共同构成了"表里山河"的山西。山西地处黄土高原东部，地形复杂，境内遍布高山、丘陵，东边太行山脉自北向南绵延千里，南边横亘王屋山，西北方吕梁山脉绵延，北有北岳恒山，再加外有黄河阻隔，这些高山大川将山西整体闭合起来。境内最大的河流贯穿整个山西，流经区域形成五大盆地，外加上党盆地，使得山西地形自动分区。

---

① （清）王秉韬续纂修：乾隆《保德州志》卷二《形胜》，《中国地方志集成·山西府县志辑》第15册，南京：凤凰出版社，2005年，第416－417页。

前文所列"八景"中，共计870个景观，全省内以自然风貌为内容的景观有491个，涵盖了山川、草木、动物等客观事物，把山西的自然景观展现得淋漓尽致。这也是山西"八景"多出现于古代地方志的"山川"卷中的原因。

最后，从山西"八景"的文化内容来看，山西"八景"融合了当地的历史文化内容，多分布在历史古迹之处，呈现出显著的地域文化分区特点。山西具有五千年的悠久历史，因其典型的自然地貌形成了独具特色的文化，其中晋南地区尤其值得关注。晋南地区古称河东，其"八景"中有关上古历史传说的遗迹较多。前表中所列这一地区的"八景"数量共299个，其中反映历史人文内容的有150个，占了总数的一半，包含了传说故事、名楼古刹、名人遗迹、农业生活等人文内容，为今人展现了晋南地区的悠久历史与丰饶文化。由此可知，山西"八景"的分布广泛且密集，展示了山西独特的地域风光。

四、清代山西"八景"的文化内涵

山西"八景"文化是山西对外交流的一张名片，蕴含着丰富的文化内涵。山西"八景"不仅描绘了雄浑壮丽的"表里山河"，而且蕴含着丰硕的历史文化积淀。山西"八景"大都有题咏诗，诗景交融，相得益彰，为八景增添了光彩。许多诗句描景写迹，恰如其分。山西古代"八景"是古人对民众进行爱国爱乡教育的生动形象的乡土教材，其蕴含的丰富内涵很有研究价值。

（一）山西"八景"的文化景观分析

1. 山西"八景"的自然景观内容要素

山西地处黄土高原，境内重峦叠嶂，丘陵起伏，沟壑纵横。山西省境内的山脉自东向西有太行山、太岳山、吕梁山，呈南北走向，稍呈东北向西南走向的山脉依次有恒山、五台山、中条山。受到地势影响，省内有由北而南分布的大同、忻州、太原、临汾、长治和运城等盆地。崇山峻岭、千沟万壑的地形条件，使得山西拥有众多河流，主要有黄河与海河两大河。黄河作为山西、陕西省界，干流流经省界西、南两面，其支流有自北向南流的汾河和沁河。海河流域有桑干河、漳河、滹沱河。

因地形的影响，山西"八景"中的自然景观包括了四个方面的内容：一是以静态的山为景的自然景观；二是以动态的水为景的自然景观；三是以风、云、雪、雨等气象为景的自然景观，四是以植物、动物为景的自然景观。

（1）山体景观。

山西境内山脉纵横，以山为景的自然景观有很多。如潞州"雄山叠翠"、太原"西山叠翠"、宁武府"芦芽叠翠"、保德州"莲山耸翠"等自然景观体现了当地山峦的壮丽与山林的茂密；霍州"东岭夕晖"、朔州"双化晚照"、云中"雷公返照"三景体现的是夕阳余晖中当地山岭的隽秀风光；隰州"蒲隐高峰"、忻州"独担高峰"二景体现了蒲子山与独担山的雄壮挺拔；辽州"箪山春色""五指圣迹"，平定州"冠山雨过"，晋阳"崛围红叶"，忻州"钟乳双山""金山绿洞"等景体现了当地山峰景色优美，风光旖旎，从不同角度展现了山西群山的秀丽风光。

（2）水流景观。

山西山景优美，山环水绕，有山有水，才算是美景。如太原县八景中的"清潭写翠"，生动地描述了晋祠流水的美景和历史源泉。晋祠是纪念晋国开国始祖唐叔虞的祠庙，位于风景如画的悬瓮山下。唐代大诗人李白游晋祠时留下"晋祠流水如碧玉""百尺清潭写翠娥"的千古名句，遂有"清潭写翠"一景。潞安府"百谷寒泉"、晋阳"烈石寒泉"、辽州"千亩灵泉"、平定州"阳泉春色"、保德州"温泉腾雾"等泉水景观反映了泉水的清冽、灵动之美；平定州"五渡平波"反映了今阳泉市五渡河的静态美，宁武府"天池霞映"反映了山西高山湖泊的神秘幽静之美；潞安府"漳水拖蓝"、平阳府"汾水秋风"、朔州"恢河伏流"、代州"滹沱孤舟"、保德州"带水泛黄"等展现的是山西河流群，即彰河、汾河、恢河、滹沱河、黄河的不同状态的美。以汾河为例，汾河流经的不少州县的八景均与此河有关。汾河又称汾水，是黄河第二大支流，流经忻州、太原、吕梁、晋中、临汾、运城，历史上流量颇丰，为此，如霍州之"汾川漾月"、汾西之"碧汾漾月"、洪洞之"汾川晚映"、赵城之"汾水拖蓝"、襄陵之"汾流晚渡"、太平之"汾水烟渡"、河津之"汾水澄波"、稷山之"汾水孤舟"，均从不同的角度为后人记录了汾河之美景。

（3）气象景观。

浮云、烟雨、明月、白雪等景观都是文人雅士所爱好的诗中意象，当然也必不可少地成了"八景"的内容。就月这一景观而言，同一轮明月，可以展现出不同的月景。例如泽州"硖山吐月"、忻州"东岩夜月"、代州"凤山秋月"便是山岩之月，山中望月，月影朦胧，使人顿生思乡之念；云中"凤台晓月"、绛州"金台夜月"是高台之月，登高揽月，不禁怀古伤今；潞州"月印龙潭"是潭映之月，与天边之月，两两相照，宛如合璧；霍州"汾川漾月"是河中之月，汾水滔滔向南流，月影荡漾其中，宛如少女嬉戏水边；平定州"清泉浸月"是池中之月，再配以池边树影，蝉鸣声声，将夜色衬托得更为孤寂。

以云论，如泽州"碧落卧云"、霍州"霍岳堆云"描写了两地山峰挺拔、高耸入云的景观画面。以雨论，如泽州"龙潭看雨"、代州"南楼夜雨"反映的是黑龙潭、南楼在雨中的萧瑟之美。以雪论，如泽州"松岭积雪"、绛州"紫金积雪"、云中"采掠积雪"、朔州"翠屏积雪"等都反映的是山势陡峭、高寒逼人的雪景。这些变幻莫测的气象景观，结合山川楼阁，使得山西"八景"的内容更丰富了。

（4）植物、动物景观。

世间万物，莫不有灵性，苍松翠柏，飞鸟鱼虾都可成为构成"八景"的内容。就植物而言，如潞州"五龙松色"、解州"汉宫桧柏"、绛州"龙兴古柏"、忻州"伞盖青松"等景观反映了苍松翠柏之景；泽州"锦溪落花"，平阳府"锦滩荷花""平湖飞絮"，解州"仙洞桃花"等反映了落花飞絮随流水的景观，宛若人间仙境。就动物而言，沁州"龟滩落雁"反映的是龟山雁落之景，"乱柳啼莺"反映的是彰河岸堤杨柳依依莺啼声声，一片春意盎然的景象；霍州"方池鱼跃"反映的是池中鱼飞腾活跃之景；宁武府"染峪流虾"反映的是泉中小虾随泉水奔涌流出之景。

这些自然景观，以山川、气象、生物为景，丰富了"八景"内容的构成，为我们再现了山西各地当时的自然地理风貌。

2. 山西"八景"的历史人文景观内容要素

山西"八景"的历史人文景观主要包含了四个方面的内容，一是以神话传说为内容的历史景观；二是以亭台楼阁为内容的建筑景观；三是以寺庙祠观为内容的宗教文化景观；四是以关隘桥梁为内容的人文景观。

（1）以神话传说为内容的历史景观。

山西是华夏文明的发祥地之一，许多历史传奇故事流传至今，这也成为构建"八景"的内容之一。如潞州"百谷寒泉"、隰州"谷城佳础"此二景蕴含了神农炎帝尝百谷的传说故事；平阳"陶唐春色"、霍州"玉泉圣迹"，此二景实同为一景，体现的是陶唐帝尧曾游历至此的传说故事；蒲州"虞坂晓行"反映的是上古运盐车往来之景；"舜殿薰风"反映的是舜帝建都于此的传说历史；"首阳晴雪"体现的是伯夷、叔齐二贤士，宁死不食周粟的高风亮节的高尚情操；汾州"马跑神泉"反映的是北魏贺鲁将军坐骑刨地得泉水的传说故事；辽州"许洞清风"蕴含了尧帝时代名士许由避世隐居于此的传说；"太子莲池"体现的是古梵王太子沐浴，佛莲盛开的神话传奇；忻州"系舟隐诵"蕴含了大禹治水系舟于此的传说故事。正是以这些乡土神话传说故事为内容，才使得"八景"多了一些传奇之感。

（2）以亭台楼阁为内容的建筑景观。

古代建筑种类繁多，风景名胜区都建有亭台楼阁，让景色更添风致神韵。如潞州府"瑞阁余馨"、汾州"烟笼贤阁"体现的是建阁耸立，烟云缥缈之景；

云中"凤台晓月"、绛州"金台夜月"体现的是古人登台揽月，托思怀古之景；绛州"仙楼叠翠"、辽州"西楼返照"、云中"镇楼秋爽"三景表达了古楼临立，登楼远望，使人流连忘返的情感；汾州"卜山书院"反映的是古代书院，书声琅琅的情景；"汾水行宫"反映的是隋炀帝游幸行宫的繁华景面。这些亭台楼阁多已不存于世，但从方志中依稀可以窥探到古代建筑的胜迹风貌。

以汾州八景之"卜山书院"为例，此景直接以书院的名字为名。卜山书院在汾阳城东北20里的大相村，相传孔子门生子夏（卜商）设教于此，在该地建立书院，教授孔子学说，年老退居西河卜山（即现子夏山），大相村的"子夏祠"即传说中的"卜山书院"。近代，大相村"卜山书院"仍残留大厅一所，东厢房三间及元时建祠的碑记一通。

（3）以寺庙祠观为内容的宗教文化景观。

山西名山大川甚多，名山深处藏古刹，大川旁边有庙宇，这些也是"八景"必不可少的内容。就佛寺而言，如绛州"佛窟晨钟"、朔州"广福钟声"、代州"岩寺晚钟"展现了梵寺钟声的深远悠扬；平阳府"龙兴古柏"、辽州"石佛松风"、晋阳"土堂怪柏"、忻州"伞盖青松"反映了佛院松柏的庄重肃穆；解州"静林晚照"、平阳"广胜晴岚"、蒲州"东林夜雨"、云中"柳巷泛舟"反映的是寺庙环境幽静、香烟缭绕的情景；云中"云冈佛阁"、朔州"林衙古刹"、蒲州"西岩叠嶂"、晋阳"双塔凌霄"反映了佛院建筑的宏大庄严。霍州"羲谷仙游"、隰州"碧洞幽云"反映的是道教仙洞的钟灵毓秀。宗教文化建筑的分布如此之多，说明了历史时期山西的宗教文化非常兴盛。

（4）以关隘桥梁为内容的人文景观。

山西在古代为军事重地，北边有内外长城守护屏藩，内有关隘坐守瞭望。山西各地方志里均有"关隘"一目，足见其数量之多。"八景"中也有许多形容关隘的景观。如代州"雁门紫塞"反映的就是以险著称的雁门关；晋阳"天门积雪"反映的是山高寒冽的天门关；忻州"石岭晴岚"反映了山势峻险的石岭关；绛州"玉璧秋风"反映的是地势险要的武平关。就桥梁而言，如平阳府"晋桥梅月"反映的是晋水的晋桥之景；蒲州"蒲津晚渡"反映的是黄河的浮桥。

山西"八景"中的景观内容，有非常多是集自然地理风光与历史文化遗产于一体的，二者相容相衬，既展示了大自然的鬼斧神工，又巧妙地将历史人文与自然景物互融。

（二）山西"八景"中的文化特色

山西"八景"是古人宣传家乡风物的载体，承载着山西五千年历史的文化底蕴，散发着独特的地域文化气息。结合前文中的山西分区模式，山西八景的文化内涵也因地理位置的差别而呈现出自北向南相对应的文化特色：边塞文化、宗教文化、先祖农耕文化和神话传说文化。

1. 山西"八景"中的边塞文化

山西自古乃兵家必争之地，从地形地势上讲，境内山川众多，太行山、恒山、吕梁山等高山大川横亘其中，是天然的保护屏障，便于设卡驻守，乱世可保全，盛世可避险，是天降福地。在政权纷争割据的年代，如魏晋南北朝、五代十国、北洋军阀时期，山西都形成了具有一定实力的割据政权，他们依仗的无一不是山西得天独厚的自然地理位置，山河环抱，居高临下，易守难攻，内有盐粮之利，都为割据提供了很好的优势。在历史局势大一统的时期，山西的位置优势同样重要。隋唐、明清时期，山西都是作为防御北方蒙古高原游牧民族侵袭的屏障。晋北地区的内外长城以及各关隘便是例证。

古往今来，这些关隘历经了无数的兵家驻守，战事来往，骚人墨客的题诗吟咏，酝酿出了山西独特的关隘文化。这一点在山西"八景"中也多有体现。晋北地区的雁门关就是其中的代表。雁门关地势险要，北通大同，南抵太原，是南北交通的要塞之地。经汉、晋、隋、唐、宋、明数朝，历代都非常重视它的军事地位。雁门关也同时成了代州八景之一"雁门紫塞"与马邑县八景之一"雁门耸秀"。历代文人墨客路经此地无不慨叹其雄伟之姿。现将重要的诗作摘录如下：

雁门关外　元好问

四海于今正一家，生民何处不桑麻。重关独据千寻岭，深夏犹飞六出花。

云暗白杨连马邑，天围青冢渺龙沙。凭高吊古情无尽，空对西风数去鸦。[1]

雁门关见雁　年富

平沙漠漠际阴山，限隔天骄有此关。下视白云生涧底，顾瞻红日上尘寰。

车书混一南通北，鸿雁随群去复还。老我边城衰朽目，□无长策济时艰。[2]

雁门关　朱彝尊

南登雁门道，骋望勾注巅。山冈郁参错，石栈纷钩连。

度岭风渐微，入关寒未捐。层冰如玉龙，万丈来蜿蜒。

飞光一相射，我马忽不前。抗迹怀古人，千载诚多贤。

郅都守长城，烽火静居延。刘琨发广莫，吟啸《扶风篇》。

---

① 陈廷章修：《马邑县志》，《续艺文》，《中国地方志集成·山西府县志辑》第 10 册，南京：凤凰出版社，2005 年，第 110 页。

② （明）李侃、胡谧纂修：成化《山西通志》卷十六《集诗》，民国二十二年影印成化十一年刻本，第 103 页。

伟哉广与牧，勇略天下传。时来英豪奋，事去陵谷迁。

数子不可期，长歌为谁宣。嘹嘹中半鸿，聆我慷慨言。①

元好问是山西太原人，对山西有着浓厚的家乡情结，在山西各地都留下了诸多诗篇。年富曾任右副都御史兼大同巡抚，在任上见证了雁门关的艰险。朱彝尊于康熙年间游历大同，对雁门关也颇为感慨。元好问、年富、朱彝尊虽然处于不同的朝代，但三人都写出了对雁门关的凭吊之情。尤其朱诗更是引经据典，写出了发生在雁门关的历史传奇故事。

忻州八景之一的"石岭晴岚"描写的是石岭关。石岭关地势奇险，东西走向，是太原通往雁北地区的交通要道。元好问也曾为其题诗："轧轧旃车转石槽，故关犹复戍弓刀。连营突骑红尘暗，微服行人细路高。已化虫沙休自叹，厌逢豺虎欲安逃。青云玉立三千丈，元只东山意气豪。"② 充分体现了石岭关通道的艰难险阻。还有诸多文人墨客为其题诗，仅光绪《忻州志》中就记载有以石岭关为题的诗作五篇，现摘录如下③：

石岭晴岚　党承志

石岭巍然列郡南，系舟白马远相参。峰头露冷秋偏早，谷口风和景易酣。关塞险间通鸟道，云雪作处有尤潭。晴岚万叠真堪画，水色天光共蔚蓝。

同题　王治

幛列南山翠，层层石岭横。塞鸿冲月度，征旅逐霜行。岁久危途易，时平古戍轻。遗山重故国，到此眼偏明。

同题　杨维岳

岩险真成百二雄，浮天苍翠幻如龙。西来不散函关气，东去遥开阆范风。定佛龛前金步障，飞仙掌上玉芙蓉。上方更有杨枝露，记乞为霖施太空。

同题　宿尚谦

天涯南北远相通，石岭关头瑞霭浓。多少征人时络绎，恍疑身在画图中。

石岭关　张铣

关城陡拔接中条，岩磴层层细路遥。隐隐人旋山踏雾，嘤嘤鸟惊石迁乔。千家灯火烽烟靖，万叠峰峦宇宙寥。揽辔南征恣游眺，晴岚一带正堪描。

---

① （清）吴辅宏修：乾隆《大同府志》卷三十《艺文》，《中国地方志集成·山西府县志辑》第4册，南京：凤凰出版社，2005年，第604页。

② （明）李侃、胡谧纂修：成化《山西通志》卷十六《艺文》，民国二十二年影印明成化十一年刻本，第101页。

③ （清）方戊昌：光绪《忻州志》卷六《艺文》，《中国地方志集成·山西府县志辑》第12册，南京：凤凰出版社，2005年，第189页。

这些诗篇的作者或于晋北地区任官，或游览时途经晋北地区，感慨石岭关的雄关奇险，纷纷在此留下诗作，留以后人凭吊。

晋北地区的边塞文化还体现在此地发生的战争故事。历史上著名的白登之围就发生在晋北，这一历史典故被凝练成阳高县八景之一"白登遗迹"。明代大同巡抚霍鹏题诗："荒台犹有白登名，一望龙沙万里明。尚想精兵围汉帝，翻怜奇计出陈平。云中冒顿曾鸣镝，塞下胭脂有废城。顾我□边多古意，谁驰铁骑复西征。"① 此诗再现了白登之围的历史故事，写出了作者置身此地的愁绪。魏大明也曾题诗："叠叠冈峦处□村，君王遗迹向谁论。战场一夕围兵解，汉垒千年故业存。流水何心悲往昔，浮云随意变朝昏。独余西北青山好，壁立金墉固塞垣。"

2. 山西"八景"中的宗教文化

山西"八景"文化中体现的宗教文化很明显，主要是佛教文化与道教文化。佛教自东汉末传入中国以来，得到了长足的发展。北朝时，山西境内政权割据，连年征战的社会格局下，民生凋敝，朝不保夕，苦不堪言，纷纷寻求佛教的精神庇护，佛教于是得以广泛传播。北魏统治者崇信佛教，尤以孝文帝实施汉化改革以后，穿汉服，说汉话，行汉制，于山西北部开凿了云冈石窟。直至隋唐时期，佛教、道教、儒家三者合流，上层贵族信奉佛教者众多，其中李唐皇帝们对佛教的崇尚，更是将其推向新的高峰。玄奘西游求法归来，受到唐太宗高规格的礼遇。唐太宗更是积极赞助了玄奘弘扬佛法的活动。武周时期，女帝武则天依仗佛教为其御极登位舆论造势，积极组织佛经的翻译工作，"助脂粉钱两万贯"，② 修建石窟佛像，成为佛教信仰的一大拥趸。五代、宋元时期，山西再次成为各路兵家必争之地，民众于现世中将祈求太平生活的愿望寄托于佛教。

明清大一统时期，社会安定，经济逐步稳定发展，明清统治集团对佛教的宣传大力支持。山西"八景"中的"云冈佛阁""千福钟声""广福钟声""神坡古寺""双林古寺""广胜流泉"等，其中以"晓钟""晨钟""晚钟"等反映寺庙钟声辽远沉静的"八景"更是不胜枚举。明清时期山西佛教文化之盛行，由此可见一斑。道光《太原县志》八景当中的"古塔凌苍"，是指惠明寺的古塔，高耸入云。晋中地区五台山更是佛教名山，康熙皇帝仰慕五台山风光，御驾亲游，作为起居注日讲官的高士奇随行其中，他的《扈从西巡日录》中载："山有五峰，脉络倚伏，皆于中台相属。梵刹百余，丹垩辉映，昏钟晓磬，响答

---

① （清）房裔兰修：雍正《阳高县志》卷六《艺文》，《中国地方志集成·山西府县志辑》第7册，南京：凤凰出版社，2005年，第134页。
② 温玉成：《"河洛上都龙门山之阳大卢舍那像龛记"注释》，《中原文物》，1984年第3期。

云外。"① 这篇日记按游行路线相继记录了白云山寺、望海寺、大文殊寺、广宗寺、永明寺、圆照寺、塔院寺、罗睺寺、殊像寺、金灯寺、金阁寺、万寿寺等寺庙建筑风景,并详细记录了康熙游五台山的所见所闻。《清圣祖实录》也有关于康熙皇帝登临五台山的记载。

道教是深深植根于我国古代社会的原始宗教,具有鲜明的特色。道教最早源出春秋时老子的道家学说,后至汉末农民起义首领张角创立了太平道,成为早期道教的一支。道教经历了诸多发展与变化,唐太宗、宋徽宗、成吉思汗、万历皇帝等都是道教的忠实拥趸。道教崇信三清尊神,以修炼为主,具体方法为服饵、导引、胎息、内丹、外丹、符箓、房中、辟谷等,以求长生不老、羽化登仙。山西的八景当中亦有些是与道教信仰有关的。道光《太原县志》八景当中的"八洞环青",是指昊天观左侧的石洞有八处,是宋朝仙人披云所凿而成。这与道教信仰有关。②

晋中地区的道教文化在我国占有重要的地位,在山西"八景"文化中有重要体现。盂县的"伏洞仙踪"体现的是盂县城东40余里处越霄山上的仙洞。清朝蔡璜题诗曰:"仙客常游戏,千年志怪奇。生徒从省识,洞府竟迷离。高鸟自来去,深林犹蔽亏。几时重到此,北面愿相师。"③ 平遥县的"清虚仙迹",永宁州的"凤山仙迹",汾阳县的"鹤鸣古洞"等反映的是道教修道场所的清幽静谧。"清虚仙迹"则是指清虚观,宋代谢惊的《修清虚观碑记》载:"清虚观建于唐高宗之末年,观名太平。天祚中尝葺之。本朝赐名清虚。"④ 传说八仙中的吕洞宾曾来此游历。"凤山仙迹"体现的是永宁州的凤山,宋代的隐士陈希夷曾在此炼丹修行。明代张湘题诗曰:"华岳当年是旧游,此间何日醉蒙头。官辞谏议归仙洞,醉识真人下酒楼。优诏九重丹凤杳,野心一片白云留。三阳山上空尘迹,只有长河水自流。"⑤ 此诗反映了道人修仙的至高境界。

3. 山西"八景"中的农耕文化

山西是华夏文明的发源地之一,其中发育最成熟的应该就是晋南地区。晋

① (清)高士奇:《扈从西巡日录》,《中国游记散文大系·山西卷》,太原:书海出版社,2004年,第26页。

② 道光《太原县志》,《中国地方志集成·山西府县志辑》第2册,南京:凤凰出版社,2005年,第488页。

③ (清)张岚奇,刘鸿达修:光绪《盂县志》卷三十二《艺文录》,《中国地方志集成·山西府县志辑》第22册,南京:凤凰出版社,2005年,第339页。

④ (清)恩端修:光绪《平遥县志》卷十一《艺文志上》,《中国地方志集成·山西府县志辑》第17册,南京:凤凰出版社,2005年,第251页。

⑤ (清)谢汝霖修:康熙《永宁州志》卷八《诗集下》,《中国地方志集成·山西府县志辑》第25册,南京:凤凰出版社,2005年,第181页。

南地区地形相对平坦，山西的两大河流黄河与汾河交汇于此，形成了黄河三角洲，为农耕文明的产生提供了极为有利的地理条件。

在农耕时代，晋南地区一直是山西的重要经济区。这里人才辈出，是许多大姓的来源地；盐池、煤资源非常丰富，农业发展非常发达。晋南地区的"八景"中有很多体现农耕文化的景观，如猗氏县的"峨嵋晓耕"、荣河县的"岭首耕云"、垣曲县的"葛寨春耕"。猗氏县的"峨嵋晓耕"描绘的是峨嵋岭山势低缓，黄土台垣主产棉花与小麦，春耕时，当地农民破晓耕作。明朝荆王土题诗曰："猗城佳景□，乘晓破春耕。斜月依襄转，征云伴末横。三秋说有谷，历世喜无兵。好雨昨宵落，来年又太平。"① 另有何东序题诗："川原一抹片烟轻，天驷朝来觉更明。少女吉占昨夜雨，老农喜剧迨春耕。权与百谷饶生事，箫鼓千家簇太平。岭带桑麻□扫月，蜀山如画总虚名。"② 两诗描写春耕场景，也反映了农民对太平盛世农耕生活的期待。荣河县的"岭首耕云"与"峨嵋晓耕"实为同一景观。垣曲县八景之一的"葛寨春耕"，相传葛伯曾在此建寨，故得名。此地为小平原，水利条件优厚，非常便于耕作。明代诗人王智与赵载都曾为此景题诗。王智题诗："和风乍布雨初晴，葛寨农夫陇上耕。童子已无仇饷虑，荒村犹载向时名。四围绿水共吟兴，一带青山列画屏。舜日尧天今幸见，讴歌击壤乐升平。"③ 赵载题诗："野老传呼葛伯城，面山临水一湾平。青官布令兴东作，黄犊随风趁晓晴。何事当年曾夺饷，于今比屋尽知耕。民风伯业皆陈迹，写景人还说旧名。"④ 王诗与赵诗都提到了葛寨农耕的优势条件，体现了农民已无须顾虑仇饷，安心耕种的祥和景象。

4. 山西"八景"中的神话传说

山西有着丰富多彩、灿烂辉煌的历史文化，从而孕育了诸多神话传说。晋东南地区，古称上党地区，地处太行山南麓，这里流传着许多上古时期人类祖先的神话传说。这些神话传说体现了远古祖先认识自然、与自然抗争的愿望，富有极强的浪漫主义色彩。

山西晋东南地区"八景"中有两个反映神话传说的景观，一个是屯留八景

---

① （清）潘钺修：雍正《猗氏县志》卷八，《中国地方志集成·山西府县志辑》第70册，南京：凤凰出版社，2005年，第405页。

② （清）潘钺修：雍正《猗氏县志》卷八，《中国地方志集成·山西府县志辑》第70册，南京：凤凰出版社，2005年，第406页。

③ （清）薛元钊修：光绪《垣曲县志》卷十三《艺文诗》，《中国地方志集成·山西府县志辑》第61册，南京：凤凰出版社，2005年，第224页。

④ （清）薛元钊修：光绪《垣曲县志》卷十三《艺文诗》，《中国地方志集成·山西府县志辑》第70册，南京：凤凰出版社，2005年，第225页。

之一的"三嵕烟雨",另一个是高平八景之一的"鸠山暮雨"。

三嵕山今名为老爷山,是屯留境内的名山,相传是后羿射日之地。后羿是历史真实存在的人物,善射箭,由于当时人们对事物的认知不充分,经后人加工,后羿就成了传说中的射日英雄,故事的发生地自然也就闻名于世。"三嵕烟雨"中暗嵌了后羿射日的神话传说,正说明了当地人对后羿的崇拜之情。明清时期屯留县的士绅纷纷为其题诗,便是最好的证明。《屯留县志》载录了关于"三嵕烟雨"的诗作,现摘录如下:

三嵕烟雨　来临

幽意凤怀游五岳,明禋几度礼三嵕。千山雨气飘空翠,万壑烟容□灌丛。如尽四松藏梵刹,惊雷偏社祈神宫。愿言禾茂骄阳伏,想象当年射日功。

同题　屠直

胜日明禋陟峻峰,松风细雨满三嵕。云生万壑霞光蔼,烟锁千岩瑞雾丛。闪灼金蛇腾画壁,氤氲灵气罩神宫。试看四野歌丰稔,疑是当年善射功。

同题　梁在韩

蠢蠢看来碧太空,巅如覆鼎号三嵕。山前虎落杨雄赋,天上乌沉后羿弓。林麓迷离云雾里,峰峦浓淡画图中。休征更有神明宰,烟雨应时莫感通。①

同题　赵廷煦

罗列诸峰峙远空,霏微烟雨仰三嵕。屋台似笋前朝钺,仙掌疑擎昔日弓。回首关门隐现里,凝眸驿树有无中。夜深来往神灵迹,脉脉流泉一脉通。②

这四首诗都很一致地描绘了三嵕山山势峭立、林木茂密的山川景色,字里行间都暗含了后羿射日的神话典故。

高平的"鸠山暮雨"一景与"精卫填海"的神话有关。鸠山,即发鸠山,位于今高平市与长子县的交界处。相传精卫填海的神话故事即出于此。《山海经》载曰:"又北二百里,曰发鸠之山,其上多柘木。有鸟焉,其状如乌,文首、白喙、赤足,名曰精卫,其鸣自詨。是炎帝之少女,名曰女娃。女娃游于东海,溺而不返,故为精卫。常衔西山之木石,以堙于东海。漳水出焉,东流注于河。"③ 而今发鸠山上仍有祭祀女娃的庙。陈颖为其题诗曰:"鸠山暮薄雨凄凄,野水流云出小溪。欲识山中民乐事,东皋南亩足耕犁。堙海无能怨未休,

---

① （清）甄尔节修:光绪《屯留县志》卷八《艺文》,《中国地方志集成·山西府县志辑》第43册,南京:凤凰出版社,2005年,第536页。

② （清）甄尔节修:光绪《屯留县志》卷八《艺文》,《中国地方志集成·山西府县志辑》第43册,南京:凤凰出版社,2005年,第543页。

③ （西汉）刘秀编著,（晋）干宝著:《山海经》,长春:时代文艺出版社,2000年,第52页。

每因风雨泪交浮。晚云拥树归飞急,化作鸠山一假愁。"① 诗中的"鸠山一假愁"就是精卫填海的艰苦之愁。

中国最早的三皇五帝传说时代在山西都可以找到印迹,他们的传说流传至今。《帝王世纪》载:"帝尧陶唐氏……受封于唐……都平阳。"② 从此就有了"尧都平阳"的传说。山西临汾市,古称平阳,在临汾境内还有尧陵、尧庙的遗址。又说舜"耕于历山之阳",而历山就是晋南地区中条山的古称。大禹治水的故事发生地也在山西。山西还流传着神农氏炎帝尝百草的传说故事。上古文明时期的尧、舜、禹三位氏族首领的活动范围都在山西晋南地区,可以说晋南地区是尧、舜、禹三代繁盛之地。山西"八景"中也有附着华夏文明祖先的"八景"景观,比如前文叙述中的"舜殿薰风""尧山龙井""陶唐春色"等,这些"八景"的得名均与上古时期的尧、舜、禹相关。

(三)清代山西"八景"的变迁及其原因

从上文所分析的清代山西各地的"八景"材料来看,绝大部分"八景"均是所在地区的自然地理风貌和历史文化景观的凝练。随着时间的更迭,山西各地的"八景"也随着当地自然和人文景观的演变而产生变化。

其一,一地的"八景"有新、旧之分,不同时期由不同的八景组成,景致与名称也不完全相同。例如蒲州八景,据光绪《永济县志》载,元、明、清名称略有不同。元代蒲州八景为蒲津晚渡、虞坂晓行、舜殿薰风、首阳晴雪、东林夜雨、西岩叠嶂、妫汭夕阳、水峪飞湍;明代蒲州八景为吕鸡先鸣、舜殿薰风、栖霞映影、历山晓耕、雷泽浮霭、鹳雀夕曛、风陵暮雨、妫汭春云;清代蒲州八景为南风琴韵、溪寺竹影、诸冯陶器、栖岩虎泉、风陵晚渡、坡道夜雪、首阳瀑布、普救蝉声。从以上所列的元、明、清三朝蒲州八景的名称中可见其是有变化的,而且越来越有人文史迹的痕迹。县志编者随后加了一段按语:"志之有景仿于西湖,彼为名胜之区,山水祠庙到处可以游赏,名人韵士随兴留题,而景遂著焉。蒲为虞帝故都,无处非景,偶指一地,即有重华濬哲,流风余韵,吐露其中,令人钦仰无已,区区风月不足言也。因凡志必有八景之目,并有绘图。旧志亦然。今存其目而删其图,俾望古者知所重在彼不在此。"③ 虽然编者删了八景图,后人无法一睹八景之神韵,但是其直言记八景是为了仿西湖十景

---

① 乾隆《高平县志》卷二《图谱》,《中国地方志集成·山西府县志辑》第36册,南京:凤凰出版社,2005年,第42页。

② (晋)皇甫谧:《帝王世纪》,北京:中华书局,1964年,第32页。

③ (清)杜崧年编纂:光绪《永济县志》卷三《古迹》,《中国地方志集成·山西府县志辑》第67册,南京:凤凰出版社,2005年,第76页。

而成为风景名胜之区，而不是为风月而吟景，足见编者心中的期待。

其二，同一个观赏点，出现了不同的观赏角度，改变了名称，成了不同地方的八景之一。例如平阳府八景之一的"汾水秋风"，与霍州十景之一的"汾川漾月"、洪洞八景之一的"汾川晚映"、赵城县八景之一的"汾水拖蓝"、稷山县八景之一的"汾水孤舟"等，都是汾河的景观。汾河作为黄河支流，流经了山西平阳府境内多个县，汾河以及两岸景色，被不同流段的民众创造出各有风韵的标志性景观，成了各地八景之一。平阳府八景的另外一景"锦滩荷花"，曲沃县十景之一的"神陂落雁"，前者的观赏点在荷花，后者的观赏点却转成了大雁。

随着社会的发展，清代山西各地"八景"在不断变化，而这种变化的原因包括自然因素与社会因素。

就自然因素而言，影响其变化的无非就是自然灾害，如地震、河流改道。山西有不少地方都处于地震带上，地震的摧毁力是很可怕的。大同府云中八景之一的"凤台晓月"被元代大德十一年（1307）的地震摧毁了。又如蒲州府蒲州八景之一"蒲津晚渡"的消失，是由于黄河的不稳定性。历史上关于黄河改道的记录有好几次，黄河水量大，奔涌东流，横跨黄河的蒲津浮桥当然抵挡不住黄河风浪的席卷。朔州八景中的"美女钓台"的消失，是由于七里河的河道变迁，流量减少，作为"钓台"的沙洲消失了。

就社会因素而言，影响其变化的因素主要有三个。首先，历史上的开山造田，乱砍滥伐，使得山林不再茂盛，致使"八景"中的"叠翠""耸秀""呈秀"等景变得荒芜不堪。以晋北地区为例，此地区历史上是边关重镇，大批军队在此驻扎，建造军事营垒需要很多木材，便就地取材，砍伐林木。更甚者，明代土木堡之变后，对于蒙古部族的连年袭扰，开始消极对待。明朝统治者认为长城外的山草林木阻挡了瞭望敌军的动态，从而下令每年深秋烧荒。这样的大规模烧荒将晋北塞外林木毁坏殆尽。

其次，人类的战争、社会的动乱带给"八景"无尽的伤害，让人不禁痛惜。山西的发展在近代社会是命运多舛的，几十年间历经了军阀混战、抗日战争、解放战争，尤其是抗日战争，山西是华北战场的主战场之一，山西"八景"中诸如古刹、名寺、辽金建筑物等人文景观遭受了无妄之灾。如泽州八景之一的"碧落卧云"、潞州八景之一的"五龙松色"、蒲州八景之一的"西岩叠嶂"、平阳府八景之一的"晋桥梅月"等都悉数毁于日军侵华期间。另外有不少文物古迹毁于十年动乱，如辽州八景之一的"千亩灵泉"景观附近的寺院建筑被毁。

最后，随着古代社会经济的快速发展，人们的关注点发生了变化。早期的

"八景"大多是自然山水景，在社会发展过程中，"八景"的内容也悄悄发生了改变。关于生产生活的场景，如汾州八景中的"文湖渔唱""彪岭樵歌"，也越来越多地开始在"八景"中出现。

总而言之，"八景"是一种社会的产物，会随着社会的发展而发生变化。山西"八景"在这一点上表现得尤为突出，山西社会经济的快速发展得益于山西的煤炭资源，山西的经济增长模式若再不转型，几十年后，就只能看见满目疮痍。

（四）山西"八景"文化对山西城乡建设的启示

"八景"是历史上文人大众在精神世界对山水景观追求的最高成果。作为一个相对稳定的系统化的风景园林现象，八景还因其历史成因以及流传时间久远，形成了非常浓厚的历史文化内涵。在现代全球化经济建设的大潮下，城乡发展迅速，然而城乡发展建设的方式却在趋于一致，为此，挖掘传统文化，从中汲取城乡建设的新营养非常重要。

山西"八景"是清代山西自然风貌与社会文化环境的集中展示，是古代山西景观文化的再现。如今山西一些城乡的建设运用了本地传统文化，塑造出独具一格的城乡形象，运作得很成功。但对于山西"八景"的运用还是很少。如前文所述，山西"八景"今已不存，我们对仅存于世的文化景观进行保护的同时，需要考虑文化景观之精神文化的长存性。中国传统思想中的"天人合一"在"八景"景观的布局中表现得非常明显。"八景"中自然与人文的结合比比皆是，无不处处透露出天、地、人三者的和谐统一。在城乡文化景观建设时，应利用好祖先留给我们的宝贵遗产——"八景"，并将其精髓传扬下去，突出城乡建设的文化理念。王璋、郭玮写有《山西"八景"的历史启示》一文，谈及山西文化旅游业时认为，景观设计是一项很重要的工作，八景是在整体构建中形成的，也是在人文关怀构建中形成的，同时还是在心灵慰藉场的构建中形成的。[①] 如潞城县的"微子清风"与纪念商朝微子有关，据考，商朝微子食邑的微子城在城东，历史久远，至清代早已是废墟。在此地凭吊，能感到清风吹拂荒草，水光荡漾，衣裾飘摇，后人睹景思怀，仿佛沐"君子之德风"，便创造出此处景观，意在使游览者与先哲神交，感受到先哲风范，效仿微子的道德情操，约束自我行为。今天山西各处的城乡建设与规划应该吸收这一传统文化理念，根据现存的遗址进行因势利导的修补，多注重人、建筑景观、自然的关系，力求做到三者和谐统一。

---

① 王璋、郭玮：《山西"八景"的历史启示》，《山西日报》，2017 年 5 月 9 日。

山西亦可以另立炉灶，根据现有的文化定义重新塑造新的文化景观。21世纪以来，不少城市先后开展了"新八景"的评选，如羊城新八景在不同的历史时期均有遴选，形成了很完整的时间序列上的延续。这些新八景虽然与历史上的八景有很大的差别，但多遵循了历史上八景的文辞结构和命名传统，这是对城市历史文化的继承，可以很好地突显城市建设的风景特色，也是旅游宣传的新亮点。在这方面，山西晋城就是其中的翘楚。晋城新遴选出来的城乡"八景"便是如此。泽州八景有新、旧之分，泽州即山西晋城，旧八景就是前文介绍的碧落卧云、硖山吐月、锦溪落花、松岭积雪、浙山爽气、白水秋波、龙潭看雨、洞灵流杯。晋城于2015年评选出了新八景，即太极飞虹、丹水芦语、府城星辉、文博咀华、树理流芳、吴山观凤、白马梵音、秀丽烟柳，新八景是晋城现代化城市发展的标志，从泽州旧八景到晋城新八景，是晋城市发展的见证。

结　论

"八景"现象是历史发展到一定程度的产物，它定型于宋代的潇湘八景，在经历了漫长的历史时期后，于明清时期达到了顶峰。

山西"八景"是山西历史留给三晋大地的文化瑰宝，不仅描绘了雄浑壮丽的表里山河、精美绝伦的文物古迹，还蕴含着丰硕的历史文化积淀，是古人对民众进行乡土情结教育的生动活泼的教科书。

山西"八景"的景观内容不仅涵盖了山体、水流、气象、动植物等自然景观内容，还包括了神话传说、亭台楼阁、宗教文化建筑、关隘桥梁等人文景观内容。山西"八景"具有边塞文化、宗教文化、先祖农耕文化、神话传说文化四种独特的地域文化特色，包罗万象，有着极强的生命力，是山西文化对外交流的一张文化名片。

通过对清代山西"八景"文化的研究可以发现，山西"八景"的发展并不是停滞不前的。各地"八景"在明清两朝发生了很大的变化，有的是前八景与后八景完全不一样，有的则是景点一样，名称发生了变化。山西"八景"的变迁是社会变革与自然变化两方面共同造成的后果。

山西"八景"是山西的文化遗产，其中包含的中国传统文化理念是一笔无价之宝。现代山西的城乡建设发展可以从中攫取丰厚的经验，为以后的城乡规划建设作准备，从而使山西"八景"文化发挥其历史价值与现实意义。

参考文献

[1]（宋）沈括著，侯真平校点：《梦溪笔谈》，长沙：岳麓书社，2002 年。

[2]（明）李侃、胡谧纂修：成化《山西通志》，民国二十二年影印明成化十一年刻本。

[3]（明）张钦：正德《大同府志》，两淮盐政采进本。

[4]（明）李贤、彭时等纂修：《大明一统志》，西安：三秦出版社，1990 年。

[5]（清）穆彰阿、潘锡恩等纂修：《大清一统志》，上海：上海古籍出版社，2008 年。

[6]（清）觉罗石麟修，储大文纂：雍正《山西通志》，雍正十二年刻本，北京：中国书店，2008 年。

[7]（清）黎中辅纂修：道光《大同县志》，《中国地方志集成·山西府县志辑》第 5 册，南京：凤凰出版社，2005 年。

[8]（清）刘士铭修：雍正《朔平府志》，《中国地方志集成·山西府县志辑》第 9 册，南京：凤凰出版社，2005 年。

[9]（清）方戊昌：光绪《忻州志》，《中国地方志集成·山西府县志辑》第 12 册，南京：凤凰出版社，2005 年。

[10]（清）广荫、杜松呢修，俞廉三纂：光绪《代州志》，《中国地方志集成·山西府县志辑》第 11 册，南京：凤凰出版社，2005 年。

[11]（清）费淳、沈树声纂修：乾隆《太原府志》，《中国地方志集成·山西府县志辑》第 1 册，南京：凤凰出版社，2005 年。

[12]（清）李培谦、华典修：道光《阳曲县志》，《中国地方志集成·山西府县志辑》第 2 册，南京：凤凰出版社，2005 年。

[13]（清）方家驹等修：光绪《汾阳县志》，《中国地方志集成·山西府县志辑》第 26 册，南京：凤凰出版社，2005 年。

[14]（清）刘大鹏遗著，慕湘、吕文幸点校：《晋祠志》，山西：山西人民出版社，2002 年。

[15]（清）崔允昭纂：道光《直隶霍州志》，《中国地方志集成·山西府县志辑》第 54 册，南京：凤凰出版社，2005 年。

[16]（清）杨延亮修：道光《赵城县志》，《中国地方志集成·山西府县志辑》第 52 册，南京：凤凰出版社，2005 年。

[17]（清）章廷珪纂修：雍正《平阳府志》，《中国地方志集成·山西府县志辑》第 44 册，南京：凤凰出版社，2005 年。

[18]（清）杜崧年编纂：光绪《永济县志》，《中国地方志集成·山西府县志辑》第 67 册，南京：凤凰出版社，2005 年。

[19]（清）张淑渠、姚学瑛等修：乾隆《潞安府志》，《中国地方志集成·山西府县志辑》第 30 册，南京：凤凰出版社，2005 年。

[20]（清）朱樟编纂：雍正《泽州府志》，《中国地方志集成·山西府县志辑》第 32 册，南京：凤凰出版社，2005 年。

[21]（清）周三进编纂：康熙《五台县志》，《五台旧县志集》，郑州：中州古籍出版社，2017 年。

［22］（清）高士奇：《扈从西巡日录》，《中国游记散文大系·山西卷》，太原：书海出版社，2004 年。

［23］杨志忠编著：《山西古代州县八景》，太原：山西古籍出版社，2007 年。

［24］乔志强：《山西通史》，北京：中华书局，1997 年。

［25］堀川贵司著，冉毅译：《潇湘八景——诗歌与绘画中展现的日本化形态》，长沙：岳麓书社，2006 年。

［26］中华文化通志委员会编：《中华文化通志·地域文化·晋文化志》，上海：上海人民出版社，1998 年。

［27］胡阿祥主编：《兵家必争之地——中国历史军事地理要览》，海口：海南出版社，2007 年。

［28］申维晨：《华夏之根——山西历史文化的三大特色》，北京：中华书局，太原：山西教育出版社，2006 年。

［29］段宝林、江溶主编：《山水中国·山西卷》，北京：北京大学出版社，2005 年。

［30］刘影：《皇权旁的山西：集权政治与地域文化》，北京：新星出版社，2007 年。

［31］张余、曹振武编著：《中国民俗大系·山西民俗》，兰州：甘肃人民出版社，2002 年。

［32］冯宝志：《三晋文化》，沈阳：辽宁教育出版社，1995 年。

［33］高宇飞编著：《三晋大地：三晋文化特色与形态》，北京：现代出版社，2014 年。

［34］张晓生：《兵家必争之地》，北京：解放军出版社，1987 年。

［35］史念海：《黄土高原历史地理研究》，郑州：黄河水利出版社，2001 年。

［36］张纪仲：《山西历史政区地理》，太原：山西古籍出版社，2005 年。

［37］周琼：《"八景"文化的起源及其在边疆民族地区的发展——以云南"八景"文化为中心》，《清华大学学报（哲学社会科学版）》，2009 年第 1 期。

［38］谢柳青：《闲话"八景"》，《文史杂志》，1989 年第 2 期。

［39］刘伯伦、孟宪君：《"八景"谈》，《沧桑》，2001 年第 S1 期。

［40］何林福：《论中国地方八景的起源、发展和旅游文化开发》，《地理学与国土研究》，1994 年 2 期。

［41］朱靖宇：《"八景"的源流》，《北京观察》，1994 年第 8 期。

［42］卢传裔：《"八景""十景"话名胜》，《百科知识》，1997 年第 8 期。

［43］赵夏：《我国的"八景"传统及其文化意义》，《规划师》，2006 年第 12 期。

［44］张廷银：《地方志中"八景"的文化意义及史料价值》，《文献季刊》，2003 年第 4 期。

［45］谢柳青：《诗心高下各千秋——"八景诗"文化价值浅估》，《长沙水电师院学报（社会科学版）》，1989 年第 3 期。

［46］肖华忠、苏道宏、胡文清：《江西"八景"的分布特色及成因》，《南方文物》，1990 年第 3 期。

［47］王德庆：《论传统地方志中八景资料的史料价值——以山西地方志为例》，《中国地方志》，2007 年第 10 期。

［48］张廷银：《西北方志中的八景诗述论》，《宁夏社会科学》，2005 年第 5 期。

［49］薛正昌：《"八景"文化在宁夏》，《中共银川市委党校学报》，2005 年第 4 期。

［50］杨梅：《"玉林八景"古今考量》，《玉林师范学院学报（哲学社会科学版）》，2008 年第 2 期。

［51］戴林利：《明清时期重庆"八景"分布及其文化研究》，西南大学硕士学位论文，2009 年。

［52］杨宝军：《传统八景的地域特色与构建分析——以清代陕西凤翔府属八景为例》，陕西师范大学硕士学位论文，2010 年。

［53］吴美霞：《四川古"八景"文化在当代景观规划设计中的应用研究》，成都四川农业大学硕士学位论文，2009 年。

［54］丁欢：《宋代以来江西"八景"与生态变迁》，江西师范大学硕士学位论文，2011 年。

［55］张龙成：《洛阳八景诗审美研究》，云南师范大学硕士学位论文，2016 年。

［56］姚幸福：《河北地域八景诗研究》，河北大学博士学位论文，2013 年。

［57］李国文：《明清时期晋北景观与区域生态变迁研究——以"八景"为中心》，青海民族大学硕士论文，2017 年。